21 世纪高职高专土建类专业规划教材

公路工程概预算与清单

主　编　孙　宇
副主编　张艳红　王　婷　张振旺　蒋久明
主　审　李　钧

中国建材工业出版社

图书在版编目(CIP)数据

公路工程概预算与清单 / 孙宇主编. --北京：中国建材工业出版社，2019.8（2021.8 重印）

ISBN 978-7-5160-2475-1

Ⅰ.①公… Ⅱ.①孙… Ⅲ.①道路工程—概算编制②道路工程—预算编制 Ⅳ.①U415.13

中国版本图书馆 CIP 数据核字（2018）第 277178 号

内 容 简 介

本书以《公路工程建设项目概算预算编制办法》JTG 3830—2018、《公路工程概算定额》JTG/T 3831—2018、《公路工程预算定额》JTG/T 3832—2018、《公路工程机械台班费用定额》JTG/T 3833—2018、《公路工程标准施工招标文件》（2018 年版）为依据，内容包括公路工程概算、预算与公路工程清单三部分内容共 7 章，系统性和实用性强。

本书可供公路工程施工中技术人员编制概预算与清单使用，也可供公路设计、施工、养护、管理单位的工程技术人员学习参考使用。

公路工程概预算与清单
Gonglu Gongcheng Gaiyusuan Yu Qingdan
主　编　孙　宇
副主编　张艳红　王　婷　张振旺　蒋久明
主　审　李　钧

出版发行：中国建材工业出版社
地　　址：北京市海淀区三里河路 1 号
邮　　编：100044
经　　销：全国各地新华书店
印　　刷：北京雁林吉兆印刷有限公司
开　　本：787mm×1092mm　1/16
印　　张：16.5
字　　数：400 千字
版　　次：2019 年 8 月第 1 版
印　　次：2021 年 8 月第 2 次
定　　价：48.00 元

本社网址：www.jccbs.com，微信公众号：zgjcgycbs
请选用正版图书，采购、销售盗版图书属违法行为
版权专有，盗版必究。本社法律顾问：北京天驰君泰律师事务所，张杰律师
举报信箱：zhangjie@tiantailaw.com　举报电话：（010）68343948
本书如有印装质量问题，由我社市场营销部负责调换，联系电话：（010）88386906

前　言

公路工程概预算与清单的确定是规范建设市场秩序、提高投资效益的重要环节，具有很强的政策性、经济性、科学性和技术性。目前我国正积极推行公路工程概预算与清单管理体系的改革，这就要求作为从事工程造价编制工作的广大概预算人员必须具有扎实的工程造价理论知识及较强的实践能力。

学习工程概预算与清单，要学以致用、能解决实际问题。作者在长期的教学实践中，深感教材作为知识载体的重要，特别是一本简明实用、通俗易懂的教材，将对在校学生及社会上其他初学者的学习起到事半功倍的作用。

本书主要有以下几个特点：

首先，使读者全面了解什么是概预算，怎样编制概预算，概预算的组成内容、计算方法；

其次，通过大量的案例，使初学者较为深刻地学习理解定额计价与清单计价两种计价形式；

最后，以现行的《公路工程建设项目概算预算编制办法》JTG 3830—2018、《公路工程概算定额》JTG/T 3831—2018、《公路工程预算定额》JTG/T 3832—2018、《公路工程机械台班费用定额》JTG/T 3833—2018、《公路工程标准施工招标文件》（2018年版）为依据编写而成。

本书由黑龙江建筑职业技术学院孙宇担任主编，黑龙江建筑职业技术学院李钧担任主审，具体编写分工为：第2章、第3章、第4章、第7章由黑龙江建筑职业技术学院孙宇编写；第1章、第6章由黑龙江建筑职业技术学院张艳红和辽宁省旅游投资集团有限公司张振旺编写；附录由哈尔滨铁道职业技术学院王婷编写；第5章由黑龙江省龙建路桥第四工程有限公司蒋久明编写。

感谢黑龙江省龙建路桥第四工程有限公司对本书的大力支持。本书的编写还得到了有关领导和专家的大力支持和帮助，在此一并表示感谢。

由于编者水平有限，书中难免存在疏漏与不足，恳请广大读者和专家批评指正。

编　者
2019年5月

目 录

第1章 绪论 ·· 001
  1.1 建设工程概述 ··· 001
    1.1.1 建设工程概念 ··· 001
    1.1.2 建设工程的分类 ·· 002
    1.1.3 建设工程的程序 ·· 003
    1.1.4 建设工程项目划分 ··· 005
  1.2 公路工程及造价概述 ·· 006
    1.2.1 公路工程的组成 ·· 006
    1.2.2 工程造价概念及特点 ·· 008
    1.2.3 公路工程计价的基本方法与模式 ··· 008
    1.2.4 公路工程造价计价的基本要素 ·· 010

第2章 公路工程概预算费用的组成及计算 ·· 012
  2.1 概述 ·· 012
    2.1.1 建设工程造价的构成 ·· 012
    2.1.2 公路工程预算费用组成 ··· 013
  2.2 建筑安装工程费的计算 ··· 014
    2.2.1 直接费 ··· 015
    2.2.2 设备购置费 ·· 017
    2.2.3 其他 ·· 017
    2.2.4 措施费 ··· 017
    2.2.5 企业管理费 ·· 023
    2.2.6 规费 ·· 026
    2.2.7 利润 ·· 026
    2.2.8 税金 ·· 027
    2.2.9 专项费用 ·· 027
  2.3 土地使用及拆迁补偿费 ··· 028
    2.3.1 土地使用及拆迁补偿费的构成 ·· 028
    2.3.2 土地使用及拆迁补偿费计算方法 ··· 029
  2.4 工程建设其他费 ··· 029
    2.4.1 建设项目管理费 ·· 029

2.4.2 研究试验费 033
2.4.3 前期工作费 034
2.4.4 专项评价（估）费 035
2.4.5 联合试运转费 035
2.4.6 生产准备费 035
2.4.7 工程保通管理费 036
2.4.8 工程保险费 036
2.4.9 其他相关费用 036
2.5 预留费 037
2.5.1 基本预备费 037
2.5.2 价差预备费 037
2.6 建设期贷款利息 037
2.6.1 建设期贷款利息 037
2.6.2 利息计算方法 038
2.7 公路工程建设项目各项费用计算程序及计算方式 038

第3章 公路工程定额计价 041

3.1 概述 041
3.1.1 公路工程计价依据 041
3.1.2 公路工程计价依据的主要内容 042
3.1.3 公路工程定额的概念、作用与特点 043
3.1.4 公路工程定额分类 044
3.2 公路工程概预算定额的内容预算 049
3.2.1 公路工程预算定额的作用 049
3.2.2 现行版本 049
3.2.3 基本组成 049
3.2.4 定额项目表 049
3.3 预算定额说明及应用 052
3.3.1 预算定额总说明及其应用 052
3.3.2 运用定额的步骤 055
3.3.3 路基工程预算定额 056
3.3.4 路面工程预算定额 060
3.3.5 桥涵工程预算定额 064
3.3.6 隧道工程章节说明 075
3.3.7 定额的补充 077

第4章 公路工程定额工程量计算规则及应用 079

4.1 公路工程造价中工程量计算的基本方法 079
4.1.1 工程量计算 079

  4.1.2 工程量计算依据 ·· 080
  4.1.3 工程量计算规则 ·· 080
  4.1.4 工程量计算基本公式 ·· 081
 4.2 定额工程量计算 ·· 088
  4.2.1 路基工程的工程量计算 ·· 088
  4.2.2 路面工程的工程量计算 ·· 091
  4.2.3 隧道工程的工程量计算 ·· 092
  4.2.4 桥梁涵洞工程的工程量计算 ···································· 092
  4.2.5 材料平均运距计算 ·· 097

第5章 公路工程预算文件 ·· 103

 5.1 预算及文件组成 ·· 103
  5.1.1 施工图预算的概念、基本规定 ·································· 103
  5.1.2 编制依据 ·· 103
  5.1.3 预算项目及编码规则 ·· 104
  5.1.4 预算文件组成 ·· 104
 5.2 概（预）算文件的编制 ·· 106
  5.2.1 扉页及目录 ·· 106
  5.2.2 概（预）算表格与填制方法 ···································· 107
  5.2.3 各种表格的计算顺序和相互关系 ································ 120
 5.3 公路工程预算文件的编制程序 ·· 121
  5.3.1 熟悉图纸、收集资料 ·· 121
  5.3.2 预算的编制 ·· 123

第6章 公路工程工程量清单计价 ·· 125

 6.1 公路工程工程量清单概述 ·· 125
  6.1.1 工程量清单的概念及特点 ······································ 125
  6.1.2 工程定额计价方法与工程量清单计价方法的联系和区别 ············ 129
 6.2 公路工程工程量清单及内容 ·· 132
  6.2.1 工程量清单说明 ·· 132
  6.2.2 工程量清单表 ·· 133
  6.2.3 工程量清单编写过程 ·· 138

第7章 公路工程工程量清单计量规则及应用 ······························ 140

 7.1 公路工程工程量清单计量规则总说明 ·································· 140
 7.2 工程量计量规则说明 ·· 141
  7.2.1 一般要求 ·· 141
  7.2.2 质量 ·· 142
  7.2.3 面积 ·· 142

  7.2.4 结构物 …………………………………………………………… 142
  7.2.5 土方 ……………………………………………………………… 143
  7.2.6 运输车辆体积 …………………………………………………… 143
  7.2.7 质量与体积换算 ………………………………………………… 143
  7.2.8 沥青和水泥 ……………………………………………………… 143
  7.2.9 成套的结构单元 ………………………………………………… 144
  7.2.10 标准制品项目 …………………………………………………… 144
 7.3 公路工程总则计量规则 ………………………………………………… 144
  7.3.1 第100章总则工程量清单计量规则 …………………………… 144
  7.3.2 有关内容的说明及提示 ………………………………………… 146
 7.4 路基工程工程量计量 …………………………………………………… 147
  7.4.1 第200章路基工程工程量清单计量规则 ……………………… 147
  7.4.2 有关内容的说明及提示 ………………………………………… 176
  7.4.3 案例 ……………………………………………………………… 176
 7.5 路面工程工程量计量 …………………………………………………… 177
  7.5.1 路面工程工程量清单计量规则 ………………………………… 177
  7.5.2 有关内容的说明及提示 ………………………………………… 185
  7.5.3 案例 ……………………………………………………………… 185
 7.6 桥梁、涵洞工程工程量计量 …………………………………………… 187
  7.6.1 桥梁、涵洞工程工程量清单计量规则 ………………………… 187
  7.6.2 有关内容的说明及提示 ………………………………………… 200
  7.6.3 案例 ……………………………………………………………… 200
 7.7 隧道工程工程量计量 …………………………………………………… 201
  7.7.1 隧道工程工程量清单计量规则 ………………………………… 201
  7.7.2 有关内容的说明及提示 ………………………………………… 216
  7.7.3 案例 ……………………………………………………………… 216

附录 ……………………………………………………………………………… 218
 附录1 概算预算项目表 …………………………………………………… 218
 附录2 设备与材料的划分标准 …………………………………………… 242
 附录3 全国冬季施工气温区划分表 ……………………………………… 245
 附录4 全国雨季施工雨量区及雨季期划分表 …………………………… 249
 附录5 全国风沙地区公路施工区划分表 ………………………………… 253

参考文献 ……………………………………………………………………… 254

第 1 章 绪 论

> **教学目标**
> 1. 了解建设工程概念及固定资产定义。
> 2. 了解建设工程的程序。
> 3. 掌握建设工程项目划分。

1.1 建设工程概述

1.1.1 建设工程概念

建设工程是人类有组织、有目的、大规模的经济活动，是固定资产再生产过程中形成综合生产能力或发挥工程效益的工程项目。其经济形态包括建筑、安装工程建设、购置固定资产以及与此相关的一切其他工作。

建设工程是指建造新的或改造原有的固定资产，经常进行的生产大修理不属于建设工程投资。固定资产是指在社会再生产过程中，可供较长时间使用，并在使用过程中基本不改变原有实物形态的劳动资料和其他物质资料，它是人类物质财富的积累，是人们从事生产和物质消费的基础。

固定资产在使用过程中总是不断被消耗，又通过建设不断地得到补偿。如果建设在原有的规模上进行，所建成的固定资产，只能补偿已消耗的固定资产，此时的社会产品生产也只能在同一规模上进行，如一个新工厂代替了报废的旧工厂，一台新设备代替了一台报废的旧设备，只是对已丧失生产能力的补缺，就整个社会来讲，实现的是社会产品的简单再生产。如果建设是在扩大了的规模上进行，所建成的固定资产多于被消耗掉的固定资产，此时社会产品生产也就能在扩大的规模上进行，实现了社会产品的扩大再生产。

固定资产在生产或被使用过程中逐渐被损耗，但还没达到完全报废而仍有使用价值的阶段，需要进行定期的大修理，以使原有的固定资产保持原有的性能并继续发挥作用，如更换已损坏的设备零部件，对房屋进行的生产大修理，它不属于建设工程投资。

建设工程的特定含义是通过"建设"来形成新的固定资产，单纯的固定资产购置如购进商品房屋，购进机械设备，购进车辆、船舶等，虽然新增加了固定资产，但一般不视为建设工程。建设工程是建设项目从预备、筹建、勘察设计、设备购置、建筑安装、试车调试、竣工投产，直到形成新的固定资产的全部工作。

1.1.2 建设工程的分类

由于建设工程项目种类繁多,为便于建设项目的造价确定和科学管理,正确反映建设工程项目的性质、内容和规模,可从不同角度对建设工程项目进行分类。

1. 按建设项目的性质分类

按照这种分类方法,建设项目可分为新建项目、扩建项目、改建项目、恢复项目和迁建项目五类。

(1) 新建项目。

新建项目是指新建的投资建设工程项目,或对原有项目重新进行总体设计,扩大建设规模后,其新增固定资产价值超过原有固定资产价值三倍以上的建设项目。

(2) 扩建项目。

扩建项目是指在原有的基础上投资扩大建设的工程项目,如在企业原有场地范围内或其他地点,为了扩大原有主要产品的生产能力或效益,或增加新产品生产能力而建设新的主要车间或其他工程的项目。

(3) 改建项目。

改建项目是指原有企业为提高产品质量、节约能源、降低消耗,改变产品结构,更改产品花色、品种、规格以及改进生产工艺流程,而对厂房、设备、管路、线路等进行整体技术改造的项目。有的企业为了平衡生产能力,需增建一些附属、辅助车间或非生产性工程。这类项目也可列为改建项目。

(4) 恢复项目。

恢复项目又称重建项目,是指企业、事业单位因受自然灾害、战争或人为灾害等特殊原因,使原有全部或部分报废后又投资重新建设的项目。

(5) 迁建项目。

迁建项目是指原有企业、事业单位由于某种原因报经上级批准进行搬迁建设,无论其规模是维持原规模还是扩大建设均属迁建项目。

2. 按建设项目的建设阶段分类

按建设项目的建设阶段可分为预备项目(投资前期项目)、筹建项目、施工项目、投产项目、收尾项目、竣工项目等。

(1) 预备项目。

按照中长期投资计划拟建而又未立项的建设项目,只作初步可行性研究或提出设想方案供参考。

(2) 筹建项目。

经批准立项,正在进行建设前期准备工作而尚未开始施工的项目。

(3) 施工项目。

正在进行建筑或安装施工活动的项目,包括新开工项目和续建项目。

(4) 投产项目。

已形成生产能力或发挥工程效益,经验收合格并正式投入生产或交付使用的建设项目,包括全部投产项目、部分投产项目。

(5) 收尾项目。

以前年度已经全部建成投产，但尚有少量不影响正常生产使用的辅助工程或非生产性工程，在本年度继续施工的项目。

(6) 竣工项目。

已办理完竣工验收手续，交付投入使用的项目。

3. 按建设项目的投资用途分类

按建设工程的投资用途可分为生产性建设项目和非生产性建设项目。

生产性建设项目是用于物质生产和直接为物质生产服务的项目建设，包括工业建设、建筑业和地质资源勘探事业建设、农林水利建设、能源工程项目等，即用于物质产品生产建设的工程项目。非生产性建设项目是用于人民物质和文化生活的项目建设，可以满足人们物质文化生活需要的工程项目。非生产性建设项目可分为经营性工程项目和非经营性工程项目，包括住宅、学校、医院、托儿所、影剧院以及国家行政机关和金融保险业的建设等。

4. 按建设项目的规模分类

建设工程固定资产投资，按照上级批准的建设项目总规模或总投资，可以划分为大型建设项目、中型建设项目和小型建设项目三类；更新改造措施项目分为限额以上和限额以下两类。

基本建设的大型、中型、小型项目是按项目的建设总规模或总投资来确定的。习惯上将大型项目和中型项目合称为大中型项目。新建项目按项目的全部设计规模（能力）或所需投资（总概算）计算；扩建项目按扩建新增的设计能力或扩建所需投资（扩建总概算）计算，不包括扩建以前原有的生产能力。但是，新建项目的规模是指经批准的可行性研究报告中规定的近期建设的总规模，而不是指远景规划所设想的长远发展规模。明确分期设计、分期建设的，应按分期规模来计算。基本建设项目的大型、中型、小型划分标准，是国家规定的。按总投资划分的项目，能源、交通、原材料工业项目 5000 万元以上和其他项目 3000 万元以上定为大中型项目，在此标准以下的定为小型项目。

1.1.3 建设工程的程序

建设工程的程序是指工程项目从策划、评估、决策、设计、施工到竣工验收、投入生产或交付使用的整个建设过程中，各项工作必须遵循的先后工作次序。建设工程的程序是工程建设过程客观规律的反映，是建设工程项目科学决策和顺利进行的重要保证。建设工程的程序是人们在长期工程项目建设实践中得出来的经验总结，不能随意颠倒，但可以合理交叉。

1. 策划决策阶段

策划决策阶段，又称为建设前期工作阶段，主要包括编报项目建议书和可行性研究报告两项工作内容。

(1) 项目建议书。

对于政府投资工程项目，编报项目建议书是项目建设最初阶段的工作。其主要作用是为了推荐建设项目，在一个确定的地区或部门内，以自然资源和市场预测为基础，选择建设项目。

项目建议书经批准后,可进行可行性研究工作,但并不表明项目非上不可,项目建议书不是项目的最终决策。

(2) 可行性研究。

可行性研究是在项目建议书被批准后,对项目在技术上和经济上是否可行所进行的科学分析和论证。

根据《国务院关于投资体制改革的决定》(国发〔2004〕20 号),对于政府投资项目须审批项目建议书和可行性研究报告。《国务院关于投资体制改革的决定》指出,对于企业不使用政府资金投资建设的项目,一律不再实行审批制,区别不同情况实行核准制和登记备案制。

对于《政府核准的投资项目目录》以外的企业投资项目,实行备案制。

2. 勘察设计阶段

(1) 勘察过程。

复杂工程分为初勘和详勘两个阶段,是为设计提供实际依据的过程。

(2) 设计过程。

设计过程一般划分为两个阶段,即初步设计阶段和施工图设计阶段,对于大型复杂项目,可根据不同行业的特点和需要,在初步设计之后增加技术设计阶段。

初步设计是设计的第一步,如果初步设计提出的总概算超过可行性研究报告投资估算的 10% 以上或其他主要指标需要变动时,要重新报批可行性研究报告。初步设计经主管部门审批后,建设项目被列入国家固定资产投资计划,方可进行下一步的施工图设计。

施工图一经审查批准,不得擅自进行修改,必须重新报请原审批部门,由原审批部门委托审查机构审查后再批准实施。

3. 建设准备阶段

建设准备阶段主要内容包括:组建项目法人、征地、拆迁、"三通一平"乃至"七通一平";组织材料、设备订货;办理建设工程质量监督手续;委托工程监理;准备必要的施工图纸;组织施工招投标,择优选定施工单位;办理施工许可证等。按规定做好施工准备,具备开工条件后,建设单位申请开工,进入施工安装阶段。

4. 施工阶段

建设工程具备了开工条件并取得施工许可证后方可开工。项目的开工时间,按设计文件中规定的任何一项永久性工程第一次正式破土开槽时间而定。不需开槽的以正式打桩作为开工时间。铁路、公路、水库等以开始进行土、石方工程作为正式开工时间。

5. 生产准备阶段

对于生产性建设项目,在其竣工投产前,建设单位应适时地组织专门班子或机构,有计划地做好生产准备工作,包括:招收、培训生产人员;组织有关人员参加设备安装、调试、工程验收;落实原材料供应;组建生产管理机构,健全生产规章制度等。生产准备是由建设转入经营的一项重要工作。

6. 竣工验收阶段

工程竣工验收阶段是全面考核建设成果、检验设计和施工质量的重要步骤,也是建设项目转入生产和使用的标志。验收合格后，建设单位编制竣工决算，项目正式投入使用。

7. 考核评价阶段

建设项目后评价是工程项目竣工投产、生产运营一段时间后，在对项目的立项决策、设计施工、竣工投产、生产运营等全过程进行系统评价的一种技术活动，是固定资产管理的一项重要内容，也是固定资产投资管理的最后一个环节。

我国公路工程基本建设程序示意图如图1-1所示。

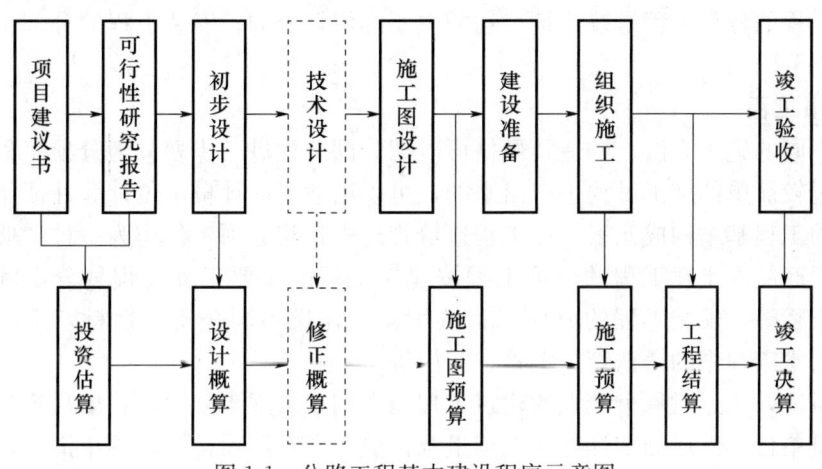

图1-1 公路工程基本建设程序示意图

1.1.4 建设工程项目划分

基本建设工程一般可划分为建设项目、单项工程、单位工程、分部工程、分项工程五级。

1. 建设项目

建设项目又称为基本建设项目，是以实物形态表示的具体项目，它以形成固定资产为目的。

建设项目是指有经过有关部门批准的立项文件和设计任务书，经济上实行独立核算，行政上实行统一管理的工程项目。建设项目的名称一般是以这个建设单位的名称来命名的，一个建设单位就是一个建设项目。如某汽车修配厂、某水泥厂、某专科学校、某医院等均为建设项目。

一个建设项目由多个单项工程构成，有的建设项目［如改（扩）建项目］也可能由一个单项工程构成。

2. 单项工程

单项工程是建设项目的组成部分，是指具有独立的设计文件、在竣工后可以独立发挥效益或生产能力的产品车间（联合企业的分厂）生产线或独立工程等。

一个建设项目可以包括若干个单项工程，例如一个新建工厂的建设项目，其中的各个生产车间、辅助车间、仓库、住宅等工程都是单项工程。有些比较简单的建设项目本身就是一个单项工程，例如只有一个车间的小型工厂、一条森林铁路等。一个建设项目在建成投入使用以前,往往陆续建成若干个单项工程,所以单项工程是考核投产计划完成情况和计算新增生产能力的基础。

3. 单位工程

单位工程是指不能独立发挥生产能力,但具有独立设计的施工图纸和组织施工的工程。例如工业建筑物的土建工程是一个单位工程,而安装工程又是一个单位工程。若干个单位工程组成单项工程。

4. 分部工程

土建工程的分部工程是按建筑工程的主要部位划分的;安装工程的分部工程是按工程的种类划分的。

5. 分项工程

按照不同的施工方法、构造及规格可以把分部工程进一步划分为分项工程。分项工程是能通过较简单的施工过程生产出来的,可以用适当的计量单位计算并便于测定或计算其消耗的工程基本构成元素。在工程造价管理中,将分项工程作为一种"假想的"建筑安装工程产品。土建工程的分项工程按建筑工程的主要工种工程划分,例如土方工程、钢筋工程等。安装工程的分项工程按用途或输送不同介质、物料以及设备组别划分,例如给水工程中的铸铁管、钢管、阀门等。

综上所述,通过对一个庞大的建筑工程由大到小的逐步分解,找出最容易计算工程造价的计量单位,然后分别计算其工程量及价值。通过逐项计算,逐个汇总,最终得到建设工程造价。

1.2 公路工程及造价概述

1.2.1 公路工程的组成

公路是一种铺筑在地面上主要供车辆行驶的线形工程构造物,主要承受车辆荷载的重复作用,并经受各种自然因素的长期影响。因此,公路不仅要有平顺的线形、缓和的纵坡,而且要有稳定坚实的路基、平整耐用的路面、牢固可靠的人工构造物,以及其他必要的防护工程和附属物。

1. 线形

所谓线形,是指道路中线在空间的形状。道路中线是一条平面有曲线、纵面有起伏的立体空间曲线。其平面线形由直线和平曲线组成,平曲线包括圆曲线和缓和曲线;纵面线形由纵坡线和竖曲线组成(图 1-2)。这条立体空间曲线要平、纵配合,由平面图、纵断面图和横断面图来表示。

(a) 平面　　　　(b) 纵面

图 1-2　公路的平面与纵面

2. 结构

公路是需要承受荷载及自然因素影响的交通工程构造物,组成一般包括:路基、路面、隧道、桥涵、防护以及沿线设施等。

(1) 路基。

路基是公路的重要组成部分,是行车部分的基础。其断面形状一般有路堤、路堑、半填半挖等断面形式,如图 1-3 所示。

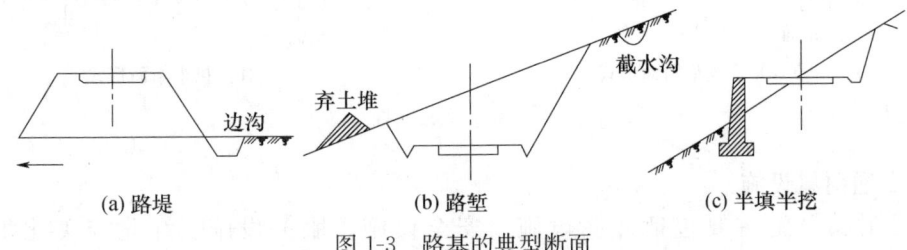

图 1-3 路基的典型断面

(2) 路面。

路面是在路基表面上用各种不同材料或混合料分层铺筑而成的一种层状结构物,通常由面层、基层、垫层等组成,如图 1-4 所示。

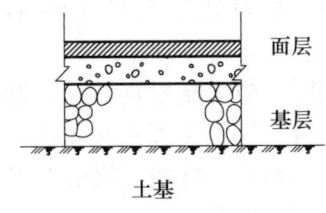

图 1-4 路面结构

(3) 桥涵。

桥涵是指在公路建设中为了保证拟建的公路工程项目连续,跨江河、湖泊、道路、山谷等而建造的人工构造物,如图 1-5 所示。

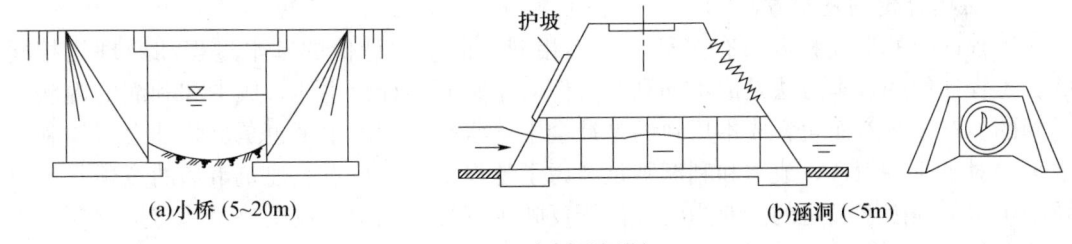

图 1-5 小桥及涵洞

(4) 隧道。

隧道一般指在公路建设中为了克服地形和高程上的障碍(如山梁、山脊、垭口等),以改善和提高拟建公路的平面线形和纵坡,缩短公路里程或为避免山区公路的各种病害(如滑坡、崩塌、岩堆、泥石流等不良地质现象),以保护生态环境而修建的构造物,如图 1-6 所示。

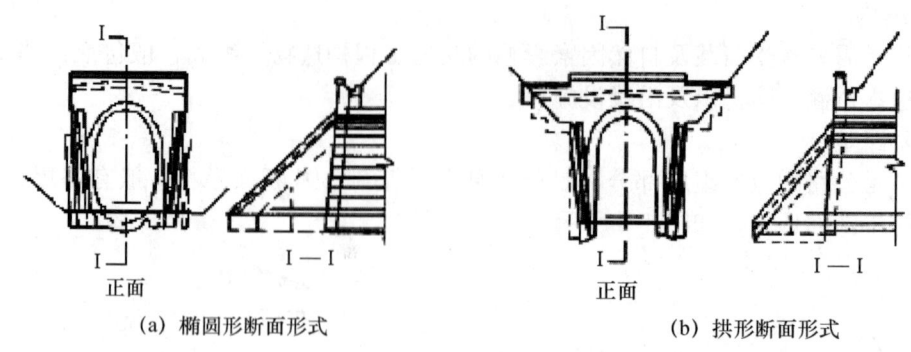

(a) 椭圆形断面形式　　　　　　(b) 拱形断面形式

图 1-6　隧道工程

3. 交通附属设施

交通附属设施主要包括照明设施、安全设施、服务设施、绿化与美化工程等设施。

1.2.2　工程造价概念及特点

工程造价是指一个建设项目从开始立项到建成交付使用，预期花费或实际花费的全部费用，即该建设项目有计划地进行固定资产再生产和形成相应的无形资产、递延资产和铺底流动资金一次性费用总和。

根据公路工程的基本建设程序，应编制投资估算、设计概算或修正概算、施工图预算、标底（或招标控制价）和报价、工程结算和竣工决算，如图 1-1 所示。公路工程造价的编制，则是泛指估算、概算、预算、标底、报价、工程结算和竣工决算等造价文件的编审工作。

由于工程造价具有大额性、个别性、差异性、动态性、层次性及兼容性等特点，所以工程计价的内容、方法及表现形式也就各不相同。

1.2.3　公路工程计价的基本方法与模式

1. 工程计价的基本方法

工程计价的形式和方法有多种，各不相同，但工程计价的基本过程和原理是相同的。工程计价的基本方法是成本加利润，但对于不同的计价主体，成本和利润的内涵是不同的。对于政府而言，成本反映的是社会平均水平，利润水平也是反映社会平均利润水平。对于业主而言，成本和利润则是考虑了建设工程的特点、建筑市场的竞争状况以及物价水平等因素确定的。业主的计价既反映了其投资期望，也反映了其在拟建项目上的质量目标和工期目标。对于承包商而言，成本则是其技术水平和管理水平的综合体现，承包商的成本属于个别成本，具有社会平均先进水平。

2. 工程计价的模式

影响工程造价的主要因素有两个，即基本构造要素的单位价格和基本构造要素的实物工程数量。在进行工程计价时，基本子项的工程实物量可以通过工程量计算规则和设计图纸计算得到，它可以直接反映工程项目的规模和内容；基本子项的单位价格则有两种形式：直接工程费单价及综合单价。

直接工程费单价是指分部分项工程单位价格,它是一种仅仅考虑了人工、材料、机械资源要素的价格形式;综合单价是指分部分项工程的单价,既包括直接费、间接费、利润和税金,也包括合同约定的所有工料价格变化等一切风险费用,它是一种完全价格形式。与这两种单价形式相对应的有两种计价模式,即定额计价模式和工程量清单计价模式。

(1) 定额计价模式。

建设工程定额计价是我国长期以来在工程价格形成中采用的计价模式,又称为工料单价法计价,是国家颁布的统一估价指标、概算定额、预算定额和相应的费用定额,对建筑产品价格有计划管理的一种方式。它又分为定额单价法和实物量法两种。定额单价法是指在计价中以定额为依据,按定额规定的分部分项子目,逐项计算工程量,套用定额单价(或单位估价表)确定直接工程费;然后按规定取费标准确定构成工程价格的其他费用和利税,获得建筑安装工程造价。实物量法指按统一的(预算)工程量计算规则和预算定额确定分部分项工程的人工、材料、机械台班消耗量后,按照资源的市场价格计算出各分部分项工程的工料单价,以工料单价乘以工程量汇总得到直接工程费;再按照市场行情计算措施费、间接费、利润和税金等综合取费,汇总得到单位工程费用。公路工程概算、预算的编制采用的是定额计价模式中的实物量法编制方法。公路工程实物量法编制预算的基本流程,见式(1-1)~式(1-3)。

$$某分项工程直接工程费 = \sum_{i=1}^{M} [分项工程量_i \times \sum_{j=1}^{N}(完成单位分项工程工料机数量_{ij} \times 工料机单价_{ij})] \qquad (1-1)$$

$$其他工程费 = \sum_{i}^{N}(某分项工程直接工程费_i \times 综合费率_i) \qquad (1-2)$$

$$某分项工程建安费 = 直接工程费 + 其他工程费 + 间接费 + 计划利润 + 税金 \qquad (1-3)$$

长期以来,我国发(承)包计价以工程概预算定额为主要依据。因为工程概预算定额是我国几十年计价实践的总结,具有一定的科学性和实践性,所以用这种方法计算和确定工程造价过程简单、快速、准确,也有利于工程造价管理部门的管理。但预算定额是按照计划经济的要求制定、发布、贯彻执行的,定额中工、料、机的消耗量是根据"社会平均水平"综合测定的,费用标准是根据不同地区平均测算的,因此企业采用这种模式报价时就会表现为平均主义,企业不能结合项目具体情况、自身技术优势、管理水平和材料采购渠道价格进行自主报价,不能充分调动企业管理的积极性,也不能充分体现市场公平竞争的基本原则。

(2) 工程量清单计价模式。

工程量清单计价模式,又称为综合单价法。它是建设工程招(投)标中,按照国家统一的工程量清单计价规范,招标人或其委托的有资质的咨询机构编制反映工程实体消耗和措施消耗的工程量清单,并作为招标文件的一部分提供给投标人;由投标人依据工程量清单,根据各种渠道所获得的工程造价信息和经验数据,结合企业定额自主报价的计价方式。

对于公路工程投标报价,投标人根据业主提供的有工程数量的工程量清单填报综合单价和合价。在我国的一般建设工程的工程量清单计价模式中,分部分项工程量清单计价表中的综合单价中仅包含人工费、材料费、机械费、管理费、利润和一般风险费，不包含措施费、规费和税金，后三种费用另行计列。而公路工程量清单中工程细目表中的综合单价是全费用单价或完全价格，是指完成本计价工程细目所需的全部工程内容和费用，包括完成该细目下所有工程内容所需的成本、利润、税金和一般风险费。以清单中所给的工程量与该综合单价相乘，得到"合价"，见公式（1-4）。

$$投标价 = \sum_{i=1}^{N}(清单中某计价工程细目_i \times 某计价工程细目综合单价_i) +$$
$$单项包干项目总额价 + 计日工 + (不可预见费的)暂定金额 \quad (1-4)$$

结算时以"实际发生的经监理工程师签认的工程数量，与承包商所填报的综合单价进行计量与支付"。这些，体现了"单价合同"的特点。

因而，投标时工程量清单中的工程量作为暂定的估算数量，仅用于投标、评标的共同计算基础，不用于计量与支付；报价计算的核心工作是以清单中的计价工程细目为编制单元，借助公路概预算的基本表格，主要是21-1、21-2表和03表，完成综合单价分析。

与定额计价模式相比，采用工程量清单计价，能够反映出承建企业的工程个别成本，有利于企业自主报价和公平竞争；同时，实行工程量清单计价，工程量清单作为招标文件和合同文件的重要组成部分，对于规范招标人计价行为，在技术上避免招标中弄虚作假和暗箱操作及保证工程款的支付结算都会起到重要作用。

由于工程量清单计价模式需要比较完善的企业定额体系以及较高的市场化环境，短期内难以全面铺开。因此，目前我国建设工程造价实行"双轨制"计价管理办法，即定额计价法和工程量清单计价法同时实行。工程量清单计价作为一种市场价格的形成机制，主要在工程招（投）标和结算阶段使用。

1.2.4 公路工程造价计价的基本要素

1. 建安费计算一般表达式

根据现行公路工程造价计价与控制的基本流程，公路建筑安装工程费计算见式（1-5）。

$$建安费 = \sum_{i=1}^{M}[分项工程量_i \times \sum_{j=1}^{N}(完成单位分项工程工料机数量_{ij}$$
$$\times 工料机单价_{ij}) \times (1 + 综合费率_i)] \quad (1-5)$$

2. 公路工程造价计价五要素

（1）预算工程量。

预算工程量包括两部分：工程实体数量（应确定施工方法）和施工措施工程量。施工措施工程量包括因某施工方案导致的辅助工程量（在设计图纸中不出现，取决于施工组织设计）和临时工程或现场平面布置导致的临时工程量。

（2）完成单位数量的分项工程消耗的工料机数量标准（定额水平）。

在正常条件下完成合格的单位数量分项工程消耗的工料机数量标准，决定了消耗的资源实物量，是确定工程成本的重要因素。作为承包商投标估价用的定额必须以反映个别成本的企业定额为基础，适当参考行业统一定额。业主编制的标底，因为不是业主亲自施工，无法确定未来施工承包商的个别成本，只能以反映行业平均水平的部分预算定额为基础，大致估测所需工料机资源数量。

（3）工料机的预算价格。

工料机的预算价格是用于计算工程的直接费，应具备以下两个条件：

① 尽可能反映工料机的实际市场供应价，要求做好充分的工料机市场价格调查。

② 预算价格中必须包括分摊至该工料机要素中的全部成本或费用，如材料预算价格必须包括出厂价、自供应地到工地的运杂费、场外运输损耗费及材料仓储保管费用，但在工料机预算价格中不应包含需单列的综合取费和利润因素。

（4）综合费率。

承包商在确定工程成本或标价时，对于除了直接工程费之外的其他工程费、间接费、利润以本单位的费用定额为依据，确定竞争性的各项费率，对于税金的计算则必须执行国家税法。业主确定标底时，对于综合取费一般执行地方上的《公路工程概预算编制补充办法》中规定的费率标准或略有降低。

（5）计价规则或计价程序。

一般按照原交通部颁布的《公路工程建设项目概算预算编制办法》JTG 3830—2018 中规定的计价规则或计价程序计算建筑安装工程造价，反映的是以上四种要素的整合方式。

小　结

1. 公路工程、公路工程建设项目概述。
2. 公路工程两种计价模式。

第 2 章　公路工程概预算费用的组成及计算

> **教学目标**
> 1. 掌握公路工程概预算费用组成。
> 2. 熟悉公路工程建设各项费用编制步骤。
> 3. 掌握计算程序及计算方式

2.1　概　　述

2.1.1　建设工程造价的构成

工程造价通常是指工程的建造价格。由于所站的角度不同，工程造价有不同的含义。

含义一：从投资者（业主）的角度分析，工程造价是指建设一项工程预期开支或实际开支的全部固定资产投资费用。投资者为了获得投资项目的预期效益，需要对项目进行策划、决策及实施，直至竣工验收等一系列投资管理活动。在上述活动中所花费的全部费用，就构成了工程造价。从这个意义上讲，建设工程造价就是建设工程项目固定资产的总投资。

含义二：从市场交易的角度分析，工程造价是指为建成一项工程，预计或实际在土地市场、设备市场、技术劳务市场以及工程承包发包市场等交易活动中所形成的建筑安装工程价格和建设工程总价格。显然，工程造价的第二种含义是指以建设工程这种特定的商品形式作为交易对象，通过招标投标或其他交易方式，在进行多次预估的基础上，最终由市场形成的价格。这里的工程既可以是涵盖范围很大的一个建设工程项目，也可以是其中的一个单项工程，甚至可以是整个建设工程中的某个阶段，如土地开发工程、建筑安装工程、装饰工程或者其中的某个组成部分。随着经济发展中技术的进步、分工的细化和市场的完善，工程建设中的中间产品也会越来越多，商品交换会更加频繁，工程价格的种类和形式也会更为丰富。尤其值得注意的是，投资主体的多元格局、资金来源的多种渠道，使相当一部分建设工程的最终产品作为商品进入了流通领域。如技术开发区的工业厂房、仓库、写字楼、公寓、商业设施和住宅开发区的大批住宅、配套的公共设施等，都是投资者为实现投资利润最大化而生产的建筑产品，它们的价格是商品交易中现实存在的，是一种有加价的工程价格（通常被称为商品房价格）。

承发包价格是工程造价中一种重要的、也是较为典型的价格交易形式，是在建筑市场通过招标投标，由需求主体（投资者）和供给主体（承包商）共同认可的价格。

工程造价的两种含义实质上就是以不同角度把握同一事物的本质。对市场经济条件下的投资者来说，工程造价就是项目投资，是"购买"工程项目要付出的价格。同时，工程造价也是投资者作为市场供给主体，"出售"工程项目时确定价格和衡量投资经济效益的尺度。对规划、设计、承包商以及包括造价咨询在内的中介服务机构来说，工程造价是他们作为市场供给主体出售商品和劳务价格的总和，或者是特指范围的工程造价，如建筑安装工程造价。

2.1.2 公路工程预算费用组成

公路工程造价是指建设一条公路或一座独立大桥或隧道，使其达到设计要求所花费的全部费用。公路工程属建设工程，其造价由建筑安装工程费、土地使用及拆迁补偿费、工程建设其他费、预备费和建设期贷款利息五大部分组成。根据交通运输部发布的《公路工程建设项目概算预算编制办法》JTG 3830—2018，公路工程概算预算费用组成如图 2-1 所示。

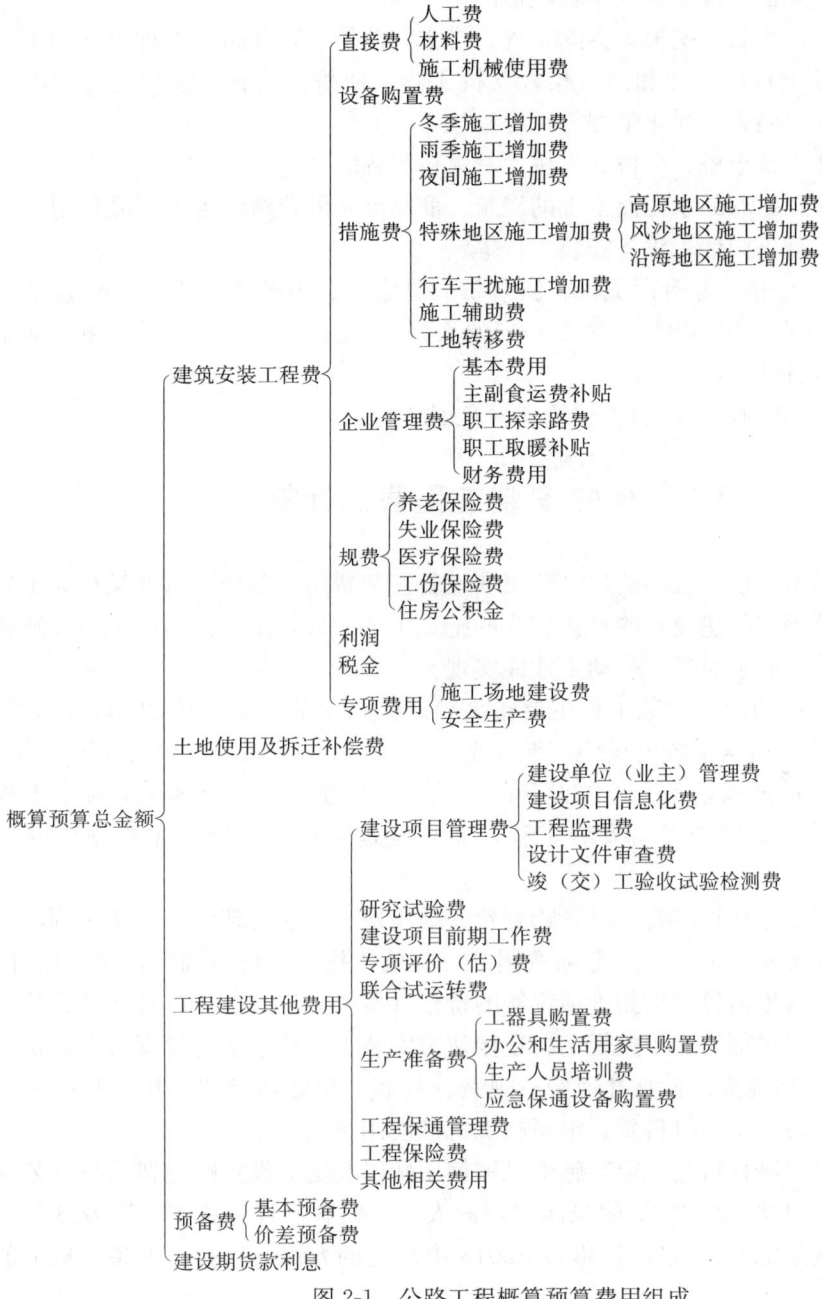

图 2-1 公路工程概算预算费用组成

措施费、企业管理费及规费取费标准的工程类别划分如下：

（1）土方，指人工及机械施工的土方工程、路基掺灰、路基换填及台背回填。

（2）石方，指人工及机械施工的石方工程。

（3）运输，指用汽车、拖拉机、机动翻斗车、船舶等运送土、石方和路面基层及面层混合料、水泥混凝土及预制构件、绿化苗木等。

（4）路面，指路面所有结构层工程、路面附属工程、便道以及特殊路基处理（不含特殊路基处理中的圬工构造物）。

（5）隧道，指隧道土建工程（不含隧道的钢材及钢结构）。

（6）构造物Ⅰ，指砍树挖根、拆除工程、排水、防护、特殊路基处理中的圬工构造物、涵洞、交通安全设施、拌和站（楼）安拆工程、便桥、便涵、临时电力和电信设施、临时轨道、临时码头、绿化工程等工程。

（7）构造物Ⅱ，指小桥、中桥、大桥、特大桥工程。

（8）构造物Ⅲ，指商品水泥混凝土的浇筑、商品沥青混合料和各类商品稳定土混合料的铺筑、外购混凝土构件、设备安装工程等。

（9）技术复杂大桥，指钢管拱桥、斜拉桥、悬索桥、单孔跨径在 120m 以上（含 120m）和基础水深在 10m 以上（含 10m）的大桥主桥部分的基础、下部和上部工程（不含桥梁的钢材及钢结构）。

（10）钢材及钢结构，指所有工程的钢材及钢结构等工程。

2.2　建筑安装工程费的计算

建筑安装工程费是指建筑物的建造费用和设备安装费用两部分。前者又称为土建工程，是建筑业按照预定的建设目的直接完成的施工生产成果，是一种创造价值和转移价值的施工生产活动，必须通过兴工动土才能实现。

公路建设项目中的设备安装工程主要指高等级公路中的管理设施的安装，如收费站的收费设施安装、通信系统的设施安装、监控系统的设施安装、供电系统的设备安装，以及某些隧道的通风设备、供电设备的安装等。但桥涵工程及其他混凝土工程中的预制构件的安装，不属于设备安装工程，而是建筑工程中混凝土工程施工的一种方法。

建筑安装工程费包括直接费、设备购置费、措施费、企业管理费、规费、利润、税金和专项费用。建筑安装工程费除专项费用外，其他均按"价税分离"计价规则计算，即各项费用均以不含增值税可抵扣进项税额的价格（费率）进行计算，具体要素价格适用增值税税率执行财税部门的相关规定。定额建筑安装工程费包括定额直接费、定额设备购置费的 40%、措施费、企业管理费、规费、利润、税金和专项费用，其中定额直接费包括定额人工费、定额材料费、定额施工机械使用费。

定额人工费、定额材料费、定额施工机械使用费以及定额设备购置费均按《公路工程预算定额》JTG/T 3832—2018 附录四"定额人工、材料、设备单价表"及现行《公路工程机械台班费用定额》JTG/T 3833—2018 中规定的人工、材料、设备、机械的相应基价计算的定额费用。

2.2.1 直接费

直接费指施工过程中耗费的构成工程实体和有助于工程形成的各项费用,包括人工费、材料费、施工机械使用费。

1. 人工费

人工费指列入概算、预算定额的直接从事建筑安装工程施工的生产工人开支的各项费用。内容包括:

(1) 计时工资或计件工资,指按计时工资标准和工作时间或对已做工作按计件单价支付给个人的劳动报酬。

(2) 津贴、补贴,指为了补偿职工特殊或额外的劳动消耗和因其他特殊原因支付给个人的津贴,以及为了保证职工工资水平不受物价影响支付给个人的物价补贴,如流动施工津贴、特殊地区施工津贴、高温(寒)作业临时津贴、高空津贴等。

(3) 特殊情况下支付的工资,指根据国家法律、法规和政策规定,因病、工伤、产假、计划生育假、婚丧假、事假、探亲假、定期休假、停工学习、执行国家或社会义务等原因按计时工资标准或计时工资标准的一定比例支付的工资。

人工费以概算预算定额人工工日数乘以综合工日单价计算。

人工费标准按照本地区公路建设项目的人工工资统计情况以及公路建设劳务市场情况进行综合分析、确定人工工日单价。人工工日单价由省级交通运输主管部门制定发布,并适时进行动态调整。人工工日单价仅作为编制概算、预算的依据,不作为施工企业实发工资的依据。

[例 2.1] 某一级公路,人工挖普通土台阶,工程数量 3400m^3(按挖后的台阶水平面积计算)。当地工日单价 63.46 元/工日,试计算该工程细目的预算人工费(保留元后两位小数)。

解:查《公路工程预算定额》表 1-1-4-2,人工消耗量为 28.1 工日/1000m^3,则人工费=3.4×28.1×63.46=6062.97(元)

2. 材料费

材料费指施工过程中耗用的构成工程实体的原材料、辅助材料、构配件、零件、半成品或成品的费用,按工程所在地的材料价格计算。

材料预算价格由材料原价、运杂费、场外运输损耗、采购及仓库保管费组成。

$$\text{材料预算价格}=(\text{材料原价}+\text{运杂费})\times(1+\text{场外运输损耗率})\times \\ (1+\text{采购及保管费率})-\text{包装品回收价值} \qquad (2\text{-}1)$$

(1) 材料原价。各种材料原价按以下规定计算:

① 外购材料,价格参照本行政区域内交通运输主管部门发布的价格和按调查的市场价格进行综合取定。

② 自采材料,砂、石、黏土等自采材料,按定额中开采单价加辅助生产间接费和矿产资源税(如有)计算。

(2) 运杂费,是指材料自供应地点至工地仓库(施工地点存放材料的地方)的费用,包括装卸费、运费,如果发生,还应计囤存费及其他杂费(如过磅、标签、支撑加固、路桥通行等费用)。

① 通过铁路、水路和公路运输的材料，按调查的市场运价计算运费。

② 一种材料当有两个以上的供应点时，应根据不同的运距、运量、运价采用加权平均的方法计算运费。由于概算、预算定额中已考虑了工地运输便道的特点，以及定额中已计入了"工地小搬运"的费用，因此汽车运输平均运距中不得乘调整系数，也不得在工地仓库或堆料场之外再加场内运距或二次倒运的运距。

③ 有容器或包装的材料及外观长或大的轻浮材料，应按表 2-1 规定的毛质量计算。桶装沥青、汽油、柴油按每吨摊销一个旧汽油桶计算包装费（不计回收）。

表 2.1 材料毛重系数及单位毛量表

材料名称	单位	毛重系数（%）	单位毛质量
爆破材料	t	1.35	—
水泥、块状沥青	t	1.01	—
铁钉、铁件、焊条	t	1.10	—
液体沥青、液体燃料、水	t	桶装 1.17，油罐车装 1.00	—
木料	m³	—	原木 0.750t　锯材 0.650t
草袋	个	—	0.004t

（3）场外运输损耗，是指有些材料在正常的运输过程中发生的损耗。材料场外运输操作损耗率见表 2-2。

表 2-2 材料场外运输操作损耗率表（%）

材料名称		场外运输（包括一次装卸）	每增加一次装卸
块状沥青		0.5	0.2
石屑、碎砾石、砂砾、煤渣、工业废渣、煤		1.0	0.4
砖、瓦、桶装沥青、石灰、黏土		3.0	1.0
草皮		7.0	3.0
水泥（袋装、散装）		1.0	0.4
砂	一般地区	2.5	1.0
	风沙地区	5.0	2.0

注：汽车运水泥的情况下，当运距超过 500km 时，袋装水泥损耗率增加 0.5 个百分点。

（4）采购及保管费。

① 材料采购及保管费指在组织采购、保管过程中，所需的各项费用及工地仓库的材料储存损耗。

② 材料采购及保管费，是以材料的原价加运杂费及场外运输损耗的合计数为基数，乘以采购及保管费费率计算。

③ 钢材的采购及保管费费率为 0.75%，燃料、爆破材料为 3.26%，其余材料为 2.06%。商品水泥混凝土、沥青混合料和各类稳定土混合料、外购的构件、成品及半成品的预算价格计算方法与材料相同。商品水泥混凝土、沥青混合料和各类稳定土混合料不计采购及保管费，外购的构件、成品及半成品的采购及保管费费率为 0.42%。

3. 施工机械使用费

施工机械使用费指列入概算、预算定额的工程机械和工程仪器仪表台班数量，按相应的施工机械台班费用定额计算的费用等。

（1）工程机械使用费。机械台班预算价格应按现行《公路工程机械台班费用定额》JTG/T 3833—2018 计算，机械台班单价由不变费用和可变费用组成。不变费用包括折旧费、检修费、维护费、安拆辅助费等；可变费用包括机上人员人工费、动力燃料费、车船税。可变费用中的人工工日数及动力燃料消耗量，应以机械台班费用定额中的数值为准。台班人工费工日单价同生产工人人工费单价，动力燃料费用则按材料费的计算规定计算。

（2）工程仪器仪表使用费指机电工程施工作业所发生的仪器仪表使用费，以施工仪器仪表台班耗用量乘以施工仪器仪表台班单价计算。

① 工程仪器仪表台班预算价格应按现行《公路工程机械台班费用定额》JTG/T 3833—2018 计算。台班人工费工日单价同生产工人人工费单价，动力燃料费用则按材料费的计算规定计算。

② 当工程用电为自行发电时，电动机械每 kW·h（度）电的单价可由式（2-2）计算：

$$A = 0.15 K/N \tag{2-2}$$

式中　A——每 kW·h 电单价（元）；
　　　K——发电机组的台班单价（元）；
　　　N——发电机组的总功率（kW）。

2.2.2 设备购置费

设备购置费指为满足公路初期运营、管理需要购置的构成固定资产标准的设备和虽低于固定资产标准但属于设计明确列入设备清单的设备的费用，包括渡口设备，隧道照明、消防、通风的动力设备，公路收费、监控、通信、路网运行监测、供配电及照明设备等。

（1）设备购置费应列出计划购置的清单（包括设备的规格、型号、数量），以设备预算价计入。

（2）设备购置费包括设备原价、运杂费、运输保险费、采购及保管费，各种税费按编制期有关部门规定计算。

（3）需要安装的设备，按建筑安装工程费的有关规定计算设备的安装工程费。设备与材料的划分标准见附录2。

2.2.3 其他

购买的路基填料、绿化苗木、商品水泥混凝土、商品沥青混合料和各类稳定土混合料、外购混凝土构件不作为措施费及企业管理费的计算基数。

2.2.4 措施费

措施费包括冬季施工增加费、雨季施工增加费、夜间施工增加费、特殊地区施工增加费、行车干扰施工增加费、施工辅助费、工地转移费。

1. 冬季施工增加费

冬季施工增加费指按照公路工程施工及验收规范所规定的冬季施工要求，为保证工程质量和安全生产所需采取的防寒保温设施、工效降低和机械作业效率降低以及技术操作过程的改变等所增加的有关费用。

（1）冬季施工增加费的内容包括：

① 因冬季施工所需增加的一切人工、机械与材料的支出。

② 施工机械所需修建的暖棚（包括拆、移），增加其他保温设备购置费用。

③ 因施工组织设计确定，需增加的一切保温、加温等有关支出。

④ 清除工作地点的冰雪等与冬季施工有关的其他各项费用。

（2）全国冬季施工气温区划分表附录3。

（3）冬季施工增加费的计算方法是根据各类工程的特点，规定各气温区的取费标准。为了简化计算手续，采用全年平均摊销的方法，即不论是否在冬季施工，均按规定的取费标准计取冬季施工增加费。

（4）一条路线穿过两个以上的气温区时，可分段计算或按各区的工程量比例求得全线的平均增加率，计算冬季施工增加费。

（5）冬季施工增加费以各类工程的定额人工费和定额施工机械使用费之和为基数，按工程所在地的气温区选用表2-3的费率计算。

表2-3 冬季施工增加费费率表（%）

工程类别	冬季期平均温度								准一区	准二区
	−1℃以上		−1~−4℃		−4~−7℃	−7~−10℃	−10~−14℃	−14℃以下		
	冬一区		冬二区		冬三区	冬四区	冬五区	冬六区		
	Ⅰ	Ⅱ	Ⅰ	Ⅱ						
土方	0.835	1.301	1.800	2.270	4.288	6.094	9.140	13.720	—	—
石方	0.164	0.266	0.368	0.429	0.859	1.248	1.861	2.801	—	—
运输	0.166	0.25	0.354	0.437	0.832	1.165	1.748	2.643	—	—
路面	0.566	0.842	1.181	1.371	2.449	3.273	4.909	7.364	0.073	0.198
隧道	0.203	0.385	0.548	0.710	1.175	1.52	2.269	3.425	—	—
构造物Ⅰ	0.652	0.940	1.265	1.438	2.607	3.527	5.291	7.936	0.115	0.288
构造物Ⅱ	0.868	1.240	1.675	1.902	3.452	4.693	7.028	10.542	0.165	0.393
构造物Ⅲ	1.616	2.296	3.114	3.523	6.403	8.680	13.020	19.520	0.292	0.721
技术复杂大桥	1.019	1.444	1.975	2.230	4.057	5.479	8.219	12.338	0.170	0.446
钢材及钢结构	0.04	0.101	0.141	0.181	0.301	0.381	0.581	0.861	—	—

注：绿化工程不计冬季施工增加费。

2. 雨季施工增加费

雨季施工增加费指雨季期间施工为保证工程质量和安全生产所需采取的防雨、排水、防潮和防护措施、工效降低和机械作业率降低以及技术操作过程的改变等，所需增加的有关费用。

（1）雨季施工增加费的内容包括：

① 因雨季施工所需增加的工、料、机费用的支出，包括工作效率的降低及易被雨水

冲毁的工程所增加的清理坍塌基坑和清理堵塞的排水沟、填补路基边坡冲沟等工作内容。

② 因防止雨水必须采取的挖临时排水沟、防止基坑坍塌所需的支撑、挡板等防护措施费用。

③ 材料因受潮、受湿的耗损费用。

④ 增加防雨、防潮设备的费用。

⑤ 因河水高涨致使工作困难等其他有关雨季施工所需增加的费用。

（2）全国雨季施工雨量区及雨季期划分见附录4。

（3）雨季施工增加费的计算方法是将全国划分为若干雨量区和雨季期，并根据各类工程的特点规定各雨量区和雨季期的取费标准。为了简化计算手续，采用全年平均摊销的方法，即不论是否在雨季施工，均按规定的取费标准计取雨季施工增加费。

（4）一条路线通过不同的雨量区和雨季期时，应分别计算雨季施工增加费或按工程量比例求得平均的增加率，计算全线雨季施工增加费。

（5）雨季施工增加费以各类工程的定额人工费和定额施工机械使用费之和为基数，按工程所在地的雨量区、雨季期选用表2-4的费率计算。

表 2-4　雨季施工增加费费率表（%）

工程类别	雨季期（月数）															
	1	1.5	2	2.5	3	3.5	4	4.5	5	6	7	8				
	雨量区															
	Ⅰ	Ⅰ	Ⅰ	Ⅱ	Ⅰ	Ⅱ	Ⅰ	Ⅱ	Ⅰ	Ⅱ	Ⅰ	Ⅱ	Ⅰ	Ⅱ	Ⅰ	Ⅱ
土方	0.140	0.175	0.245	0.385	0.315	0.455	0.385	0.525	0.455	0.595	0.525	0.700	0.595	0.805	0.665	0.939	0.764	1.114	1.289	1.499
石方	0.105	0.140	0.212	0.349	0.280	0.420	0.349	0.491	0.418	0.563	0.487	0.667	0.555	0.772	0.626	0.876	0.701	1.018	1.194	1.373
运输	0.142	0.178	0.249	0.391	0.320	0.462	0.391	0.568	0.462	0.675	0.533	0.781	0.604	0.888	0.675	0.959	0.781	1.136	1.314	1.527
路面	0.115	0.153	0.230	0.366	0.306	0.480	0.366	0.557	0.425	0.634	0.501	0.710	0.578	0.825	0.654	0.940	0.749	1.093	1.267	1.459
隧道	—	—	—	—	—	—	—	—	—	—	—	—	—	—	—	—	—	—	—	—
构造物Ⅰ	0.098	0.131	0.164	0.262	0.196	0.295	0.229	0.360	0.262	0.426	0.327	0.491	0.393	0.557	0.458	0.622	0.524	0.753	0.884	1.015
构造物Ⅱ	0.106	0.141	0.177	0.282	0.247	0.353	0.282	0.424	0.318	0.494	0.388	0.565	0.459	0.636	0.530	0.742	0.600	0.883	1.059	1.201
构造物Ⅲ	0.200	0.266	0.366	0.565	0.466	0.699	0.565	0.832	0.665	0.998	0.765	1.164	0.898	1.331	1.031	1.497	1.164	1.730	1.996	2.295
技术复杂大桥	0.109	0.181	0.254	0.363	0.290	0.435	0.363	0.508	0.435	0.580	0.508	0.689	0.580	0.798	0.653	0.907	0.725	1.052	1.233	1.414
钢材及钢结构	—	—	—	—	—	—	—	—	—	—	—	—	—	—	—	—	—	—	—	—

注：室内和隧道内工程及设备安装工程不计雨季施工增加费。

3. 夜间施工增加费

夜间施工增加费指根据设计、施工技术规范和合理的施工组织要求，必须在夜间施工或必须昼夜连续施工而发生的夜班补助、夜间施工降效、施工照明设备摊销及照明用电等费用。夜间施工增加费以夜间施工工程项目的定额人工费与定额施工机械使用费之和为基数，按表2-5的费率计算。

表 2-5　夜间施工增加费费率表（%）

工程类别	费率	工程类别	费率
构造物Ⅱ	0.903	构造物Ⅲ	1.702
技术复杂大桥	0.928	钢材及钢结构	0.874

注：设备安装工程及金属标志牌、防撞钢护栏、防眩板（网）、隔离栅、防护网等不计夜间施工增加费。

4. 特殊地区施工增加费

特殊地区施工增加费包括高原地区施工增加费、风沙地区施工增加费和沿海地区施工增加费三项。

(1) 高原地区施工增加费指在海拔高度 2000m 以上地区施工，由于受气候、气压的影响，致使人工、机械效率降低而增加的费用。

① 一条路线通过两个以上（含两个）不同的海拔高度分区时，应分别计算高原地区施工增加费或按工程量比例求得平均的增加率，计算全线高原地区施工增加费。

② 高原地区施工增加费以各类工程的定额人工费与定额施工机械使用费之和为基数，按表 2-6 的费率计算。

表 2-6 高原地区施工增加费费率表 (%)

工程类别	海拔高度						
	2001～2500 m	2501～3000 m	3001～3500 m	3501～4000 m	4001～4500 m	4501～5000 m	5000 m 以上
土方	13.295	19.709	27.455	38.875	53.102	70.162	91.853
石方	13.711	20.358	29.025	41.435	56.875	75.358	100.223
运输	13.288	19.666	26.575	37.205	50.493	66.438	85.040
路面	14.572	21.618	30.689	45.032	59.615	79.500	102.640
隧道	13.364	19.850	28.490	40.767	56.037	74.302	99.259
构造物Ⅰ	12.799	19.051	27.989	40.356	55.723	74.098	95.521
构造物Ⅱ	13.622	20.244	29.082	41.617	57.214	75.874	101.408
构造物Ⅲ	12.786	18.985	27.054	38.616	53.004	70.217	93.371
技术复杂大桥	13.912	20.645	29.257	41.670	57.134	75.640	100.205
钢材及钢结构	13.204	19.622	28.269	40.492	55.699	73.891	98.930

(2) 风沙地区施工增加费指在沙漠地区施工时，由于受风沙影响，按照施工及验收规范的要求，为保证工程质量和安全生产而增加的有关费用，内容包括防风、防沙及气候影响的措施费，人工、机械效率降低增加的费用，以及积沙、风蚀的清理修复等费用。

① 全国风沙地区公路施工区划分见附录 5。当地气象资料及自然特征与附录 5 中的风沙地区划分有较大出入时，由项目所在地省级交通运输主管部门按当地气象资料和自然特征及上述划分标准确定工程所在地的风沙区来划分。

② 一条路线穿过两个以上不同风沙区时，按路线长度经过不同的风沙区加权计算项目全线风沙地区施工增加费。

③ 风沙地区施工增加费以各类工程的定额人工费和定额施工机械使用费之和为基数，根据工程所在地的风沙区划分类别，按表 2-7 的费率计算。

表 2-7 风沙地区施工增加费费率表（%）

工程类别	风沙一区			风沙二区			风沙三区		
	沙漠类型								
	固定	半固定	流动	固定	半固定	流动	固定	半固定	流动
土方	4.558	8.056	13.674	5.618	12.614	23.426	8.056	17.331	27.507
石方	0.745	1.490	2.981	1.014	2.236	3.959	1.490	3.726	5.216
运输	4.304	8.608	13.988	5.38	12.912	19.368	8.608	18.292	27.976
路面	1.364	2.727	4.932	2.205	4.932	7.567	3.365	7.137	11.025
隧道	0.261	0.522	1.043	0.355	0.783	1.386	0.522	1.304	1.826
构造物Ⅰ	3.968	6.944	11.904	4.96	10.912	16.864	6.944	15.872	23.808
构造物Ⅱ	3.254	5.694	9.761	4.067	8.948	13.828	5.694	13.015	19.523
构造物Ⅲ	2.976	5.208	8.928	3.720	8.184	12.648	5.208	11.904	17.226
技术复杂大桥	2.778	4.861	8.333	3.472	7.638	11.805	8.861	11.110	16.077
钢材及钢结构	1.035	2.07	4.14	1.409	3.105	5.498	2.07	5.175	7.245

④ 沿海地区工程施工增加费指工程项目在沿海地区施工受海风、海浪和潮汐的影响，致使人工、机械效率降低等所需增加的费用。本项费用，由沿海各省级交通运输主管部门制定具体的适用范围（地区）。沿海地区施工增加费以各类工程的定额人工费和定额施工机械使用费之和为基数，按表 2-8 的费率计算。

表 2-8 沿海地区工程施工增加费费率表（%）

工程类别	费率	工程类别	费率
构造物Ⅱ	0.207	构造物Ⅲ	0.195
技术复杂大桥	0.212	钢材及钢结构	0.200

注：1. 表中的构造物Ⅲ是指桥梁工程所用的商品水泥混凝土浇筑及混凝土构件、钢构件的安装。
   2. 表中的钢材及钢结构是桥梁工程所用的钢材及钢结构。

5. 行车干扰工程施工增加费

行车干扰施工增加费指由于边施工边维持通车，受行车干扰的影响，致使人工、机械效率降低而增加的费用。该费用以受行车影响部分的工程项目的定额人工费和定额施工机械使用费之和为基数，按表 2-9 的费率计算。

表 2-9 行车干扰工程施工增加费费率表（%）

工程类别	施工期平均每昼夜双向行车次数（汽车、畜力车合计）							
	51～100	101～500	501～1000	1001～2000	2001～3000	3001～4000	4001～5000	5000 以上
土方	1.499	2.343	3.194	4.118	4.775	5.314	5.885	6.468
石方	1.279	1.881	2.618	3.479	4.035	4.492	4.973	5.462
运输	1.451	2.230	3.041	4.001	4.641	5.164	5.719	6.285
路面	1.390	2.098	2.802	3.487	4.046	4.496	4.987	5.475
隧道	—	—	—	—	—	—	—	—

续表

工程类别	施工期平均每周夜双向行车次数（汽车、畜力车合计）							
	51~100	101~500	501~1000	1001~2000	2001~3000	3001~4000	4001~5000	5000以上
构造物Ⅰ	0.924	1.386	1.858	2.320	2.693	2.988	3.313	3.647
构造物Ⅱ	1.007	1.516	2.014	2.512	2.915	3.244	3.593	3.943
构造物Ⅲ	0.948	1.417	1.896	2.365	2.745	3.044	3.373	3.713
技术复杂大桥	—	—	—	—	—	—	—	—
钢材及钢结构	—	—	—	—	—	—	—	—

注：新建工程、中断交通进行封闭施工或为保证交通正常通行而修建保通便道改的扩建工程，不计行车干扰施工增加费。

6. 施工辅助费

施工辅助费包括生产工具用具使用费、检验试验费和工程定位复测、工程点交、场地清理等费用。施工辅助费以各类工程的定额直接费为基数，按表2-10的费率计算。

表2-10　施工辅助费费率表（%）

工程类别	费率	工程类别	费率
土方	0.521	构造物Ⅰ	1.201
石方	0.470	构造物Ⅱ	1.537
运输	0.154	构造物Ⅲ	2.729
路面	0.818	技术复杂大桥	1.677
隧道	1.195	钢材及钢结构	0.564

（1）生产工具用具使用费指施工所需不属于固定资产的生产工具、检验、试验用具及仪器、仪表等的购置、摊销和维修费，以及支付给生产工人自备工具的补贴费。

（2）检验试验费指施工企业对建筑材料、构件和建筑安装工程进行一般鉴定、检查所发生的费用，包括自设试验室进行试验所耗用的材料和化学药品的费用，以及技术革新和研究试验费，但不包括新结构、新材料的试验费和建设单位要求对具有出厂合格证明的材料进行检验、对构件破坏性试验及其他特殊要求检验的费用。

（3）高填方和软基沉降监测、高边坡稳定监测、桥梁施工监测、隧道施工监控测量、超前地质预报等施工监控费含在施工辅助费中，不得另行计算。

7. 工地转移费

工地转移费指施工企业迁至新工地的搬迁费用。

（1）工地转移费内容包括：

① 施工单位职工及随职工迁移的家属向新工地转移的车费、家具行李运费、途中住宿费、行程补助费、杂费等。

② 公物、工具、施工设备器材、施工机械的运杂费，外租机械的往返费，施工机械、设备、公物、工具的转移费等。

③ 非固定工人进退场的费用。

（2）工地转移费以各类工程的定额人工费和定额施工机械使用费之和为基数，按

表 2-11 的费率计算。

表 2-11　工地转移费费率表（%）

工程类别	工地转移距离					
	50km	100km	300km	500km	1000km	每增加 100km
土方	0.224	0.301	0.470	0.614	0.815	0.036
石方	0.176	0.212	0.363	0.476	0.628	0.030
运输	0.157	0.203	0.315	0.416	0.543	0.025
路面	0.321	0.435	0.682	0.891	1.191	0.062
隧道	0.257	0.351	0.549	0.717	0.959	0.049
构造物Ⅰ	0.262	0.351	0.552	0.720	0.963	0.051
构造物Ⅱ	0.333	0.449	0.706	0.923	1.236	0.066
构造物Ⅲ	0.622	0.841	1.316	1.720	2.304	0.119
技术复杂大桥	0.389	0.523	0.818	1.067	1.430	0.073
钢材及钢结构	0.351	0.473	0.737	0.961	1.288	0.063

（3）高速公路、一级公路及独立大桥、独立隧道项目转移距离按省会城市至工地的里程计算；二级及二级以下公路项目转移距离按地级城市所在地至工地的里程计算。

（4）工地转移里程数在表列里程之间时，费率可内插计算。工地转移距离在 50km 以内的工程按 50km 计算。

8. 辅助生产间接费

辅助生产间接费指由施工单位自行开采加工的砂、石等自采材料及施工单位自办的人工、机械装卸和运输的间接费。

（1）辅助生产间接费按定额人工费的 3% 计。该项费用并入材料预算单价内构成材料费，不直接出现在概（预）算中。

（2）高原地区施工单位的辅助生产，可按高原地区施工增加费费率，以定额人工费与施工机械费之和为基数，计算高原地区施工增加费（其中人工采集、加工材料、人工装卸、运输材料按土方费率计算；机械采集、加工材料按石方费率计算；机械装卸、运输材料按运输费率计算）。辅助生产高原地区施工增加费不作为辅助生产间接费的计算基数。

2.2.5　企业管理费

企业管理费由基本费用、主副食运费补贴、职工探亲路费、职工取暖补贴和财务费用五项组成。

1. 基本费用

基本费用指建筑安装企业组织施工生产和经营管理所需的费用。

（1）基本费用包括：

① 管理人员工资，管理人员的基本工资、绩效工资、津贴补贴及特殊情况下支付的工资以及缴纳的养老、医疗、失业、工伤保险费和住房公积金等。

② 办公费，企业管理办公用的文具、纸张、账表、印刷、通信、网络、书报、办

公软件、会议、水电、烧水和集体取暖降温（包括现场临时宿舍取暖降温）用煤（电、气）等费用。

③ 差旅交通费，职工因公出差、调动工作的差旅费、住勤补助费、市内交通费和误餐补助费，劳动力招募费，职工退休、退职一次性路费，工伤人员就医路费以及管理部门使用的交通工具的油料、燃料等费用。

④ 固定资产使用费，管理部门及附属生产单位使用的属于固定资产的房屋、设备等的折旧、大修、维修或租赁费。

⑤ 工具用具使用费，企业管理使用的不属于固定资产的工具、器具、家具、交通工具和检验、试验、测绘、消防用具等的购置、维修和摊销费。

⑥ 劳动保险费，企业支付的离退休职工的易地安家补助费、职工退职金、6个月以上的病假人员工资、职工死亡丧葬补助费、抚恤费、按规定支付给离休干部的各项经费。

⑦ 职工福利费，按国家规定标准计提的职工福利费。

⑧ 劳动保护费，企业按国家有关部门规定标准发放的劳动保护用品的购置费及修理费、防暑降温费和在有碍身体健康环境中施工的保健费用等。

⑨ 工会经费，指企业根据《中华人民共和国工会法》的规定按全部职工工资总额比例计提的工会经费。

⑩ 职工教育经费，按职工工资总额的规定比例计提，企业为职工进行专业技术和职业技能培训，专业技术人员继续教育、职工职业技能鉴定、职业资格认定以及根据需要对职工进行各类文化教育所发生的费用，不含职工安全教育、培训费用。

⑪ 保险费，企业财产保险、管理用及生产用车辆等保险费用及人身意外伤害险的费用。

⑫ 工程排污费，施工现场按规定缴纳的排污费用。

⑬ 税金，指企业按规定缴纳的城市维护建设税、教育费附加、地方教育附加、房产税、车船使用税、土地使用税、印花税等。

⑭ 其他。上述项目以外的其他必要的费用支出，包括技术转让费、技术开发费、竣（交）工文件编制费、招投标费、业务招待费、绿化费、广告费、公证费、定额测定费、法律顾问费、审计费、咨询费以及施工标准化、规范化、精细化管理等费用。

（2）基本费用以各类工程的定额直接费为基数，按表2-12的费率计算。

表2-12 基本费用费率表（%）

工程类别	费率	工程类别	费率
土方	2.747	构造物Ⅰ	3.587
石方	2.792	构造物Ⅱ	4.726
运输	1.374	构造物Ⅲ	5.976
路面	2.427	技术复杂大桥	4.143
隧道	3.569	钢材及钢结构	2.242

2. 主副食运费补贴

主副食运费补贴指施工企业在远离城镇及乡村的野外施工购买生活必需品所需增加的费用。该费用以各类工程的定额直接费为基数，按表2-13的费率计算。

表 2-13 主副食运费补贴费费率表（%）

工程类别	综合里程										
	3km	5km	8km	10km	15km	20km	25km	30km	40km	50km	每增加10km
土方	0.122	0.131	0.164	0.191	0.235	0.284	0.322	0.377	0.444	0.519	0.07
石方	0.108	0.117	0.149	0.175	0.218	0.261	0.293	0.346	0.405	0.473	0.063
运输	0.118	0.13	0.166	0.192	0.233	0.285	0.322	0.379	0.447	0.519	0.073
路面	0.066	0.088	0.119	0.13	0.165	0.194	0.224	0.259	0.308	0.356	0.051
隧道	0.096	0.104	0.13	0.152	0.185	0.229	0.26	0.304	0.359	0.418	0.054
构造物Ⅰ	0.114	0.12	0.145	0.167	0.207	0.254	0.285	0.338	0.394	0.463	0.062
构造物Ⅱ	0.126	0.14	0.168	0.196	0.242	0.292	0.338	0.394	0.467	0.54	0.073
构造物Ⅲ	0.225	0.248	0.303	0.352	0.435	0.528	0.599	0.705	0.831	0.969	0.132
技术复杂大桥	0.101	0.115	0.143	0.165	0.205	0.245	0.28	0.325	0.389	0.452	0.063
钢材及钢结构	0.104	0.113	0.146	0.168	0.207	0.247	0.281	0.331	0.387	0.449	0.062

注：1. 综合里程＝粮食运距×0.06＋燃料运距×0.09＋蔬菜运距×0.15＋水运距×0.70，粮食、燃料、蔬菜、水的运距均为全线平均运距。

2. 如综合里程数在表列里程之间时，费率可内插。

3. 综合里程在 3km 以内的工程，按 3km 计取本项费用。

3. 职工探亲路费

职工探亲路费指按照有关规定发放给施工企业职工在探亲期间发生的往返交通费和途中住宿费等费用。该费用以各类工程的定额直接费为基数，按表 2-14 的费率计算。

表 2-14 职工探亲路费费率表（%）

工程类别	费率	工程类别	费率
土方	0.192	构造物Ⅰ	0.274
石方	0.204	构造物Ⅱ	0.348
运输	0.132	构造物Ⅲ	0.551
路面	0.159	技术复杂大桥	0.208
隧道	0.266	钢材及钢结构	0.164

4. 职工取暖补贴

职工取暖补贴指按规定发放给施工企业职工的冬季取暖费和为职工在施工现场设置的临时取暖设施的费用。该费用以各类工程的定额直接费为基数，按工程所在地的气温区（附录3）选用表 2-15 的费率计算。

表 2-15 职工取暖补贴费费率表（%）

工程类别	气温区						
	准二区	冬一区	冬二区	冬三区	冬四区	冬五区	冬六区
土方	0.060	0.130	0.221	0.331	0.436	0.554	0.663
石方	0.054	0.118	0.183	0.279	0.373	0.472	0.569

续表

工程类别	气温区						
	准二区	冬一区	冬二区	冬三区	冬四区	冬五区	冬六区
运输	0.065	0.130	0.228	0.336	0.444	0.552	0.671
路面	0.049	0.086	0.155	0.229	0.302	0.376	0.456
隧道	0.045	0.091	0.158	0.249	0.318	0.409	0.488
构造物Ⅰ	0.065	0.130	0.206	0.304	0.390	0.499	0.607
构造物Ⅱ	0.070	0.153	0.234	0.352	0.481	0.598	0.727
构造物Ⅲ	0.126	0.264	0.425	0.643	0.849	1.067	1.297
技术复杂大桥	0.059	0.120	0.203	0.310	0.406	0.501	0.609
钢材及钢结构	0.047	0.082	0.141	0.222	0.293	0.363	0.433

5. 财务费用

财务费用指施工企业为筹集资金提供投标担保、预付款担保、履约担保、职工工资支付担保等所发生的各种费用，包括企业经营期间发生的短期贷款利息净支出、汇兑净损失、调剂外汇手续费、金融机构手续费，以及企业筹集资金发生的其他财务费用。

财务费用以各类工程的定额直接费为基数，按表2-16的费率计算。

表2-16 财务费用费率表（%）

工程类别	费率	工程类别	费率
土方	0.271	构造物Ⅰ	0.466
石方	0.259	构造物Ⅱ	0.545
运输	0.264	构造物Ⅲ	1.094
路面	0.404	技术复杂大桥	0.637
隧道	0.513	钢材及钢结构	0.653

2.2.6 规费

规费指按法律、法规、规章、规程规定施工企业必须缴纳的费用。

（1）规费包含：

① 养老保险费，施工企业按规定标准为职工缴纳的基本养老保险费。

② 失业保险费，施工企业按规定标准为职工缴纳的失业保险费。

③ 医疗保险费，施工企业按规定标准为职工缴纳的医疗保险费（含生育保险费）。

④ 工伤保险费，施工企业按规定标准为职工缴纳的工伤保险费。

⑤ 住房公积金，施工企业按规定标准为职工缴纳的住房公积金。

（2）各项规费以各类工程的人工费之和为基数，按国家或工程所在地法律、法规、规章、规程规定的标准计算。

2.2.7 利润

利润指施工企业完成所承包工程获得的盈利，按定额直接费及措施费、企业管理费之和的 7.42% 计算，即：

$$利润 = (定额直接费 + 措施费 + 企业管理费) \times 7.42\% \quad (2-3)$$

2.2.8 税金

税金指国家税法规定应计入建筑安装工程造价的增值税销项税额，计算公式：

$$税金 = (直接费 + 设备购置费 + 措施费 + 企业管理费 + 规费 + 利润) \times 10\% \quad (2-4)$$

2.2.9 专项费用

专项费用包括施工场地建设费和安全生产费。

1. 施工场地建设费

施工场地建设费包括以下几点：

（1）按照工地建设标准化要求进行承包人驻地、工地试验室建设，钢筋集中加工、混合料集中拌制、构件集中预制等所需的办公、生活居住房屋（包括职工家属房屋及探亲房屋），公用房屋（如广播室、文体活动室、医疗室等）和生产用房屋（如仓库、加工厂、加工棚、发电站、变电站、空压机站、停机棚、值班室等）等费用。

（2）包括场区平整（山岭重丘区的土石方工程除外）、场地硬化、排水、绿化、标志、污水处理设施、围墙隔离设施等的费用，不包括钢筋加工的机械设备、混合料拌和设备及安拆、预制构件台座、预应力张拉设备、起重及养护设备，以及概算预算定额中临时工程的费用。

（3）包括以上范围内的各种临时工作便道（包括汽车、人力车道）、人行便道，工地临时用水、用电的水管支线和电线支线，临时构筑物（如水井、水塔等）、其他小型临时设施等的搭设或租赁、维修、拆除、清理的费用；但不包括红线范围内贯通便道、进出场的临时道路、保通便道。

（4）工地试验室所发生的属于固定资产的试验设备和仪器等折旧、维修或租赁费用。

（5）施工扬尘污染防治措施费，指裸露的施工场地因覆盖防尘网、施工便道和施工场地洒水或喷洒抑尘剂，运输车辆的苫盖和冲洗、环境敏感区设置围挡，防尘标识设置，环境监控与检测等所需要的费用。

（6）文明施工、职工健康生活的费用。

施工场地建设费以施工场地计费基数，按表 2-17 的费率，以累进法计算。施工场地计费基为定额建筑安装工程费扣除专项费。

表 2-17 施工场地建设费费率表

施工场地计费基数（万元）	费率（%）	算例（万元）	
		施工场地计费基数	施工场地建设费
500 及以下	5.338	500	500×5.338%＝26.69
500～1000	4.228	1000	26.69＋(1000－500)×4.228%＝47.83
1000～5000	2.665	5000	47.83＋(5000－1000)×2.665%＝154.43
5000～10000	2.222	10000	154.43＋(10000－5000)×2.222%＝265.53

续表

施工场地计费基数（万元）	费率（%）	算例（万元）	
		施工场地计费基数	施工场地建设费
10000~30000	1.785	30000	265.53+（30000−10000）×1.785%=622.53
30000~50000	1.694	50000	622.53+（50000−30000）×1.694%=961.33
50000~100000	1.579	100000	961.33+（100000−50000）×1.579%=1750.83
100000~150000	1.498	150000	1750.83+（150000−100000）×1.498%=2499.83
150000~200000	1.415	200000	2499.83+（200000−150000）×1.415%=3207.33
200000~300000	1.348	300000	3207.33+（300000−200000）×1.348%=4555.33
300000~400000	1.289	400000	4555.33+（400000−300000）×1.289%=5844.33
400000~600000	1.235	600000	5844.33+（600000−400000）×1.235%=8314.33
600000~800000	1.188	800000	8314.33+（800000−600000）×1.188%=10690.33
800000~1000000	1.149	1000000	10690.33+（1000000−800000）×1.149%=12988.33
1000000 以上	1.118	1200000	12988.33+（1200000−1000000）×1.118%=15224.33

2. 安全生产费

安全生产费包括完善、改造和维护安全设施设备费用，配备、维护、保养应急救援器材、设备费用，开展重大危险源和事故隐患评估和整改费用，安全生产检查、评价、咨询费用，配备和更新现场作业人员安全防护用品支出，安全生产宣传、教育、培训费用，安全设施及特种设备检测检验费用，施工安全风险评估、应急演练等有关工作及其他与安全生产直接相关的费用。

安全生产费按建筑安装工程费乘以安全生产费费率计算，费率按不少于1.5%计取。

2.3 土地使用及拆迁补偿费

2.3.1 土地使用及拆迁补偿费的构成

土地使用及拆迁补偿费包含永久占地费、临时占地费、拆迁补偿费、水土保持补偿费、其他费用。

1. 永久占地费

永久占地费包括土地补偿费、征用耕地安置补助费、耕地开垦费、森林植被恢复费、失地农民养老保险费。

（1）土地补偿费包括征地补偿费、被征用土地上的青苗补偿费，征用城市郊区的菜地等缴纳的菜地开发建设基金，耕地占用税，用地图编制费及勘界费等。

（2）征用耕地安置补助费指征用耕地需要安置农业人口的补助费。

（3）耕地开垦费指公路建设项目占用耕地的，应由建设项目法人（业主）负责补充耕地所发生的费用；没有条件开垦或者开垦的耕地不符合要求的，按规定缴纳的耕地开垦费。

（4）公路建设项目发生跨省域补充耕地国家统筹的，应执行《关于印发跨省域不从耕地国家统筹管理办法和城乡建设用地增减挂钩节余指标跨省域调剂管理办法的通知》

（国办发〔2018〕16 号）的规定；发生省内跨区域补充耕地的，执行本省相关规定。

（5）森林植被恢复费指公路建设项目需要占用、征用林地的，经县级以上林业主管部门审核同意或批准，建设项目法人（业主）单位按照省级人民政府有关规定向县级以上林业主管部门预缴的森林植被恢复费。

（6）失地农民养老保险费指根据国家规定为保障依法被征地农民养老而交纳的保险费用。失地农民养老保险费按项目所在地省级人民政府的相关规定进行计算。

2. 临时占地费

临时占地费包括临时征地使用费、复耕费。

（1）临时征地使用费指为满足施工所需的承包人驻地、预制场、拌和场、仓库、加工厂（棚）、堆料场、取弃土场、进出场便道、便桥等所有的临时用地及其附着物的补偿费用。

（2）复耕费指临时占用的耕地、鱼塘等，在工程交工后将其恢复到原有标准所发生的费用。

3. 拆迁补偿费

拆迁补偿费指被征用或占用土地地上、地下的房屋及附属构筑物，公用设施，文物等的拆除、发掘及迁建补偿费和拆迁管理费等。

4. 水土保持补偿费

水土保持补偿费根据国家相关法律、法规规定缴纳。

5. 其他费用

其他费用指国务院行政主管部门及省级人民政府规定的与征地拆迁相关的费用。

2.3.2　土地使用及拆迁补偿费计算方法

（1）土地使用及拆迁补偿费应根据设计文件确定的建设工程用地和临时用地面积及其附着物的情况，以及实际发生的费用项目，按国家有关规定及工程所在地的省（自治区、直辖市）颁布的有关规定和标准计算。

（2）森林植被恢复费应根据审批单位批准的建设工程占用林地的类型及面积，按国家有关规定及工程所在地的省（自治区、直辖市）颁布的有关规定和标准计算。

（3）当与原有的电力电信设施、管线、水利工程、铁路及铁路设施互相干扰时，应与有关部门联系，商定合理的解决方案和补偿金额，也可由这些部门按规定编制费用以确定补偿金额。

（4）水土保持补偿费按各省（自治区、直辖市）制定的水土保持补偿费收费标准进行计算。

2.4　工程建设其他费

工程建设其他费包括建设项目管理费、研究试验费、前期工作费、专项评价（估）费、联合试运转费、生产准备费、工程保通管理费、工程保险费、其他相关费用。

2.4.1　建设项目管理费

建设项目管理费包括建设单位（业主）管理费、建设项目信息化费、工程监理费、设计文件审查费、竣(交)工验收试验检测费。其中建设单位(业主)管理费、建设项目信息化费和工程监理费均为实施建设项目管理的费用,可根据建设单位(业主)、施工、监理单位所实际承担的工作内容和工作量统筹使用。

(1) 建设单位(业主)管理费指建设单位(业主)为进行建设项目的立项、筹建、建设、竣(交)工验收、总结等工作所发生的费用。

① 建设单位(业主)管理费包括工作人员的工资、工资性津贴、施工现场津贴,社会保险费用(基本养老、基本医疗、失业、工伤保险)、住房公积金、职工福利费、工会经费、劳动保护费、办公费、会议费、差旅交通费、固定资产使用费(包括办公及生活房屋折旧、维修或租赁费,车辆折旧、维修、使用或租赁费,通信设备购置、使用费,测量、试验设备仪器折旧、维修或租赁费,其他设备折旧、维修或租赁费等)、零星固定资产购置费、招募生产工人费、技术图书资料费、职工教育培训经费、招标管理费、合同契约公证费、法律顾问费、咨询费、建设单位的临时设施费、完工清理费、竣(交)工验收费[含其他行业或部门要求的竣工验收费用、建设单位负责的竣(交)工文件编制费]、各种税费(包括房产税、车船使用税、印花税等),对建设项目前期工作、项目实施及竣工决算等全过程进行审计所发生的审计费用;境内外融资费用(不含建设期贷款利息)、业务招待费及工程质量、安全生产管理费和其他管理性开支。

② 建设单位(业主)管理费以定额建筑安装工程费为基数,按表 2-18 的费率,以累进方法计算。

表 2-18 建设单管理费费率表

| 定额建筑安装 | 费率 | 算例(万元) | |
工程费(万元)	(%)	定额建筑安装工程费	建设单位(业主)管理费
500 及以下	4.858	500	500×4.858%=24.29
500~1000	3.813	1000	24.29+(1000−500)×3.813%=43.355
1000~5000	3.049	5000	43.355+(5000−1000)×3.049%=165.315
5000~10000	2.562	10000	165.315+(10000−5000)×2.562%=293.415
10000~30000	2.125	30000	293.415+(30000−10000)×2.125%=718.415
30000~50000	1.773	50000	718.415+(50000−30000)×1.773%=1073.015
50000~100000	1.312	100000	1073.015+(100000−50000)×1.312%=1729.015
100000~150000	1.057	150000	1729.015+(150000−100000)×1.057%=2257.515
150000~200000	0.826	200000	2257.515+(200000−150000)×0.826%=2670.515
200000~300000	0.595	300000	2670.515+(300000−200000)×0.595%=3265.515
300000~400000	0.498	400000	3265.515+(400000−300000)×0.498%=3763.515
400000~600000	0.450	600000	3763.515+(600000−400000)×0.45%=4663.515
600000~800000	0.400	800000	4663.515+(800000−600000)×0.4%=5463.515
800000~1000000	0.375	1000000	5463.515+(1000000−800000)×0.375%=6213.515
1000000 以上	0.350	1200000	6213.515+(1200000−1000000)×0.35%=6913.515

③ 双洞长度超过 5000m 的独立隧道,水深大于 15m、跨径大于或等于 400m 的斜拉桥和跨径大于或等于 800m 的悬索桥等独立特大型桥梁工程的建设单位(业主)管理

费，按表 2-18 中的费率乘以系数 1.3 计算；海上工程 [指由于风浪影响，工程施工期（不包括封冻期）全年月平均工作日少于 15d 的工程] 的建设单位（业主）管理费，按表 2-18 中的费率乘以系数 1.2 计算。

（2）建设项目信息化费指建设单位（业主）和各参建单位用于建设项目的质量、安全、进度、费用等方面的信息化建设、运维及各种税费等费用，包括建设项目全生命周期的建筑信息模型等相关费用。建设项目信息化费以定额建筑安装工程费为基数，按表 2-19 的费率，以累进方法计算。

表 2-19 建设项目信息化费费率表

定额建筑安装 工程费（万元）	费率 （%）	算例（万元）	
		定额建筑安装工程费	建设项目信息化费
500 及以下	0.600	500	500×0.6%=3
500~1000	0.452	1000	3+(1000−500)×0.452%=5.26
1000~5000	0.356	5000	5.26+(5000−1000)×0.356%=19.5
5000~10000	0.285	10000	19.5+(10000−5000)×0.285%=33.75
10000~30000	0.252	30000	33.75+(30000−10000)×0.252%=84.15
30000~50000	0.224	50000	84.15+(50000−30000)×0.224%=128.95
50000~100000	0.202	100000	128.95+(100000−50000)×0.202%=229.95
100000~150000	0.171	150000	229.95+(150000−100000)×0.171%=315.45
150000~200000	0.160	200000	315.45+(200000−150000)×0.16%=395.45
200000~300000	0.142	300000	395.45+(300000−200000)×0.142%=537.45
300000~400000	0.135	400000	537.45+(400000−300000)×0.135%=672.45
400000~600000	0.131	600000	672.45+(600000−400000)×0.131%=934.45
600000~800000	0.127	800000	934.45+(800000−600000)×0.127%=1188.45
800000~1000000	0.125	1000000	1188.45+(1000000−800000)×0.125%=1438.45
1000000 以上	0.122	1200000	1438.45+(1200000−1000000)×0.122%=1682.45

（3）工程监理费指建设单位（业主）委托具有监理资格的单位，按施工监理规范进行全面的监督和管理所发生的费用。

① 工程监理费内容包括工作人员的工资、工资性津贴、施工现场津贴、社会保险费用（基本养老、基本医疗、失业、工伤保险）、住房公积金、职工福利费、工会经费、劳动保护费，办公费、会议费、差旅交通费，办公、试验固定资产使用费（包括办公及生活房屋折旧、维修或租赁费，车辆折旧、维修、使用或租赁费，通信设备购置、使用费，测量、试验、检测设备仪器折旧、维修或租赁费，其他设备折旧、维修或租赁费等），零星固定资产购置费、招募生产工人费、技术图书资料费、职工教育经费、投标费用、合同契约公证费、法律顾问费、咨询费、业务招待费、财务费用、监理单位的临时设施费、完工清理费、竣（交）工验收费、各种税费、安全生产管理费和其他管理性开支。

② 工程监理费以定额建筑安装工程费为基数，按表 2-20 的费率，以累进方法计算。

表 2-20 工程监理费费率表

定额建筑安装工程费（万元）	费率（%）	算例（万元）	
		定额建筑安装工程费	工程监理费
500 及以下	3.00	500	500×3%=15
500~1000	2.40	1000	15+(1000−500)×2.4%=27
1000~5000	2.10	5000	27+(5000−1000)×2.1%=111
5000~10000	1.94	10000	111+(10000−5000)×1.94%=208
10000~30000	1.87	30000	208+(30000−10000)×1.87%=582
30000~50000	1.83	50000	582+(50000−30000)×1.83%=948
50000~100000	1.78	100000	948+(100000−50000)×1.78%=1838
100000~150000	1.72	150000	1838+(150000−100000)×1.72%=2698
150000~200000	1.64	200000	2698+(200000−150000)×1.64%=3518
200000~300000	1.55	300000	3518+(300000−200000)×1.55%=5068
300000~400000	1.49	400000	5068+(400000−300000)×1.49%=6558
400000~600000	1.45	600000	6558+(600000−400000)×1.45%=9458
600000~800000	1.42	800000	9458+(800000−600000)×1.42%=12298
800000~1000000	1.37	1000000	12298+(1000000−800000)×1.37%=15038
1000000 以上	1.33	1200000	15038+(1200000−1000000)×1.33%=17698

（4）设计文件审查费指在项目审批前，建设单位（业主）为保证勘察设计工作的质量，组织有关专家或委托有资质的单位，对提交的建设项目可行性研究报告和勘察设计文件进行审查所需要的相关费用。设计文件审查费以定额建筑安装工程费为基数，按表2-21 的费率，以累进方法计算。

① 建设项目若有地质勘察监理，费用在此项目开支。

② 建设项目若有设计咨询（或称设计监理、设计双院制），其费用在此项目内开支。

表 2-21 设计文件审查费费率表

定额建筑安装工程费（万元）	费率（%）	算例（万元）	
		定额建筑安装工程费	设计文件审查费
5000 以下	0.077	5000	5000×0.077%=3.85
5000~10000	0.072	10000	3.85+(10000−5000)×0.072%=7.45
10000~30000	0.069	30000	7.45+(30000−10000)×0.069%=21.25
30000~50000	0.066	50000	21.25+(50000−30000)×0.066%=34.45
50000~100000	0.065	100000	34.45+(100000−50000)×0.065%=66.95
100000~150000	0.061	150000	66.95+(150000−10000)×0.061%=97.45
150000~200000	0.059	200000	97.45+(200000−150000)×0.059%=126.95
200000~300000	0.057	300000	126.95+(300000−200000)×0.057%=183.95
300000~400000	0.055	400000	183.95+(400000−300000)×0.055%=238.95

续表

定额建筑安装 工程费（万元）	费率 （%）	算例（万元）	
		定额建筑安装工程费	设计文件审查费
400000～600000	0.053	600000	238.95＋（600000－400000）×0.053%＝344.95
600000～800000	0.052	800000	344.95＋（800000－600000）×0.052%＝448.95
800000～1000000	0.051	1000000	448.95＋（800000－600000）×0.051%＝550.95
1000000以上	0.050	1200000	550.95＋（800000－600000）×0.050%＝650.95

（5）竣（交）工验收试验检测费指在公路建设项目竣（交）工验收前，由建设单位（业主）或工程质量监督机构委托有资质的公路工程质量检测单位按照有关规定对建设项目的工程质量进行检测并出具检测试验意见，以及进行桥梁动（静）载试验或其他特殊检测等所需的费用。

① 竣（交）工验收试验检测费按表2-22规定的费率计算。道路工程按主线路基长度计算，桥梁工程以主线桥梁、分离式立交、匝道桥的长度之和进行计算，隧道按单洞长度计算。

② 道路工程中高速公路、一级公路按四车道计算，二级及二级以下公路按两车道计算，每增加1个车道，按表2-22的费用增加10%。桥梁和隧道按双向四车道计算，每增加1个车道费用增加15%。二级及二级以下公路的桥隧工程，按表2-22费用的40%计算。

表2-22 竣（交）工验收试验检测费

检测项目			竣（交）工验收 试验检测费	备注
道路工程（元/km）		高速公路	23500	包括路基、路面、涵洞、通道、路段安全设施和机电、房建、绿化、环境保护及其他工程
		一级公路	17000	
		二级公路	11500	
		三级及三级以下公路	5750	
桥梁 工程	一般桥梁（元/延米）	—	40	包括桥梁范围内的所有土建、安全设施和机电、声屏障等环境保护工程及必要的动（静）载试验
	技术复杂桥梁 （元/延米）	钢管拱	750	
		连续刚构	500	
		斜拉桥	600	
		悬索桥	560	
隧道工程（元/延米）		单洞	80	包括隧道范围内的所有土建、安全设施、机电、消防设施等

2.4.2 研究试验费

研究试验费指按项目特点和有关规定，在建设过程中必须进行的研究和试验所需的费用，以及支付科技成果、专利、先进技术的一次性技术转让费。

(1) 研究试验费不包括以下三方面：

① 应由前期工作费（为建设项目提供或验证设计数据、资料等专题研究）开支的项目。

② 应由科技三项费用（即新产品试制费、中间试验费和重要科学研究补助费）开支的项目。

③ 应由施工辅助费开支的施工企业对建筑材料、构件和建筑物进行一般鉴定、检查所发生的费用及技术革新研究试验费。

(2) 计算方法，按设计提出的研究试验内容和要求进行编制。

2.4.3 前期工作费

前期工作费指委托勘察设计单位、咨询单位对建设项目进行可行性研究、工程勘察设计，以及设计、监理、施工招标文件及招标标底或造价控制值文件编制时，按规定应支付的费用。

(1) 前期工作费包括：

① 编制项目建议书（或预可行性研究报告）、可行性研究报告、投资估算和相应的勘察、设计等所需的费用。

② 通过风洞试验、地震动参数、索塔足尺模型试验、桥墩局部冲刷试验、桩基承载力试验等为建设项目提供或验证设计数据所需的专题研究费用。

③ 初步设计和施工图设计的勘察费、设计费、概（预）算编制及调整概算编制费用等。

④ 设计、监理、施工招标及招标标底（或造价控制值或清单预算）文件编制费等。

(2) 计算方法，前期工作费以定额建筑安装工程费为基数，按表 2-23 的费率，以累进方法计算。

表 2-23 建设项目前期工作费费率表

定额建筑安装工程费（万元）	费率（%）	算例（万元）	
		定额建筑安装工程费	建设单位（业主）管理费
500 及以下	3.00	500	500×3.00%=15
500~1000	2.70	1000	15+(1000-500)×2.70%=28.5
1000~5000	2.55	5000	28.5+(5000-1000)×2.55%=130.5
5000~10000	2.46	10000	130.5+(10000-5000)×2.46%=253.5
10000~30000	2.39	30000	253.5+(30000-10000)×2.39%=731.5
30000~50000	2.34	50000	731.5+(50000-30000)×2.34%=1199.5
50000~100000	2.27	100000	1199.5+(100000-50000)×2.27%=2334.5
100000~150000	2.19	150000	2334.5+(150000-100000)×2.19%=3429.5
150000~200000	2.08	200000	3429.5+(200000-150000)×2.08%=4469.5
200000~300000	1.99	300000	4469.5+(300000-200000)×1.99%=6459.5
300000~400000	1.94	400000	6459.5+(400000-300000)×1.94%=8399.5

续表

定额建筑安装工程费（万元）	费率（%）	算例（万元）	
		定额建筑安装工程费	建设单位（业主）管理费
400000~600000	1.86	600000	8399.5＋（600000－400000）×1.86％＝12119.5
600000~800000	1.80	800000	12119.5＋（800000－600000）×1.80％＝15719.5
800000~1000000	1.76	1000000	15719.5＋（1000000－800000）×1.76％＝19239.5
1000000 以上	1.72	1200000	19239.5＋（1200000－1000000）×1.72％＝22679.5

2.4.4 专项评价（估）费

专项评价（估）费指依据国家法律、法规规定进行评价（评估）、咨询，按规定应支付的费用。

（1）专项评价（估）费包括环境影响评价费、水土保持评估费、地震安全性评价费、地质灾害危险性评价费、压覆重要矿床评估费、文物勘察费、通航论证费、行洪论证（评估）费、使用林地可行性研究报告编制费、用地预审报告编制费、项目风险评估费、节能评估费和社会风险评估费、放射性影响评估费、规划选址意见书编制费等费用。

（2）计算方法，依据委托合同，或参照类似工程已发生的费用进行计列。

2.4.5 联合试运转费

联合试运转费指建设项目的机电工程，按照有关规定标准，需要进行整套设备带负荷联合试运转所需的全部费用，不包括应由设备安装工程费中开支的调试费用。

（1）费用包括联合试运转期间所需的材料、燃料和动力的消耗，机械和检测设备使用费，工具用具和低值易耗品费，参加联合试运转的人员工资及其他费用等。

（2）计算方法，联合试运转费以定额建筑安装工程费为基数，按 0.04％费率计算。

2.4.6 生产准备费

生产准备费指为保证新建、改（扩）建项目交付使用后满足正常的运行、管理发生的工器具购置、办公和生活用家具购置、生产人员培训、应急保通设备购置等费用。

（1）工器具购置费指建设项目交付使用后为满足初期正常运营必须购置的第一套不构成固定资产的设备、仪器、仪表、工卡模具、器具、工作台（框、架、柜）等的费用，不包括构成固定资产的设备、工器具和备品、备件，及已列入设备费中的专用工具和备品、备件。工器具购置费由设计单位列出计划购置清单（包括规格、型号、数量），计算方法同设备购置费。

（2）办公和生活用家具购置费指新建、改（扩）建工程项目，为保证初期正常生产、使用和管理所购置的办公和生活用家具、用具的费用，包括行政、生产部门的办公室、会议室、资料档案室、阅览室、宿舍及生活福利设施等的家具、用具。办公和生活用家具购置费按表 2-24 的规定计算。

表 2-24 办公和生活用家具购置费标准表

工程所在地	路线（元/公里）				单独管理或单独收费的桥梁、隧道（元/座）		
	高速公路	一级公路	二级公路	三、四级公路	特大、大桥		特长隧道
					一般大桥	技术复杂大桥	
内蒙古、黑龙江、青海、新疆、西藏	21500	15600	7800	4000	24000	60000	78000
其他省、自治区、直辖市	17500	14600	5800	2900	19800	49000	63700

注：改建工程按表列数 70% 计。

（3）生产人员培训费指为保证生产的正常运行，在工程交工验收交付使用前对运营部门生产人员和管理人员进行培训所需的费用，包括培训人员的工资、工资性津贴、职工福利费、差旅交通费、劳动保护费、培训及教学实习费等。该费用按设计定员和 3000 元/人的标准计算。

（4）应急保通设备购置费指新建、改（扩）建工程项目，为满足初期正常营运，购置保障抢修保通、应急处置，且构成固定资产的设备所需的费用。该费用由设计单位列出计划购置清单，计算方法同设备购置费。

2.4.7 工程保通管理费

工程保通管理费指新建或改（扩）建工程需边施工边维持通车或通航的建设项目，为保证公（铁）路运营安全、船舶航行安全及施工安全而进行交通（公路、航道、铁路）管制、交通（铁路）与船舶疏导所需的和媒体、公告等宣传费用及协管人员经费等。工程保通管理费应按设计需要进行列支。涉水项目施工期通航安全保障费用计算方法按《公路工程建设项目概算预算编制办法》JTG 3830—2018 附录 G 执行。

2.4.8 工程保险费

工程保险费指在合同执行期内，施工企业按合同条款要求办理保险的费用，包括建筑工程一切险和第三方责任险。

（1）建筑工程一切险是为永久工程、临时工程和设备及已运至施工工地用于永久工程的材料和设备所投的保险。

（2）第三者责任险是对因实施合同工程而造成的财产（本工程除外）损失或损害，或人员（业主和承包人雇员除外）的死亡或伤残所负责进行的保险。

（3）工程保险费以建筑安装工程费（不含设备费）为基数，按 0.4% 费率计算。

2.4.9 其他相关费用

其他相关费用指国务院行政主管部门及省级人民政府规定的其他与公路建设相关的费用，按其相关规定计算。

2.5 预留费

预备费由基本预备费及价差预备费两部分组成。

2.5.1 基本预备费

基本预备费指在初步设计和概算、施工图设计和施工图预算中难以预料的工程费用。

(1) 基本预备费包括：

① 在进行技术设计、施工图设计和施工过程中，批准的初步设计和概算范围内所增加的工程费用。

② 在设备订货时，由于规格、型号的改变，材料货源变更、运输距离或方式的改变以及因规格不同而代换使用等原因发生的价差。

③ 在项目主管部门组织竣（交）工验收时，验收委员会（或小组）为鉴定工程质量必须开挖和修复隐蔽工程的费用。

(2) 计算方法，基本预备费以建筑安装工程费、土地使用及拆迁补偿费、工程建设其他费之和为基数，按下列费率计算：

① 设计概算按 5% 计列。

② 修正概算按 4% 计列。

③ 施工图预算按 3% 计列。

2.5.2 价差预备费

价差预备费指设计文件编制年至工程交工年期间，建筑安装工程费用的人工费、材料费、设备费、施工机械使用费、措施费、企业管理费等由于政策、价格变化可能发生上浮而预留的费用，及外资贷款汇率变动部分的费用。

(1) 计算方法，价差预备费以建筑安装工程费用总额为基数，按设计文件编制年始至建设项目工程交工年终的年数和年工程造价增涨率计算。计算公式如下：

$$价差预备费 = P \times [(1+i)^{n-1} - 1] \tag{2-5}$$

式中 P——建筑安装工程费总额（元）；

i——年工程造价增涨率（%）；

n——设计文件编制年至建设项目开工年＋建设项目建设期限（年）。

(2) 年工程造价增涨率按有关部门公布的工程投资价格指数计算。

(3) 设计文件编制至工程交工在 1 年以内的工程，不列此项费用。

2.6 建设期贷款利息

2.6.1 建设期贷款利息

建设期贷款利息指工程项目使用的贷款部分在建设期内应计取的贷款利息，包括各种金融机构贷款、建设债券和外汇贷款等利息。

2.6.2 利息计算方法

根据不同的资金来源分年度投资计算所需支付的利息。计算公式如下：
建设期贷款利息＝Σ（上年末付息贷款本息累计＋本年度付息贷款额÷2）×年利率

即：
$$S = \sum_{n=1}^{N}(F_{n-1} + b_n \div 2) \times i \tag{2-6}$$

式中　S——建设期贷款利息；

　　　N——项目建设期（年）；

　　　n——施工年度；

　　　F_{n-1}——建设期第（$n-1$）年末需付息贷款本息累计；

　　　b_n——建设期第 n 年度付息贷款额；

　　　i——建设期贷款年利率。

[例 2.2]　某建设项目，建设期为 3 年，分年均衡进行贷款，第一年贷款 300 万元，第二年贷款 600 万元，第三年贷款 400 万元，年利率为 12％，建设期利息只计息不支付，计算建设期贷款利息。

解：在建设期，各年利息计算如下：

第一年利息：$S_1 = 1/2 b_1 \times i = 1/2 \times 300 \times 12\% = 18$（万元）

第二年利息：$S_2 = (F_1 + 1/2 b_2) \times i = (300 + 18 + 1/2 \times 600) \times 12\% = 74.16$（万元）

第三年利息：$S_3 = (F_2 + 1/2 b_3) \times i = (318 + 600 + 74.16 + 1/2 \times 400) \times 12\% = 143.06$（万元）

所以，建设期贷款利息＝$S_1 + S_2 + S_3 = 18 + 74.16 + 143.06 = 235.22$（万元）

2.7　公路工程建设项目各项费用计算程序及计算方式

公路工程建设项目各项费用的计算程序及计算方式见表 2-25。

表 2-25　公路工程建设项目各项费用的计算程序及计算方式

序号	项目	说明及计算式
（一）	定额直接费	Σ人工消耗量×人工基价＋Σ（材料消耗量×材料基价＋机械台班消耗量×机械台班基价）
（二）	定额设备购置费	Σ设备购置数量×设备基价
（三）	直接费	Σ人工消耗量×人工单价＋Σ（材料消耗量×材料预算单价＋机械台班消耗量×机械台班预算单价）
（四）	设备购置费	Σ设备购置数量×预算单价
（五）	措施费	（一）×施工辅助费费率＋定额人工费和定额施工机械使用费之和×其余措施费综合费率
（六）	企业管理费	（一）×企业管理费综合费率
（七）	规费	各类工程人工费（含施工机械人工费）×规费综合费率

续表

序号	项目	说明及计算式
(八)	利润	[(一)+(五)+(六)]×利润率
(九)	税金	[(三)+(四)+(五)+(六)+(七)+(八)]×10%
(十)	专项费用	
	施工场地建设费	[(一)+(五)+(六)+(七)+(八)+(九)]×累进费率
	安全生产费	建筑安装工程费(不含安全生产费本身)×(≥1.5%)
(十一)	定额建筑安装工程费	(一)+(二)×40%+(五)+(六)+(七)+(八)+(九)+(十)
(十二)	建筑安装工程费	(三)+(四)+(五)+(六)+(七)+(八)+(九)+(十)
(十三)	土地使用及拆迁补偿费	按规定计算
(十四)	工程建设其他费	
	建设项目管理费	
	建设单位(业主)管理费	(十一)×累进费率
	建设项目信息化费	(十一)×累进费率
	工程监理费	(十一)×累进费率
	设计文件审查费	(十一)×累进费率
	竣(交)工验收试验检测费	按规定计算
	研究试验费	
	建设项目前期工作费	(十一)×累进费率
	专项评价(估)费	按规定计算
	联合试运转费	(十一)×费率
	生产准备费	
	工具器购置费	按规定计算
	办公和生活用家具购置费	按规定计算
	生产人员培训费	按规定计算
	应急保通设备购置费	
	工程保通管理费	按规定计算
	工程保险费	[(十二)−(四)]×费率
	其他相关费用	
(十五)	预备费	
	基本预备费	[(十二)+(十三)+(十四)]×费率
	价差预备费	(十二)×费率
(十六)	建设期贷款利息	按实际贷款额度及利率计算
(十七)	公路基本造价	(十二)+(十三)+(十四)+(十五)+(十六)

小 结

1. 公路工程预算费用的组成。

2. 公路工程建设各项费用的计算。
3. 公路工程建设各项费用的计算程序及计算方式。

练习题

1. 公路工程预算费用的组成有哪些?
2. 公路工程建设各项费用的计算程序及计算方式有哪些?
3. 机械台班单价由_____和_____组成。
4. 公路建设工程中所耗用的各种建筑材料可分为：_____、_____。
5. 预备费是指_____和_____。
6. 工地转移费属于（　　）的内容。

   A. 直接费　　　B. 措施费　　　C. 企业管理费　　　D. 专项费用

7. 根据我国现行建筑安装工程费用项目组成的规定，企业管理人员的工资应计入（　　）。

   A. 人工费　　　B. 材料费　　　C. 现场经费　　　D. 企业管理费

8. 设备购置费的组成为（　　）。

   A. 设备原价＋采购与保管费

   B. 设备原价＋运杂费＋装卸费

   C. 设备原价＋运杂费＋运输保险费＋采购与保管费

   D. 设备原价＋运杂费＋采购与保管费

9. 已知某工程的直接费为1015元，各类工程人工费为835元，措施费综合费率为2.97%，规费综合费率为5.89%，企业管理费综合费率为7.92%，利润率7%，综合税率11%，试计算该工程的建筑安装工程费是多少?

10. 某建设项目建设期是3年，其贷款分年均匀拨付，三年贷款额分别为300万元、400万元、500万元，年利息率为6%，建设期内利息只计息不支付，则该项投资的建设期贷款利息是多少万元?

第 3 章 公路工程定额计价

> **教学目标**
>
> 1. 了解定额的特点和作用。
> 2. 了解定额的分类。
> 3. 熟练掌握运用、调整预算定额。

3.1 概 述

公路工程的计价依据是进行公路工程计价的各类数据和信息的总和。公路工程影响因素很多,每一项工程的计价都要根据工程的类别、规模、结构特征、建设标准、所在地区、市场造价信息及政府有关政策等进行具体计算和确定。公路工程的计价依据内容也较广泛,是主要影响工程数量和市场价格的因素。

3.1.1 公路工程计价依据

1. 根据计算和确定成果的内容分类

(1) 计算工程量的依据,包括前期资料、设计资料、计算规则等,如项目建议书、可行性研究报告、设计图纸和文件。

(2) 计算分部分项人工、材料、机械台班消耗量的依据,主要包括各种定额。

(3) 计算工程资源单价的依据,包括人工、材料、机械、设备价格信息、市场价等。

(4) 计算各种费用的依据,如计价规则、造价文件规定、政府规定的税费等相关的法规和政策依据。

(5) 调整工程造价的依据,如造价文件规定、物价指数、工程造价指数等。

2. 根据依据来源分类

(1) 法律、法规、政策类。

这类依据包括:《合同法》《招标投标法》《最高人民法院关于审理建设工程施工合同纠纷案件若干法律问题的解释》(法释〔2004〕14 号) 等;各种税费、税率;与产业政策、能源政策、环境政策、技术政策和土地等资源利用政策有关的取费标准;利率和汇率等。

(2) 标准、规范、规程类。

这类依据包括各类设计规范、施工规范、操作规程、验收规范类等。

(3) 行业、省级主管及造价管理部门发布的规章、办法、文件等计价依据。

这类依据包括各种消耗量定额（估算指标、概算指标、概算定额、预算定额、施工定额、工期定额）、费用定额、基础单价（人工费单价、材料预算单价、机械台班单价）、工程造价指数、编制办法、补充规定等。这类依据数量多，也是计价具体操作的依据，如《公路工程建设项目概算预算编制办法》JTG 3830—2018、《公路工程机械台班费用定额》JTG/T 3833—2018、《公路工程预算定额》JTG/T 3832—2018、《公路工程标准施工招标文件》（2018版）、交通造价部门发布的市场价格信息等。

（4）与项目有关的文件资料。

它是反映建设项目规模、内容、标准、功能、进度等内容的文件资料，是确定工程数量和价格的重要依据。在不同阶段，文件资料是不同的，主要包括：项目的各种批文、项目建议书、可行性研究报告、初步设计、扩大初步设计、施工图设计的图纸、招投标文件、会议纪要、各种计价文件等。

其中，施工图预算阶段主要是施工图纸和经批准的设计概算。施工图纸规定了工程的地点、规模、地形地貌、结构尺寸、技术要求等，不仅是指导施工的技术文件，也是计算编制预算的主要依据。设计概算一旦被批准，就作为投资限额，一般不得突破。此金额作为施工图预算的控制目标。

（5）项目环境条件。

环境条件的差异和变化，会导致计价的不同。在计价时，需通过充分的调查和了解，掌握对计价产生影响的内容和情况，包括：所在地的气象、水文、地形地貌、地质等自然条件；当地的交通、运输、通信、施工技术水平、装备水平、要素市场价格和供应情况、民风、民俗等经济、人文条件；业主情况、设计单位情况、施工组织设计、施工方案等其他条件。

（6）其他计价依据。

其他计价依据包括：企业定额、承包商的管理规定、管理体制、按规定编制的补充定额、建筑材料手册、预算工作手册及有关工具书等。

公路工程的计价依据中稳定性较强的是定额、工程量计算规则。

3.1.2 公路工程计价依据的主要内容

1. 工程定额

工程定额包括施工定额、预算定额、概算定额和指标、估算指标及费用定额等。

2. 工程造价指数

工程造价指数是反映一定时期由于价格变化对工程造价影响程度的一种指标，是调整工程造价价差的依据，包括：

（1）单项价格指数。

人工费、材料费、施工机械使用费等价格指数；措施费、间接费及工程建设其他费等费率指数。

（2）设备、工器具价格指数。

（3）建筑安装工程造价指数。

（4）建设项目或单项工程造价指数。

3. 工程造价资料

工程造价资料内容很多,包括基础单价、工程量数据和单价(直接费单价、综合单价)等以及政府主管部门颁发的各种有关经济法规、政策、施工组织设计、工程量计算规则等。

3.1.3 公路工程定额的概念、作用与特点

1. 公路工程定额的概念

定额是在正常的生产(施工)技术和组织条件下,为完成单位合格产品所规定的人力、机械、材料、资金等消耗量标准。定额关系示意图如图3-1所示。

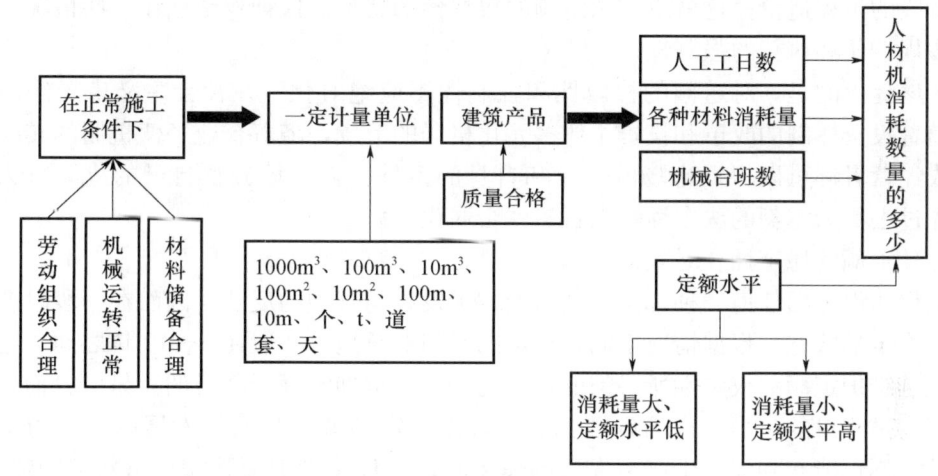

图3-1 定额关系示意图

2. 公路工程定额的特点

我国公路工程定额具有科学性、系统性和统一性、权威性和强制性、稳定性和时效性等特点。

(1) 定额的科学性。

公路工程定额的科学性包括两方面的含义:一是指公路工程建设定额必须和生产力发展水平相适应,反映出公路建设中生产消费的客观规律;二是指公路工程建设定额的确定和管理在理论、方法和手段上必须科学化,以适应现代科学技术和信息社会发展的需要。

我国社会主义条件下工程建设定额的科学性,使企业不合理地赚取最大利润受到束缚;并使其能受到宏观和微观的双重调控,以适应社会主义市场运行机制的需要。

(2) 定额的系统性和统一性。

工程建设是一个庞大的系统,工程建设定额是为这个系统服务的,这就决定了定额的多种类、多层次的系统性特点。进行固定资产生产和再生产的工程建设,其中包括农林、水利、煤炭、机械、电力、石油、化工等种类,公路工程是其中的一类。各类工程都严格地按项目划分,在过程中又分为若干阶段,前者如划分为建设项目、单项工程、单位工程、分部分项工程;后者如规划、可行性研究、设计、施工、竣工交付使用,以

及投入使用后的维修。与此相适应就形成了工程建设定额的多种类、多层次的系统性的特点。

为了使国民经济按既定的目标发展,需要借助于某些标准、定额、参数等,对工程建设进行规划、组织、调节、控制。而这些标准、定额、参数必须在一定范围内有一定尺度,才能实现上述职能,才能利用它对项目的决策、设计方案、投标报价、成本控制进行比选和评价。全国统一定额、地区统一定额和行业统一定额,层次清楚、分工明确。定额在一定范围内的一定尺度即定额的统一性特点。

(3) 定额的权威性和强制性。

主管部门通过一定程序审批颁发工程建设定额,审核批准以定额为主要依据而确定的各阶段的工程造价,这就决定了定额的权威性的特点。这种权威性在一些情况下具有经济法规性质和执行的强制性。

应该提出的是,对定额的权威性和强制性不应绝对化。在社会主义市场经济条件下,随着投资体制的改革和投资主体多元化格局的形成,随着企业经营机制的转换,投资者或经营者都可以根据市场的变化和自身的条件,自主地调整自己的决策行为。那么,在过去称为定额的法令性特点自然就会弱化。

(4) 定额的稳定性和时效性。

工程建设定额任何一种都是一定时期技术发展与管理的反映,因而在一段时期内都表现出稳定的状态。根据情况不同,稳定的时间有长短,一般在 5～10 年之间。定额的稳定性是维护定额的权威性所必需的,更是有效地贯彻定额所必需的。另一方面,定额的稳定性是相对的,当生产力发展到一定程度,定额就会与已经发展的生产力不相适应,甚至不再能起到促进生产力发展的作用时,工程建设定额就需要重新编制或修订,这就是定额的时效性特点。

3.1.4 公路工程定额分类

工程定额从不同角度来说,有多种分类方式,比如可按生产要素分类、按使用要求分类、按编制单位和执行范围不同分类、按不同专业分类等。对于公路工程定额分类,本书从生产要素和使用要求两种情况加以说明,如图 3-2 所示。

1. 按生产因素分类的公路工程定额

按生产因素可将定额分为劳动消耗定额、材料消耗定额和机械设备定额三种。

(1) 劳动消耗定额(简称劳动定额)。

劳动消耗定额是在正常的生产技术和生产组织条件下,为完成单位合格产品所规定的劳动消耗量标准。它有两种表现形式:时间定额和产量定额。

① 时间定额是指在技术条件正常、生产工具使用合理和劳动组织正确的条件下,工人为生产单位合格产品所消耗的劳动时间。其计量单位为工时单位/产品单位,如:工日/m^3、工日/km、工日/座等。每一工日除潜水工作按 6h、隧道工作按 7h 计算外,其余均按 8h 计算。时间定额的计算方法如下:

$$时间定额 = 1 \div 每单位工时完成的产量 = 1 \div 产量定额 \qquad (3-1)$$

或:

$$时间定额 = 耗用工时数量 \div 完成单位合格产品数量 \qquad (3-2)$$

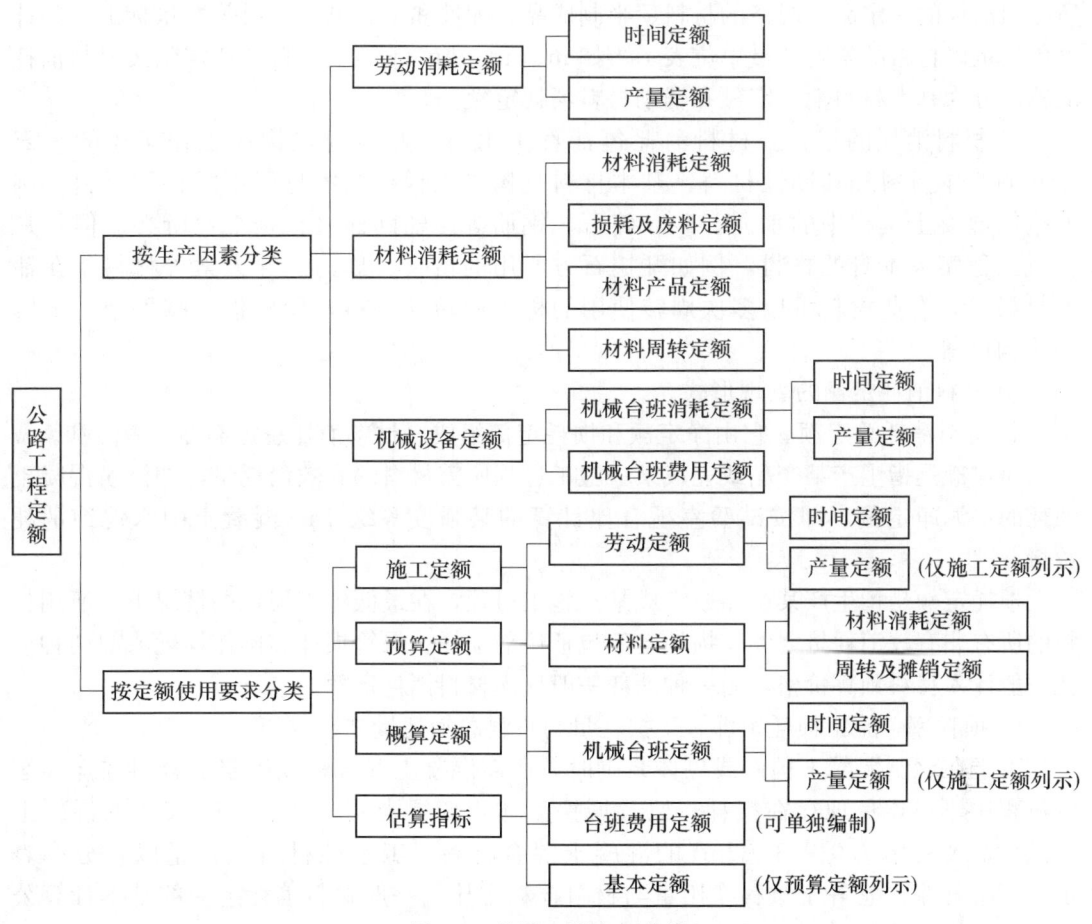

图 3-2　公路工程定额分类

式中　l——完成的总产量。

例如：《公路工程预算定额》第一章第一节第 9 表（即表 1-1-9）中规定，1.0m³ 内单斗挖掘机开挖普通土，完成 1000m³ 天然密实土开挖，普通工定额工日为 4.5 工日。它的工作内容包括：安设挖掘机、开辟工作面、挖土或爆破后石方、装车、移位、清理工作面。

② 产量定额是指在技术条件正常、生产工具使用合理和劳动组织正确的条件下，工人在单位时间内完成合格产品的数量。其计量单位为产品单位/工时单位，如 m³/工日、km³/工日、座/工日等。

$$产量定额 = l \div 完成单位产品所消耗的时间 = l \div 时间定额 \quad (3\text{-}3)$$

或：

$$产量定额 = 完成合格产品数量 \div 耗用时间数量 \quad (3\text{-}4)$$

如上例完成每 1000m³ 天然密实方普通土的工日产量为：1000m³/3.1 工日 = 322.58m³/工日。

(2) 材料消耗定额（简称材料定额）。

① 概念。材料消耗定额是指在节约和合理使用材料的条件下，生产单位合格产品

所必须消耗的一定品种规格的材料、半制成品、配件和水、电、燃料等数量标准。其计算单位是以材料的实物计量单位表示，如 m、m³、kg、t 等。材料消耗定额按材料消耗的特征分为基本材料消耗定额和辅助材料消耗定额。

② 材料消耗的划分。材料消耗包括直接用于产品本身（构成工程实体的一部分）的基本材料和辅助性材料。基本材料是构成工程结构本身所用的各种材料，例如钢筋混凝土工程中的水泥、砂、碎石、钢筋等。辅助性材料是工程所必需但不是构成工程实体本身的材料，例如开挖石方所用的雷管、炸药、导火索等材料。在辅助材料中，有些材料可以多次周转使用的称为周转性材料，如模板、脚手架、金属结构构件等。

③ 材料消耗定额的表现形式。

a. 材料消耗总定额。它由净定额和损耗定额组成。材料消耗总定额即二者之和。

净定额是指生产某产品或完成某一施工过程所需材料的有效消耗量，如浇筑混凝土消耗的水泥净定额，即按试验室配合比计算的某强度等级 1m³ 混凝土中水泥纯消耗数量。

损耗定额是指生产某产品或完成某一施工过程，在最低施工损耗的情况下，所用材料的所有非有效消耗量之和。损耗定额包括运输损耗、保管损耗和操作损耗。前两种损耗一般计入材料预算价格，后一种消耗一般计入材料消耗定额。

b. 损耗率。施工损耗率即施工损耗量与材料总消耗量之比。

由于在浇制混凝土构件或砌体浆砌时，所需混凝土混合料或砂浆混合料在搅拌运输过程中不可避免地存在损耗，以及振捣后体积变得密实，则每 1m³ 实体的混凝土产品就需要耗用 1.01~1.02m³ 的混凝土混合材料。工艺性材料损耗量以百分率表示，即损耗率。它等于材料净用量与材料损耗之比。一般材料消耗定额的基本计算公式为：

$$材料消耗定额 = (1 + 材料损耗率) \times 完成单位产品的材料净用量 \quad (3-5)$$

例如：《公路工程预算定额》第四章表 4-6-3 中规定：现浇 C30 非泵送混凝土墩、台帽，每完成 10m³ 实体需要消耗 10.2m³ 的 C30 混凝土混合料，其中多出的 0.2m³ 为施工中不可避免的损耗，通常每 1m³ 实体的混凝土产品需要耗用 1.01~1.02m³ 的混凝土混合料。工艺性损耗以百分率表示，即场内运输及操作损耗率。

根据《公路工程预算定额》附录二中混凝土配合比表（材料组合：普 C30-32.5-4），按式（3-5）计算如下：

$$32.5 级水泥 = (1+2\%) \times 377 kg/m^3 \times 10m^3 = 3.85t$$
$$中（粗）砂 = (1+2\%) \times 0.46 m^3/m^3 \times 10m^3 = 4.69 m^3$$
$$4cm 碎石 = (1+2\%) \times 0.83 m^3/m^3 \times 10m^3 = 8.47 m^3$$

完成 10m³ 实体合格产品的其他材料消耗定额还有：钢模板 0.049t、螺栓 5.91kg、铁件 3.48kg、水 12m³、中（粗）砂 4.69m³、碎石（4cm）8.47m³、32.5 级水泥 3.845t、其他材料费 86.2 元、25t 以内汽车式起重机 0.66 台班、小型机具使用费 11.4 元等。

c. 材料产品定额。材料产品定额是指用一定规格的原料，在合理的操作条件下获得的标准产品的数量。

d. 材料周转定额。材料周转定额是产品所消耗的材料中包括工程本身使用的材料和为工程服务的辅助材料（如模板、支撑等所需的木材等）。辅助材料应按规定进行周转使用，这种周转性材料在施工中合理周转使用的次数和用量称为材料周转定额（具体查《公路工程预算定额》附录三）。现行预算定额中，周转性材料均按正常周转次数摊入定额之中，具体规定详见《公路工程预算定额》总说明及附录三。周转性材料的定额用量计算公式：

定额用量＝图纸一次使用量×（1＋场内运输及操作损耗率）/周转次数（或摊销次数）

(3-6)

（3）机械设备定额。

机械设备定额分为机械台班消耗定额和机械台班费用定额。

① 机械台班消耗定额（简称机械定额）。

机械台班消耗定额是指某种机械在合理的劳动组织与合理使用材料的条件下，完成单位合格产品所必须消耗的工作时间（必要的机械台班数量），或在一定的作业时间内所生产的合格产品的数量的标准。前者称为施工机械的时间定额，后者称为施工机械的产量定额。机械定额的组成及含义、表现形式以及时间定额与产量定额的关系均与劳动定额相似。所不同的是机械定额的时间定额单位是台班。

《公路工程预算定额》第一章第一节第 9 表（即表 1-1-9）中规定：$2.0m^3$ 内单斗挖掘机开挖普通土，完成 $1000m^3$ 天然密实土开挖，$2m^3$ 内单斗挖掘机需 1.15 台班，75kW 内履带式推土机需 0.25 台班。

② 机械台班费用定额。

交通运输部 2018 年发布的《公路工程机械台班费用定额》JTG/T 3833—2018，是《公路工程概算定额》JTG/T 3831—2018、《公路工程预算定额》JTG/T 3832—2018 的配套定额，是编制公路基本建设工程概算预算的依据。

机械台班费用定额，是以机械的一个台班为单位，规定其所消耗的不变费用标准、机上操作人员工时、燃料及费用等数量标准及费用标准的定额。机械台班费用包括：折旧费、检修费、维护费、安拆辅助费、人工费、动力燃料费、车船税 7 种费用。工程预算中所需反映的施工机械使用费、机上驾驶人员数、燃料数量等，均可按照机械台班费用定额并根据工程数量计算。

2. 按使用要求分类的公路工程定额

（1）施工定额。

施工定额是规定建筑安装工人或小组在正常施工条件下，完成单位合格产品的劳动力、材料和机械消耗的数量标准。它不仅是组织生产、编制施工阶段施工组织设计和施工作业计划、签发工程任务单和限额领料单、考核工效、评奖、计算劳动报酬，加强企业成本管理和经济核算、编制施工预算的依据，也是编制预算定额和补充定额的基础。它包括时间定额和产量定额，定额水平是平均先进的。采用的产品单位一般比较精细，其中时间以工时计，产品以最小单位（如 m、m^2、m^3 等）计。

从理论上来说，施工定额分为行业施工定额与企业施工定额两种，它们的特征如下：

① 行业施工定额。其中的生产性定额，适用于行业内所有企业；平均先进水平；

产品单位细、定额子目多；是施工企业编制企业施工定额的样板和指导，是编制行业统一预算定额的基础。

② 企业施工定额。其中的生产性定额，使用于某施工企业内部；在行业内应立足于先进水平；产品单位细、定额子目多；是施工企业组织施工生产、考核工效、加强施工成本管理和编制施工预算或分割中标合同预算的依据，也是编制企业预算定额的基础。

（2）预算定额。

预算定额是指在正常施工条件和合理劳动组织下，完成单位数量的合格产品（分部分项工程或结构构件）所需消耗的人工、材料、施工机械台班的数量标准和费用标准。预算定额反映了行业平均水平，但其所处环境状态是理想状态，与实际施工状态并不等同，因而，具有"平均条件"和"理想状态"的特点。

预算定额是规定消耗在单位工程基本构造要素上的劳动力、材料和机械的数量标准，是计算建筑安装产品价格的基础。

预算定额是工程建设中一项重要的技术经济文件，它的各项指标反映了在完成规定计量单位、符合设计标准和验收规范分项工程消耗的活劳动和物化劳动的数量限度。这种限度最终决定着单项工程和单位工程的成本和造价。

公路工程预算定额作为造价计价依据的重要内容，与当前技术标准、施工工艺等有密切关系。其内在关系是"技术标准→设计标准→施工质量验收标准→施工工艺标准（或施工技术规范）→工料机消耗标准"。

（3）概算定额。

概算定额是在预算定额的基础上，加以综合而成。因而产品常使用更大的单位来表示，如：小桥涵以座（道）表示、桥梁上部构造以 10m 标准跨径表示、$1000m^2$ 黑色碎石路面、公路公里等。定额水平比预算定额低，它不仅是编制设计概算、修正概算的主要依据，也是进行设计方案和施工方案的价格比较和选择的必要依据，更是主要材料申请计划的计算基础和编制估算指标的基础。

（4）估算指标。

估算指标是根据国家计委统一安排，由公路工程定额总站主编，各省、市、自治区交通厅（局）和部属公路设计单位参加共同编制的。公路工程估算指标是在各有关单位总结近几年全国公路建设项目的设计资料和竣工文件的基础上，选用合理的工程量，以现行的公路工程技术标准、技术规范、概算定额、各项费用定额为依据制定的。

公路工程估算指标的作用主要是为做好公路基本建设项目可行性研究中的投资估算工作，为经济效益评价，提供建设项目造价成本的计算依据。它包括综合指标和分项指标两部分。

以上是现行全国性的公路专业通用定额，各省、市、自治区交通厅（局）在近几年还编制了一些地区性补充定额。如天津、武汉等市城建局编制的《市政工程预算定额》则为地区性定额。一般来说，部颁定额能满足使用要求，个别工程项目存有概预算定额中未包括的项目时，才可用地区补充定额或相关专业的补充定额。地区补充定额应呈报交通运输部备案。

3.2 公路工程概预算定额的内容预算

预算定额是一种具有广泛用途的计价定额。与施工定额的性质不同，预算定额不是企业内部使用的定额，不具有企业定额的性质。

预算定额的性质属于计价定额，它体现了一个工程项目在正常条件下，用货币形式描述的一定时期的工程造价。

3.2.1 公路工程预算定额的作用

（1）预算定额是编制施工图预算、确定和控制项目投资、建筑安装工程造价的基础。
（2）预算定额是对设计方案进行技术经济比较，进行技术经济分析的依据。
（3）预算定额是编制施工组织设计的依据。
（4）预算定额是工程结算的依据。
（5）预算定额是施工企业进行经济活动分析的依据。
（6）预算定额是编制概算定额和估算指标的基础。
（7）预算定额也是合理编制标底、投标的基础。

3.2.2 现行版本

（1）交通运输部公告〔2018〕86号文颁布的《公路工程预算定额》JTG/T 3832—2018。
（2）交通运输部公告〔2018〕86号文颁布的《公路工程机械台班费用定额》JTG/T 3833—2018。
（3）各省、自治区和直辖市以部公告〔2018〕86号发布的《公路工程概算定额》《公路工程预算定额》和《公路工程机械台班费用定额》为基础发布的"公路工程补充预算定额"及相关规定。

3.2.3 基本组成

现行《公路工程预算定额》JTG/T 3832—2018（简称《预算定额》），其组成部分包括：颁发定额的文件；总目录；总说明；各类工程的章说明、节说明、定额表；附录。

《预算定额》内容包括路基工程、路面工程、隧道工程、桥涵工程、交通工程及沿线设施、绿化及环境保护工程、临时工程、材料采集及加工、材料运输共九章及附录。附录包括路面材料计算基础数据，基本定额，材料周转及摊销，定额基价人工、材料、设备单价表四个内容，分上下两册。

3.2.4 定额项目表

1. 定额项目表的组成内容

定额项目表是各类定额最基本的组成部分，是定额指标数额的具体表示。概算定额和预算定额的定额项目表格式基本相同。现将定额项目表的构成和主要栏目说明如下：

（1）表号及定额项目表名称。

表号及定额项目表名称如《预算定额》中的"表 1-1-9 挖掘机挖装土、石方"和"表 4-5-3 浆砌块石"的具体内容见表 3-1、表 3-2。

表 3-1　表 1-1-9 挖掘机挖装土、石方

工程内容：挖掘机就位，开辟工作面，挖土或爆破后石方，装车，移位，清理工作面。

单位：1000m³ 天然密实方

顺序号	项目	单位	代号	挖装土方								
				斗容量（m³）								
				0.6 以内			1.0 以内			2.0 以内		
				松土	普通土	硬土	松土	普通土	硬土	松土	普通土	硬土
				1	2	3	4	5	6	7	8	9
1	人工	工日	1001001	2.7	3.1	3.4	2.7	3.1	3.4	2.7	3.1	3.4
2	0.6m³ 以内履带式液压单斗挖掘机	台班	8001025	2.7	3.16	3.64	—	—	—	—	—	—
3	1.0m³ 以内履带式液压单斗挖掘机	台班	8001027	—	—	—	1.7	1.98	2.26	—	—	—
4	2.0m³ 以内履带式液压单斗挖掘机	台班	8001030	—	—	—	—	—	—	1.14	1.3	1.47
5	基价	元	9999001	2535	2960	3391	2318	2696	3062	1998	2281	2568

顺序号	项目	单位	代号	装石方					
				斗容量（m³）					
				1.0 以内			2.0 以内		
				软石	次坚石	坚石	软石	次坚石	坚石
				10	11	12	13	14	15
1	人工	工日	1001001	3.4	3.78	4.15	3.4	3.78	4.15
2	1.0m³ 以内履带式液压单斗挖掘机	台班	8001027	2.28	2.51	2.89	—	—	—
3	2.0m³ 以内履带式液压单斗挖掘机	台班	8001030	—	—	—	1.6	1.75	2.02
4	基价	元	9999001	3086	3401	3895	2763	3029	3474

注：土方不需装车时，应乘以系数 0.87。

表 3-2　表 4-5-3 浆砌块石

工程内容：1）选、修、洗石料；2）搭、拆脚手架、踏步或井字架；3）配、拌、运砂浆；4）砌筑；5）勾缝；6）养护。

单位：10m³

顺序号	项目	单位	代号	基础、护底、截水墙	护拱	实体式墩	实体式台、墙
				1	2	3	4
1	人工	工日	1001001	6.3	5.9	8.4	7.5
2	M7.5 水泥砂浆	m³	1501002	(2.70)	(2.70)	(2.70)	(2.70)
3	M10 水泥砂浆	m³	1501003	—	—	(0.07)	(0.03)

续表

顺序号	项目	单位	代号	基础、护底、截水墙	护拱	实体式墩	实体式台、墙
				1	2	3	4
4	8~12号铁丝	kg	2001021	—	—	1.8	0.6
5	钢管	t	2003008	—	—	0.011	0.004
6	铁钉	kg	2009030	—	—	0.3	0.1
7	水	m³	3005004	4	4	9	8
8	原木	m³	4003001	—	—	0.01	—
9	锯材	m³	4003002	—	—	0.05	0.02
10	中（粗）砂	m³	5503005	2.94	2.94	3.02	2.98
11	块石	m³	5505025	10.5	10.5	10.5	10.5
12	32.5级水泥	t	5509001	0.718	0.718	0.74	0.727
13	其他材料费	元	7801001	1.2	1.2	5.4	2.7
14	1.0m²以内轮胎式装载机	台班	8001045	0.08	0.1	0.1	0.1
15	400L以内灰浆搅拌机	台班	8005010	0.19	0.12	0.12	0.12
16	基价	元	9999001	2211	2171	2611	2409

（2）工程内容。

主要内容是主要说明本定额项目表所包括的操作内容。查定额时，必须将实际发生的项目操作内容与表中的工程内容进行比较，且必须相符，若不一致时，应按设计规定选择或套用相关定额，进行抽换或采取其他措施。

（3）工程项目计量单位。

工程项目计量单位是指完成一定计量单位的合格产品，在表的右上角显示。如"1000m³ 天然密实方""1000m³ 压实方"等。

（4）项目。

项目即本定额项目表的工程所需人工、材料、机具和费用的名称及规格。

（5）单位。

单位是表征该工程内容中所需人工、材料、机械的计量单位。如工日、t、m³、台班等。

（6）代号。

代号即工料机电算代号。

（7）定额细目。

定额细目是指本定额项目表所包括的工程细目，如"表3-1 挖掘机挖装土、石方"根据挖掘机斗容量不同可区分为0.6m³以内、1.0m³以内、2.0m³以内等，每种又根据土壤类别划分为松土、普通土、硬土。若采用"2.0m³挖掘机挖普通土"，即可找到细目编号，即栏号8。所以要按照不同的施工方法、不同的工程部位、不同的材料、不同的质量要求和工作程度来划分工作项目单元。

（8）定额值。

定额值是指工料机及基价消耗量数值。其中括号内的数值，一般是指所需半成品的数量（定额值）。如表3-2浆砌块石中，实体式墩的M7.5水泥砂浆（2.70）、M10水泥砂浆（0.07），是指浇筑10m³浆砌片石时，需消耗M7.5水泥砂浆2.70m³、M10水泥砂浆0.07m³。请注意此值在编制预算文件时不可直接列入。

（9）基价。

基价即定额基价，是人工费、材料费、机械使用费的合计价值。基价中的人工费、材料费按《预算定额》附录四计算，机械使用费按《公路工程机械台班费用定额》JTG/T 3833—2018计算。项目所在地海拔超过3000m以上，人工、材料、机械基价乘以系数1.3。

（10）注。

有些定额项目表列有"注"，使用定额时，必需仔细阅读表下注，以免发生错误。如表3-1挖掘机挖装土、石方的表下注。

（11）运用定额项目表的表示方法。

定额项目表表示方法一般有两种：

①［页-表-栏］编号法，如"预［265-（2-2-12）-2］"指《预算定额》第265页2-2-12表中第2栏；"概［171-（2-2-3）/Ⅱ-9］"指《概算定额》第171页2-2-3表中第Ⅱ分表里的第9栏。

②［章-节-表-栏］编号法，如"预［4-5-2-3］"指《预算定额》第4章、第5节、第2表的第3栏。"概［2-2-8-12］"指《概算定额》第2章、第2节、第8表的第12栏。

2. 定额表值与资源数量计算

《预算定额》表中的劳动定额数值，是以时间定额的形式表示的。

当已知工程数量值时，则可按式（3-7）计算定额所包含的各种资源（工、料、机和费用等）的数量：

$$M_i = Q \times S_i \tag{3-7}$$

式中　M_i——某种资源（工料机）的数量（t、m³、……）；

　　　Q——工程数量（m²、m³、……）；

　　　S_i——项目定额中某种资源（工、料、机、费用、……）。

3.3　预算定额说明及应用

3.3.1　预算定额总说明及其应用

（1）《公路工程预算定额》JTG/T 3832—2018（本小节以下简称本定额）是全国公路专业定额。它是编制施工图预算的依据；也是编制工程概算定额（指标）的基础，适用于公路基本建设新建、改（扩）建工程。

（2）本定额是以人工、材料、机械台班消耗量表现的公路工程预算定额。编制预算时，其人工费、材料费、机械使用费，应按现行《公路工程建设项目概算预算编制办法》JTG 3830—2018的规定计算。

（3）本定额包括路基工程、路面工程、隧道工程、桥涵工程、交通工程及沿线设施、绿化及环境保护工程、临时工程、材料采集及加工、材料运输共九章及附录。

(4) 本定额是按照合理的施工组织和一般正常的施工条件编制的。定额中所采用的施工方法和工程质量标准，是根据国家现行的公路工程施工技术及验收规范、质量评定标准及安全操作规程取定的，除定额中规定允许换算者外，均不得因具体工程的施工组织、操作方法和材料消耗与定额的规定不同而调整定额。

(5) 本定额除潜水工作每工日 6h，隧道工作每工日 7h 外，其余均按每工日 8h 计算。

(6) 本定额中的工程内容，均包括定额项目的全部施工过程。定额内除扼要说明施工的主要操作工序外，均包括准备与结束、场内操作范围内的水平与垂直运输、材料工地小搬运、辅助和零星用工、工具及机械小修、场地清理等工程内容。

(7) 本定额中的材料消耗量是按现行材料标准的合格料和标准规格料计算的。定额内材料、成品、半成品均已包括场内运输及操作损耗，编制预算时，不得另行增加。其场外运输损耗、仓库保管损耗应在材料预算价格内考虑。

(8) 本定额中周转性的材料、模板、支撑、脚手杆、脚手板和挡土板等的数量，已考虑了材料的正常周转次数并计入定额内。其中，就地浇筑钢筋混凝土梁用的支架及拱圈用的拱盔、支架，如确因施工安排达不到规定的周转次数时，可根据具体情况进行换算并按规定计算回收，其余工程一般不予抽换。

例如：本定额附录中编有"材料的周转及摊销"定额。它的用途主要是：规定各种周转性材料的周转、摊销次数。对达不到规定周转次数的材料定额进行抽换。其换算见式（3-8）：

$$E' = E \times k \tag{3-8}$$

式中 E'——实际周转次数的周转性材料定额；

　　　E——定额规定的周转性材料定额；

　　　k——换算系数，$k=n/n'$（其中 n 为定额规定的材料周转次数；n' 为实际的材料周转次数）。

[**例 3.1**]　某 3 孔跨径 10m 石拱桥，制备 1 孔满堂式木拱盔，若实际周转次数为 3 次，试确定其实际周转次数的周转性材料预算定额。

解：本题目查《公路工程预算定额》表 4-9-1，得每 10m² 面积周转性材料 E 值为：铁件 76.5kg、铁钉 2.1kg。查附录三"材料周转及摊销"得拱盔的周转次数定额 n 为：铁件 5 次、铁钉 4 次。

根据式（3-8）计算得实际周转次数的周转性材料定额 E'。

铁件=76.5×5/3=127.5（kg）

铁钉=2.1×4/3=2.8（kg）

(9) 本定额中列有的混凝土、砂浆的强度等级和用量，其材料用量已按附录二中配合比表规定的数量列入定额，不得重算。如设计采用的混凝土、砂浆强度等级或水泥强度等级与定额所列强度等级不同时，可按配合比表进行换算。但实际施工配合比材料用量与定额配合比表用量不同时，除配合比表说明中允许换算者外，均不得调整。

混凝土、砂浆配合比表的水泥用量，已综合考虑了采用不同品种水泥的因素，实际施工中不论采用何种水泥，均不得调整定额用量。

[**例 3.2**]　某桥采用圆柱式墩，高度 10m，非泵送，墩身采用 C30 水泥混凝土，

计算水泥、中（粗）砂、碎石的定额消耗量及调后定额基价。

解：定额号 4-6-2-9 改，根据原定额中混凝土为 C25 水泥混凝土，水泥为 32.5 级水泥，碎石粒径为 4cm，混凝土强度等级与设计要求不符，故需要调整，调整方法如下：

查"混凝土配合比表"（《公路工程预算定额》附录二基本定额中砂浆及混凝土材料消耗），具体见表 3-3。

表 3-3 混凝土配合比表

单位：1m³ 混凝土

序号	项目	单位	普通混凝土 碎（砾）石最大粒径（mm） 40					
			混凝土强度等级					
			C20	C25	C30		C35	
			水泥强度等级					
			32.5	32.5	32.5	42.5	32.5	42.5
			20	21	22	23	24	25
1	水泥	kg	298	335	377	355	418	372
2	中（粗）砂	m³	0.49	0.48	0.46	0.46	0.45	0.46
3	碎（砾）石	m³	0.84	0.83	0.83	0.84	0.82	0.83

材料消耗数量已包括场内运输及操作损耗在内，见表 3-4。

表 3-4 材料调整

材料名称	单位	定额 C25（10.20）材料用量（调整前）	设计 C30 材料用量（调整后）	材料增减量	材料基期价格	金额增减
(1)	(2)	(3)	(4)	(5)＝(4)－(3)	(6)	(7)＝(5)×(6)
32.5 级水泥	t	3.417	0.377×10.20＝3.85	0.4284	300	＋129
中（粗）砂	m³	4.90	0.46×10.20＝4.69	－0.21	27	－6
碎石（4cm）	m³	8.47	0.83×10.20＝8.47	0	28.8	0

由表 3-4 计算得：每 10m³ 实体圆柱式墩需要 32.5 级水泥 3.85t；中（粗）砂 4.69m³；碎石（4cm）8.47m³；调整后定额基价＝4862＋129－6＋0＝4985（元/10m³）。

分析：总说明第 9 条规定，设计采用的混凝土强度等级与定额所列强度等级不同时，可按配合比表进行换算。原定额中混凝土为 C25 水泥混凝土，设计采用 C30 水泥混凝土，需要调整。

(10) 本定额中各类混凝土均未考虑外掺剂的费用，当设计需要添加外掺剂时，可按设计要求另行计算外掺剂的费用并适当调整定额中的水泥用量。

(11) 本定额中各类混凝土均按施工现场拌和进行编制。当采用商品混凝土时，可将相关定额中的水泥、中（粗）砂、碎石的消耗量扣除，并按定额中所列的混凝土消耗量增加商品混凝土的消耗。

(12) 水泥混凝土、钢筋、模板工程的一般规定列在第四章说明中，该规定同样适用于其他各章。

(13) 本定额中各项目的施工机械种类、规格是按一般合理的施工组织确定的，如施工中实际采用机械的种类、规格与定额规定的不同时,一律不得换算。

(14) 本定额中施工机械的台班消耗,已考虑了工地合理的停置、空转和必要的备用量等因素。编制预算的台班单价,应按《公路工程机械台班费用定额》JTG/T 3833—2018 分析计算。

(15) 本定额中只列工程所需的主要材料用量和主要机械台班数量。对于次要、零星材料和小型施工机具均未一一列出,分别列入"其他材料费"及"小型机具使用费"内,以元表示,编制预算即按此计算。

(16) 其他未包括的项目,各省级公路造价管理部门可编制补充定额在本地区执行;还缺少的项目,各设计单位可编制补充定额,随同预算文件一并送审。所有补充定额均应按照本定额的编制原则、方法进行编制,并将数据上传至"公路工程造价依据信息管理平台"。

(17) 定额表中注明"某某数以内"或"某某数以下"者,均包括某某数本身;而注明"某某数以外"或"某某数以上"者,则不包括某某数本身。定额内数量带"( )"者,则表示基价中未包括其价值。

(18) 本定额中凡定额名称中带有"※"号者,均为参考定额,使用定额时,可根据情况进行调整。

(19) 本定额的基价是人工费、材料费、机械使用费的合计价值。基价中的人工费、材料费按附录四计算,机械使用费按《公路工程机械台班费用定额》JTG/T 3833—2018 计算。项目所在地海拔超过 3000m 以上,人工、材料、机械基价乘以系数 1.3。

(20) 本定额中的"工料机代号"是编制概预算采用电子计算机计算时作为对工、料、机械名称识别的符号,不应随意变动。编制补充定额时,遇有新增材料或机械,编码采用7位,第1、2位取相近品种的材料或机械代号,第3、4为采用偶数编制,后3位采用顺序编制。

3.3.2　运用定额的步骤

(1) 根据运用定额的目的,确定所用定额的种类(是预算定额还是其他定额)。

(2) 明确定额项目表。

根据项目所包括的内容确定欲查定额的项目名称,据此在定额目录中找到所在页次,找到对应的定额项目表。

(3) 查到定额项目表后再进行如下步骤:

① 明确定额子目,查用定额。

在查用定额时,应根据实际工程项目包含的工程内容(设计要求、施工组织要求),明确工艺流程,查看与定额项目表"工程内容"所包含的内容、结构形式、施工工艺、材料等是否相同,以便正确选用定额,防止错、重、漏。两者若无出入,则可在表中找到相应的子目,确定子目(栏号);若有出入则进行调整和抽换。

② 检查定额项目表的计量单位与工程项目取定的计量单位是否一致,是否符合规定的工程量计算规则。

③ 看定额的总说明、章说明、节说明以及表下注是否与所查子目的定额有关,若有关,则按要求处理。

④ 依子目确定各项定额值,可直接引用的就直接抄录,需计算的则在计算后抄录。

（4）重新按上述步骤复核。

（5）该项目的细目定额查完后，再查该项目的另外细目定额，依次完成后，再查另一个项目的定额。

3.3.3 路基工程预算定额

1. 路基工程预算定额说明

路基工程预算定额包括路基土、石方工程，特殊路基处理工程，排水工程和防护等项目。

章说明的主要内容是对土壤、岩石类别划分。按开挖的难易程度将土壤、岩石分为六类，其中土壤分松土、普通土、硬土三类，岩石分软石、次坚石、坚石三类。

定额土、石分类与六级土、石分类和十六级土、石分类对照表，见表3-5。

表 3-5 土、石分类对照表

定额分类	松土	普通土	硬土	软石	次坚石	坚石
六级分类	Ⅰ	Ⅱ	Ⅲ	Ⅳ	Ⅴ	Ⅵ
十六级分类	Ⅰ～Ⅱ	Ⅲ	Ⅳ	Ⅴ～Ⅵ	Ⅶ～Ⅸ	Ⅹ～ⅩⅥ

2. 路基土、石方体积

（1）土、石方调配原则。

断面方是根据线路标志桩的路基填挖横断面积及其相应间的距离，所分别计算出来的土、石方数量，称为断面方数量，即设计图上给出的"土、石方数量表"中的数量。

利用方是利用路堑挖方填入路堤的方量（编制预算时，对利用方只计填方，不计挖方，但应考虑夯实增加的工料机消耗）。

施工方（公路工程中习惯称"计价方"）是指路堑挖方和取土坑借土填筑路堤的填方之和。

土、石方调配示意图如图3-3所示。

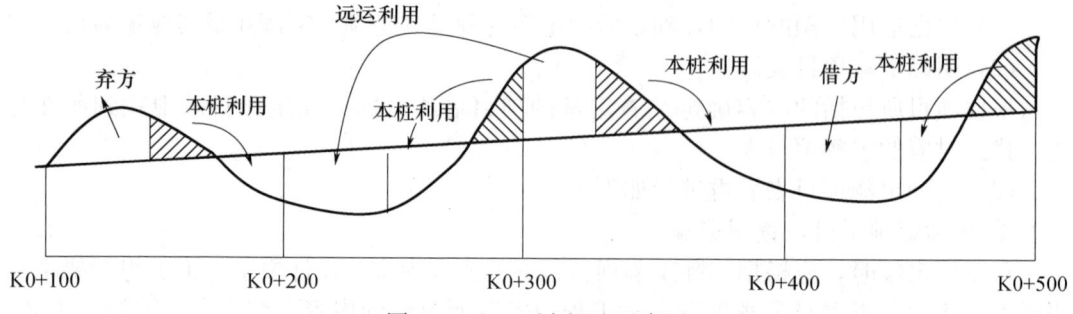

图 3-3 土、石方调配示意图

因为路基土、石方工程具有填挖相同的特性，应考虑在经济合理的运距条件下尽可能移挖作填，用最少的施工方数量达到路基工程快速施工和节约的目的。所谓土、石方调配，就是要确定路堑挖方用多少数量移挖作填，有多少数量运往弃土堆，还需要多少从路堤两侧取土坑或其他取土场挖运用作路堤填土的施工组织设计方法。

① 土、石方调配原则：加大利用方，减少施工方；首先横向平衡，再考虑纵向平衡，再考虑借方（或弃方）；考虑土质及土方最大经济运距。

② 土、石方调配关系式见式（3-9）～式（3-11）：

$$断面方 = 挖方 + 填方 = （挖方 + 借方） + （填方 - 借方）$$
$$= 施工方 + 利用方挖方 + 借方 = 填方 + 弃方 \quad (3-9)$$
$$挖方 = 利用方 + 弃方 \quad (3-10)$$
$$填方 = 利用方 + 借方 \quad (3-11)$$

以挖作填的数量，可以按路堑挖方计算，但夯实的工日数应按断面方计算。

（2）土、石方体积的计算。

路基工程设计图纸给出的土、石方数量，是按工程的几何图形计算出来的断面方数量，而实际工程中开挖的天然土体都是天然密实方，填方路基工程设计计算出的土、石方数量是按设计压实度的压实方数量。由于天然土、石方的种类、存在形式、天然密实度各不相同，同时设计要求的天然密实度也不相同，所以，天然密实方与压实方之间必然存在一定的差异，并且相互间的换算系数也不是定值。它直接影响到土、石方的数量计算、调配以及土、石方工程定额的确定。

《预算定额》第一章第一节说明第8条指出："除定额中另有说明者外，土方挖方按天然密实体积计算，填方按夯（压）实后的体积计算，石方爆破按天然密实体积计算。当以填方压实体积为工程量，采用以天然密实方为计量单位的定额时，如路基填方为利用方，所采用的定额应乘以下列系数；如路基填方为借方时，则应在下列系数基础上增加0.03的损耗"。具体见表3-6。

表3-6 土、石方天然密实方和压实方换算系数

公路等级	土类 土方			石方
	松土	普通土	硬土	
二级及二级以上等级公路	1.23	1.16	1.09	0.92
三级、四级公路	1.11	1.05	1.00	0.84

[例3.3] 某二级公路路段挖方1000m³（其中松土200m³、普通土600m³、硬土200m³），填方数量为1200m³。本断面挖方可利用方量为900m³（松土100m³、普通土600m³、硬土200m³），远运利用方量为普通土200m³（天然方）。

解：本桩利用方（压实方）为：$100/1.23 + 600/1.16 + 200/1.09 = 782 (m^3)$；

远运利用方（压实方）为：$200/1.16 = 172 (m^3)$；

借方（压实方）为：$1200 - 782 - 172 = 246 (m^3)$；

弃方（天然方）为：$100 (m^3)$。

上例的挖方、填方、本桩利用方、远运利用方、借方、弃方均引自施工图设计"路基土、石方数量计算表"。

分析：根据《预算定额》第一章第一节说明第8条，即上述说明，得知填方为夯（压）实方，本桩利用方、远运利用方均为天然方，以填方压实体积为工程量，采用以天然密实方为计量单位的定额，所以在计算时需要按表3-6换算。

3. 使用路基土、石方定额

（1）人工完成的土、石方数量的计算。

机械施工土、石方，挖方部分机械无法完成需由人工完成的工程量，由施工组织设

计确定。其中人工操作部分，按相应定额乘以1.15系数。

[例3.4] 某路基工程采用挖掘机挖装土方，机械无法操作之处需采用人工挖装土方，其工程量5600m³，并查得其定额表的定额值为21.5工日/100m³天然密实土，试问实际采用的计算定额值为多少？其所需劳动量为多少？

解：① 实际采用的计算定额值为 21.5×1.15＝24.73（工日/100m³ 天然密实土）

② 所需劳动量为 5600×24.73÷100＝1384.88（工日）

分析：根据《预算定额》第一章第一节说明3的规定可知，人工挖装土方的工程量5600m³是由施工组织设计提供的，实际采用的计算定额值为相应定额值乘以1.15系数。

（2）车辆运输土、石方的平均运距超过规定时的计算。

自卸汽车运输路基土、石方定额项目和洒水汽车洒水定额项目，仅适用于平均运距在15m以内的土、石方或水的运输。当运距超过第一个定额运距单位时，其运距尾数不足一个增运定额单位的半数时不计，等于或超过半数时按一个增运定额运距单位计算。当平均运距超过15m时，应按社会运输的有关规定计算其运输费用。

（3）路基加宽填筑时需清除土方的计算。

路基加宽填筑部分如需清除时，按刷坡定额中普通土子目计算；清除的土方如需远运，按土方运输定额计算。

[例3.5] 某平原微丘区二级公路，其中一段的路基工程全部采用借土填方，填方量计130000m³，借方平均运距为3km，试确定定额消耗量指标。

解：① 推土机集土，根据借方数量，拟采用105kW推土机进行集土。

查定额项目表 1-1-12-10 "105kW以内推土机第一个20m普通土"，定额单位1000m³天然密实方，则工程量为：130000/1000＝130个定额单位。

人工＝2.6×130×1.16×0.8^(注)＝313.66（工日）

105kW以内履带式推土机＝1.87×130×1.16×0.8^(注)＝225.60（台班）

基价＝2483×130×1.16×0.8^(注)＝299549（元）

（注：在定额表1-1-10中附注1装载机装土方如需推土机配合推松、集土时，其人工、推土机台班的数量按"推土机推运土方"第一个20m定额乘以0.8的系数计算。）

② 装载机装土，查定额表 1-1-10-2 "2m³装载机装土方"。

2m³以内轮式装载机＝1.41×130×1.16＝212.63（台班）

基价＝1390×130×1.16＝209612（元）

③ 载重汽车运输土方，根据定额建议的装载机与自卸载重汽车配备，可选用10t以内的自卸载重汽车运输土方。

查定额表 1-1-11-5 "10t以内自卸汽车配合装载机运输土方第一个1km"、表 1-1-11-6 "10t以内自卸汽车配合装载机运输土方每增运0.5km"。此时的增运距为2km，则2/0.5＝4个定额单位，同时还应考虑土方运输时的换算系数1.19。

10t以内自卸汽车＝（6.82+0.83×4）×130×1.19＝1183.46（台班）

基价＝（5178+630×4）×130×1.19＝898498（元）

④ 填方压实，查定额表 1-1-18-6 "12~15t钢轮压路机碾压二级公路路基"，拟采用平地机推平土方。

人工＝2.1×130＝273（工日）

120kW 以内自行式平地机＝1.47×130＝191.10（台班）

12～15t 钢轮压路机＝3.61×130＝479.30（台班）

基价＝4090×130＝531700（元）

分析：工程工序为集土→装土→运输土方→摊铺碾压。以填方量计工程量，集土、装土、运输土方的定额单位均以天然密实方为计量单位，所采用的定额应乘以表 3-6 中的系数，载重汽车运输土方在上表系数的基础上增加 0.03 的土方运输损耗。

4. 综合案例

[例 3.6]　某二级公路标段路基土方工程有借土填方 34000m³ 实体（含填前压实、两侧宽填等增加土方量）。根据该招标文件计量与支付细则规定："借土填方，按压实的体积，以立方米计量。"拟采取的施工组织措施：采用 1.0m³ 挖掘机挖装借土（普通土），8t 自卸汽车配合挖掘机运输土方 3km，12t 光轮压路机碾压路基。试根据工程量清单工程细目列算工程量和定额子目并初编 21-2 表。

解：① 列算工程量和定额子目于报价原始数据表（表 3-7）。

表 3-7　报价原始数据表

编号	清单项目或定额子目名称	单位	数量	取费	备注
204-1-e	借土填方	m³	34000	—	—
(1-1-9-5)	1.0m³ 挖掘机挖装普通土	1000m³	34	土方	定额×1.16
(1-1-11-3)	8t 自卸汽车运输土方 3km	1000m³	34	运输	[(1-1-11-3)＋(1-1-11-4)×4]；定额×1.19
(1-1-18-6)	15t 振动压路机碾压	1000m³	34	土方	—

② 初编"分项工程预算表（21-2 表）"（表 3-8）。

表 3-8　分项工程预算表（21-2 表）

编制范围：K0＋000～K15＋808

工程名称：借土填方　　　　　　　　　　　　　　　　　　　　　　　21-2 表

序号	工程项目			挖掘机挖装土、石方			自卸汽车运土、石方			机械碾压路基			合计	
	工程细目			1.0m³ 挖掘机挖装普通土			8t 自卸汽车运输土方 3km			15t 振动压路机碾压				
	定额单位			1000m³ 天然密实土			1000m³ 天然密实土			1000m³ 实土				
	工程数量			34			34			34				
	定额表号			(1-1-9-5)×1.16			(1-1-11-3＋4×4)×1.19			1-1-18-6				
	工料机名称	单位	单价	定额	数量	金额（元）	定额	数量	金额（元）	定额	数量	金额（元）	数量	金额（元）
1	人工	工日		3.6	122.4					2.1	71.4		193.8	
2	1.0m³ 以内履带式单斗挖掘机	台班		2.30	78.20								78.20	
3	8t 以内自卸汽车	台班					15.29	519.86					519.86	

续表

序号	工程项目			挖掘机挖装土、石方			自卸汽车运土、石方			机械碾压路基			合计	
	工程细目			1.0m³ 挖掘机挖装普通土			8t 自卸汽车运输土方 3km			15t 振动压路机碾压				
	定额单位			1000m³ 天然密实土			1000m³ 天然密实土			1000m³ 实土				
	工程数量			34			34			34				
	定额表号			(1-1-9-5)×1.16			(1-1-11-3+4×4)×1.19			1-1-18-6				
	工料机名称	单位	单价	定额	数量	金额(元)	定额	数量	金额(元)	定额	数量	金额(元)	数量	金额(元)
4	120kW 以内自行式平地机	台班								1.47	49.98		49.98	
5	12~15t 光轮压路机	台班								3.61	122.74		122.74	
6	定额基价	元		3127		106330	10399		353580	4090		139060		598970
	直接费	元												
	措施 Ⅰ	元												
	措施 Ⅱ	元												
	企业管理费	元												
	规费	元												
	利润	元												
	税金	元												
	金额合计													

3.3.4 路面工程预算定额

路面工程预算定额，包括路面基层及垫层、路面面层、路面附属工程三节。

1. 章节说明及示例

（1）关于计量单位、厚度。

① 本章定额包括各种类型路面以及路槽、路肩、垫层、基层等，除沥青混合料路面、厂拌基层稳定土混合料运输、自卸车运输碾压水泥混凝土以 1000m³ 路面实体为计算单位外，其余均以 1000m² 为计算单位。

② 路面项目中的厚度均为压实厚度，培路肩厚度为净培路肩的夯实厚度。

（2）定额子目（内涵）调整的说明。

① 路面底基层、基层稳定土混合料分层碾压。各类稳定土基层、级配碎石、级配砾石基层的压实厚度在 15cm 以内，填隙碎石一层的压实厚度在 12cm 以内，各类稳定土基层、其他种类的基层和底基层压实厚度在 20cm 以内，拖拉机、平地机和压路机的台班消耗按定额数量计算。如超过上述压实厚度进行分层拌和、摊铺、碾压时，拖

拉机、平地机和压路机的台班消耗按定额数量加倍计算，每 1000m² 增加人工 1.5 个工日。

压实厚度超过规定尺寸以后，拌和、摊铺、碾压定额允许某些施工机械如拖拉机、平地机和压路机台班可按定额数量加倍，且每 1000m² 增加人工 1.5 个工日。

允许加倍的路面结构与压实厚度规定如下：

　　a. 各类稳定土基层，压实厚度在 15cm 以内。

　　b. 级配碎石、级配砾石路面，压实厚度在 15cm 以内。

　　c. 填隙碎石基层，压实厚度在 12cm 以内。

　　d. 垫层，压实厚度在 20cm 以内。

　　e. 其他种类的基层、面层，压实厚度在 15～20cm 以内。

[例 3.7] 某沥青混合料路面基层摊铺工程，基层为厚 16cm 水泥稳定碎石，路面宽 22.5m，路段长 18km，基层较面层每侧加宽 0.25m，按厂拌水泥稳定碎石，机械铺筑，平地机功率按 120kW 以内，试计算其所需人工数量及平地机、压路机等台班数量。

解：计算基层工程量＝（22.5＋0.25×2）×18 000＝414 000（m²）

查相应预算定额项目表 2-1-9-3。

定额消耗量：

人工＝2.8＋1.5＝4.3（工日）

120kW 以内自行式平地机＝0.33×2＝0.66（台班）

12～15t 光轮压路机＝0.08×2＝0.16（台班）

20t 以内振动压路机＝0.41×2＝0.82（台班）

16～20t 轮胎式压路机＝0.25×2＝0.50（台班）

10000L 以内洒水汽车＝0.16（台班）

实际消耗量：

人工＝（2.8＋1.5）×414000/1000＝1780.2（工日）

120kW 以内自行式平地机＝0.33×2×414000/1000＝273.24（台班）

12～15t 压路机＝0.08×2×414000/1000＝66.24（台班）

20t 以内振动压路机＝0.41×2×414000/1000＝339.48（台班）

16～20t 轮胎式压路机＝0.25×2×414000/1000＝207.00（台班）

10000L 以内洒水汽车＝0.16×414000/1000＝66.24（台班）

分析：《预算定额》第二章第一节说明第 1 条，水泥稳定基层压实厚度超出 15cm（实际厚度 16cm），则该项内容的人工定额每 1000m² 增加 1.5 个工日，平地机、压路机台班数量加倍。

② 基层混合料配合比的调整。各类稳定土基层定额中的材料消耗系按一定配合比编制的，当设计配合比与定额标明的配合比不同时，有关材料可按式（3-12）进行换算：

$$C_i = [C_d + B_d \times (H - H_0)] \times L_i / L_d \qquad (3\text{-}12)$$

式中　C_i——按设计配合比换算后的材料数量；

　　　C_d——定额中基本压实厚度的材料数量；

　　　B_d——定额中压实厚度每增减 1cm 的材料数量；

　　　H_0——定额的基本压实厚度；

H——设计的压实厚度；

L_d——定额中标明的材料百分率；

L_i——设计配合比的材料百分率。

[例 3.8] 某路面基层采用路拌法，石灰粉煤灰稳定碎石基层，设计压实厚度为 23cm，设计配合比为石灰：粉煤灰：碎石＝4：12：84，确定人工、材料、机械台班定额消耗量。

解：定额标明的配合比为石灰：粉煤灰：碎石＝5：15：80，基本压实厚度为 20cm。

定额号（2-1-4-21＋22×3）改：

人工＝16.8＋0.6×（18－15）＋1.5＝20.1（工日）

粉煤灰＝[63.963＋3.198×（18－15）]×12/15＝58.846（m³）

熟石灰＝[22.77＋1.139×（18－15）]×4/5＝20.95（t）

碎石＝[222.11＋11.1×（18－15）]×84/80＝268.18（m³）

其他材料费＝301（元）

设备摊销费＝2.1＋0.1×（18－15）＝2.4（元）

120kW 以内自行式平地机＝0.42×2＝0.84（台班）

75kW 以内履带式拖拉机＝0.19×2＝0.38（台班）

12～15t 光轮压路机＝0.37×2＝0.74（台班）

18～21t 光轮压路机＝0.8×2＝1.6（台班）

10000L 以内洒水汽车＝0.31＋0.02×（18－15）＝0.37（台班）

分析：《预算定额》第二章第一节说明第 2 条，本题石灰粉煤灰稳定碎石设计配合比与定额标明的配合比不同时，有关材料可按式（3-12）进行换算。

另根据《预算定额》第二章第一节说明第 1 条，人工定额每 1000m² 增加 1.5 个工日，水泥稳定基层，压实厚度超出 20cm（实际厚度 23cm），拖拉机、平地机、压路机台班数量加倍。

③ 厂拌基层混合料定额中厂拌设备的抽换。厂拌基层稳定土混合料定额中注规定：本定额（即 2-1-7）是按拌和能力为 300t/h 的拌和设备编制的，若采用其他型号的拌和设备施工时，可按不同生产能力的拌和设备定额消耗数量调整表，调整定额中人工、机械消耗量。如水泥稳定石屑，当采用 400t/h 的稳定土厂拌设备拌和时，其调整情况见表 3-9。

表 3-9 厂拌基层混合料定额中厂拌设备抽换（示例）　　计量单位：1000m³

序号	项目	单位	调整前		调整后	
			水泥剂量 5%			
			压实厚度 15cm	每增减 1cm	压实厚度 15cm	每增减 1cm
1	人工	工日	2.4	0.1	1.6	0.1
2	水泥石屑	m³	(202.00)	(10.10)	(151.50)	(10.10)
3	水	m³	35	2	26	2

续表

序号	项目	单位	调整前		调整后	
			水泥剂量5%			
			压实厚度15cm	每增减1cm	压实厚度15cm	每增减1cm
4	石屑	m³	277.03	13.85	205.85	13.72
5	32.5级水泥	t	21.193	1.06	15.747	1.050
6	3m³内轮胎式装载机	台班	0.52	0.03	0.41	0.02
7	300t/h以内厂拌设备	台班	0.24	0.01	—	—
8	400t/h以内厂拌设备	台班	—	—	0.19	0.01

厂拌基层稳定土混合料定额已按混合料1%的损耗率进行编制，使用定额时工程量应按设计数量计算，不应再计损耗量。

2. 综合案例

[例3.9]　某一级新建公路工程的水泥混凝土路面工程，采用滑模式摊铺机施工，路面厚度28cm，设计强度等级为C40，定额强度等级为C30，试根据以下定额资料计算抽换定额后1000m²路面混凝土实体的水泥、中（粗）砂、碎石定额用量和换算基价。

已知：定额计量单位为1000m²路面混凝土实体；路面厚度20cm的定额材料用量为C30水泥混凝土204.00m³，32.5级水泥76.908t，中（粗）砂93.84m³，碎石（4cm）169.32m³，定额基价为56790元/1000m²；路面厚度每增减1cm的定额材料用量为C30水泥混凝土10.20m³，32.5级水泥3.845t，中（粗）砂4.69m³，碎石（4cm）8.47m³，定额基价为2543元/1000m²；混凝土配合比数据见表3-10。

表3-10　混凝土配合比表　　　　　　　　　　　单位：1m³混凝土

项目	单位	材料基期价格	混凝土强度等级	
			30	40
32.5级水泥	kg	0.33	377	461
中（粗）砂	m³	27	0.46	0.43
碎石（4cm）	m³	28.8	0.83	0.81

解：每1000m²（28cm厚）路面混凝土实体体积＝204.00＋10.20×8＝285.60（m³）

可按表3-11计算：

表3-11　材料调整　　　　　　　　　　　　　计量单位：1000m²（28cm厚）

材料名称	单位	定额35号材料用量	设计40号混凝土材料用量	材料增减	材料基期价格	金额增减
（1）	（2）	（3）	（4）	（5）	（6）	（7）＝（5）×（6）
32.5级水泥	t	285.60×0.377＝107.67	285.60×0.461＝131.66	＋23.99	320	＋7677
中（粗）砂	m³	285.60×0.46＝131.38	285.60×0.43＝122.81	－8.57	60	－514
碎石（4cm）	m³	285.60×0.83＝237.05	285.60×0.81＝231.34	－5.71	55	－314

由表 3-11 计算得：每 1000m² (28cm 厚) 路面混凝土需要 32.5 级水泥 131.66t；中 (粗) 砂 122.81m³；碎石 (4cm) 231.34m³。

定额换算后基价＝56790＋2543×8＋7677－514－314＝84497 (元/1000m²)

[例 3.10] 某二级公路，路面基层为水泥稳定类基层，厂拌水泥砂砾，水泥剂量 5%，厚度 23cm，工程数量 15.659m²；15t 以内自卸汽车运输稳定土混合料 2km，工程数量 2.819m³；120kW 以内平地机铺筑基层，工程数量 15.659m²。

试根据工程量清单工程细目列算工程量和定额子目并初编 21-2 表。

解：① 列算工程量和定额子目于报价原始数据表 (表 3-12)。

表 3-12 报价原始数据表

编号	清单项目或定额子目名称	单位	数量	取费	备注
	水泥稳定类基层	m²	15659.000		
2-1-7-3	厂拌水泥砂砾 5:95 厚度 23cm	1000m²	15.659	路面	[2-1-7-3＋4×3]；相关材料调整；人工增加 1.5 工日，三种机械加倍
2-1-8-7	稳定土运输 15t 内 2km	1000m³	2.819	运输	2-1-8-7＋8×2
2-1-9-3	平地机铺筑基层 (120kW 内)	1000m²	15.659	路面	2-1-9-3；人工增加 1.5 工日，三种机械加倍
2-1-10-2	基层稳定土厂拌设备安装、拆除	1 座	0.500	构造物Ⅲ	设备拌和能力 100t/h

② 初编"分项工程预算表 (21-2 表)"(表 3-13)。

3.3.5 桥涵工程预算定额

《预算定额》第四章是桥涵工程，包括开挖基坑，围堰、筑岛及沉井，打桩，灌注桩，砌筑，现浇混凝土及钢筋混凝土，预制、安装混凝土及钢筋混凝土构件，构件运输，拱盔、支架，钢结构和杂项工程共十一项。

1. 桥涵工程预算定额章说明

(1) 混凝土工程。

① 定额中混凝土强度等级均按一般图纸选用，其施工方法除小型构件采用人拌人捣外，其他均按机拌机捣计算。

② 定额中混凝土工程除大型预制构件底座、混凝土搅拌站安拆和钢桁架桥式码头项目中已考虑混凝土的拌和费用外，其他混凝土项目中均未考虑混凝土的拌和费用，应按有关定额另行计算。

③ 定额中混凝土均按露天养护考虑，如采用蒸汽养护时，应从各有关定额中按每 10m³ 扣减人工 1.0 个工日及其他材料费 4 元，并按蒸汽养护有关定额计算。

④ 定额中采用泵送混凝土的项目均已包括水平和向上垂直泵送所消耗的人工、机械，当水平泵送距离超过定额综合范围时，可按表 3-14 增列人工及机械消耗量，向上垂直泵送不得调整。

第3章 公路工程定额计价

表 3-13 分项工程预算表（21-2 表）

编制范围：K0＋000～K15＋808
工程名称：水泥稳定类基层

21-2 表

工程项目		水泥稳定类									
工程细目		厂拌水泥砂砾5∶95 厚度23cm			厂拌基层稳定土混合料运输 稳定土运输15t内 2km			机械铺筑厂拌基层稳定土混合料 平地机铺筑底基层（120kW内）			基层稳定土厂拌设备安装、拆除 厂拌设备安拆（100t/h内）	
定额单位		1000m²			1000m³			1000m²			1座	
工程数量		15.659			2.819			15.659			0.500	
定额表号		2-1-7-3+4×3			2-1-8-7+22×2			2-1-9-3			2-1-10-2	
序号	工料机名称	单位	单价	定额	数量	金额	定额	数量	金额	定额	数量	金额	定额	数量	金额	合计 数量	合计 金额
1	人工	工日		4.3	67.33					4.3	67.33		333.3	166.65		301.31	
2	型钢	t											0.016	0.01		0.01	
3	组合钢模板	t											0.035	0.02		0.02	
4	铁件	kg											48	24.00		24.00	
5	水	m³		30	469.77								176	88.00		557.77	
6	中（粗）砂	m³											116.23	58.12		58.12	
7	砂砾	m³		308.41	4829.39											4829.39	
8	片石	m³											151.94	75.97		75.97	
9	碎石（4cm）	m³											32.14	16.07		16.07	
10	块石	m³											138.73	69.37		69.37	
11	32.5级水泥	t		25.443	398.41								33.167	16.58		414.99	
12	其他材料费	元								301		4713.36	56.6		28.3		4741.66

续表

工程项目			水泥稳定类									合计
工程细目			厂拌水泥砂砾5:95 厚度23cm			厂拌基层稳定土混合料运输 稳定土运输15t内2km			机械铺筑厂拌基层稳定土混合料 平地机铺筑底基层(120kW内)			
定额单位			1000m²			1000m³			1000m²			
工程数量			15.659			2.819			15.659			
定额表号			2-1-7-3+4×3			2-1-8-7+22×2			2-1-9-3			
序号	工料机名称	单位	定额	数量	金额	定额	数量	金额	定额	数量	金额	数量

工程项目	基层稳定土厂拌设备安装、拆除			合计
工程细目	厂拌设备安拆(100t/h内)			
定额单位	1座			
工程数量	0.500			
定额表号	2-1-10-2			
	定额	数量	金额	金额

合并表:

序号	工料机名称	单位	水泥稳定类 定额	数量	金额	稳定土运输 定额	数量	金额	平地机铺筑 定额	数量	金额	厂拌设备安拆 定额	数量	金额	合计 数量	金额
13	0.6m³以内带式液压单斗挖掘机	台班										1.34	0.67		0.67	
14	3.0m³以内轮胎式装载机	台班	0.63	9.87											9.87	
15	120kW以内自行式平地机	台班							0.66	10.33					10.33	
16	12~15t光轮压路机	台班							0.16	2.51					2.51	
17	20t以内振动压路机	台班							0.82	12.84					12.84	
18	16~20t轮胎式压路机	台班							0.50	7.83					7.83	
19	300t/h以内稳定土厂拌设备	台班	0.28	4.38											4.38	
20	250L以内强制式混凝土搅拌机	台班										1.13	0.57		0.57	
21	15t以内自卸汽车	台班				5.46	15.39								15.39	
22	15t平板拖车组	台班										4.22	2.11		2.11	

续表

工程项目	水泥稳定类			厂拌基层稳定土混合料运输			机械铺筑厂拌基层稳定土混合料			基层稳定土厂拌设备安装、拆除			合计
工程细目	厂拌水泥砂砾5:95 厚度23cm			稳定土运输 15t内 2km			平地机铺筑底基层 (120kW内)			厂拌设备安拆 (100t/h内)			
定额单位	1000m²			1000m³			1000m²			1座			
工程数量	15.659			2.819			15.659			0.500			
定额表号	2-1-7-3+4×3			2-1-8-7+22×2			2-1-9-3			2-1-10-2			
序号	工料机名称	单位	单价	定额	数量	金额	定额	数量	金额	定额	数量	金额	定额	数量	金额	金额
23	10000L以内洒水汽车	台班														
24	12t以内汽车式起重机	台班											0.71	0.36		
25	20t以内汽车式起重机	台班											8.69	4.35		
26	40t以内汽车式起重机	台班											8.51	4.26		
27	小型机具使用费	元											172.3		86.15	86.15
28	基价	元						0.16	2.51							
	直接费	元														
	措施费 Ⅰ	元														
	措施费 Ⅱ	元														
	企业管理费	元														
	规费	元														
	利润	元														
	税金	元														
	金额合计	元														

表 3-14　泵送混凝土水平距离调整

项目		定额综合的水平泵送距离（m）	每 100m³ 混凝土每增加水平距离 50m 增列数量	
			人工（工日）	混凝土输送泵（台班）
基础	灌注桩	100	1.55	0.27
	其他	100	1.27	0.18
上、下部构造		50	2.82	0.36
桥面铺装		250	2.82	0.36

⑤ 混凝土中的钢板、型钢、钢管等预埋件，均作为附属材料列入混凝土定额内。连接用的钢板、型钢等则包括在安装定额内。

⑥ 大体积混凝土项目必须采用埋设冷却管来降低混凝土水化热时，可根据实际需要另行计算。

⑦ 除另有说明外，混凝土定额中均已综合脚手架、上下架、爬梯及安全围护等搭拆及摊销费用，使用定额时不得另行计算。

（2）钢筋工程。

① 定额中凡钢筋直径在 10mm 以上的接头，除注明为钢套筒连接外，均采用电弧搭接焊或电阻对接焊。

② 定额中的钢筋按选用图纸分为 HRB300、HRB400。设计中采用 HRB500 时，可将定额中的 HRB400 抽换为 HRB500。当设计图纸的钢筋比例与定额有出入时，可调整钢筋品种的比例。

③ 定额中的钢筋是按一般定尺长度计算的，如设计提供的钢筋连接用钢套筒数量与定额有出入时，可按设计数量调整定额中的钢套筒消耗，其他消耗不调整。

（3）模板工程。

① 模板不单列项目。混凝土工程中所需的模板包括钢模板、组合钢模板、木模板，均按其周转摊销量计入混凝土定额中。

② 定额中的模板均为常规模板，当设计或施工对混凝土结构的外观有特殊要求需要对模板进行特殊处理时，可根据定额中所列的混凝土模板接触面积增列相应的特殊模板材料的费用。

③ 定额中所列的钢模板材料，指工厂加工的适用于某种构件的定型钢模板，其质量包括立模所需的钢支撑及有关配件；组合钢模板材料，指市场供应的各种型号的组合钢模板，其质量仅为组合钢模板的质量，不包括立模所需的支撑、拉杆等配件，定额中已计入所需配件材料的摊销量；木模板按工地制作编制，定额中将制作所需工、料、机械台班消耗按周转摊销量计算。

④ 定额中均已包括各种模板的维修、保养所需的工、料及费用。

（4）设备摊销费。

定额中设备摊销费的设备，指属于固定资产的金属设备，包括万能杆件、装配式钢桥桁架及有关配件拼装的金属架桥设备。挂篮、移动模架设备摊销费按设备质量每吨每月 180 元计算，其他设备摊销费按设备质量每吨每月 140 元（除设备本身折旧费用，还包括设备的维修、保养等费用）。各项目中凡注明允许调整的，可按计划使用时间调整。

[例 3.11] 某浆砌块石石拱圈工程,跨径 20m 以内。设计采用 M5 水泥砂浆砌筑。试问编制预算时是否需要抽换?怎样抽换?

解:查《预算定额》4-5-3-8 改,知定额给定砌筑是用 M7.5 水泥砂浆,用量是 2.70m³/10m³,与设计要求不符,故需要抽换。

查《预算定额》附录二基本定额中"砂浆及混凝土材料消耗",砂浆配合比表见表 3-15。

表 3-15 基本定额砂浆配合比表

单位:1m³ 砂浆及水泥砂浆

序号	项目	单位	水泥砂浆									
			砂浆强度等级									
			M5	M7.5	M10	M12.5	M15	M20	M25	M30	M35	M40
			1	2	3	4	5	6	7	8	9	10
1	32.5 级水泥	kg	218	266	311	345	393	448	527	612	693	760
2	熟石灰	kg	—	—	—	—	—	—	—	—	—	—
3	中(粗)砂	m³	1.12	1.09	1.07	1.07	1.07	1.06	1.02	0.99	0.98	0.95

根据表 3-15,调整材料用量见表 3-16。

表 3-16 材料调整

项目 材料用量	调整前	调整后			合计
	半成品	砌筑用砂浆 M7.5 (2.70) 勾缝用砂浆 M10 (0.10)	砌筑用砂浆 M5 (2.70)	勾缝用砂浆 M10 (0.10)	
32.5 级水泥(t)	0.752	218×2.7/1000=0.589	311×0.1/1000=0.031	0.620
中(粗)砂(m³)	3.06	1.12×2.7=3.02	1.07×0.1=0.11	3.13

抽换值:32.5 级水泥为 0.620t/10m³;中(粗)砂为 3.13m³/10m³。

分析:《预算定额》第四章桥梁工程第五节砌筑工程说明中规定,定额中的 M5、M7.5、M12.5 水泥砂浆为砌筑用砂浆,M10、M15 水泥砂浆为勾缝用砂浆。故水泥与中(粗)砂用量为两种用砂浆分别求得之和。另总说明第 9 条规定,设计采用的砂浆强度等级与定额所列强度等级不同时,可按配合比表进行换算。

2. 桥涵工程预算定额节说明案例

(1) 开挖基坑。

开挖基坑的主要规定有:

① 干处挖基指开挖无地面水及地下水位以上部分的土壤,湿处挖基指开挖在施工水位以下部分的土壤。挖基坑石方、淤泥、流沙不分干处、湿处均采用同一定额。

② 开挖基坑土、石方运输按弃土于坑外 10m 范围内考虑。当坑上水平运距超过 10m 时,另按路基土、石方增运定额计算。

③ 基坑深度为坑的顶面中心高程至底面的数值。在同一基坑内,不论开挖哪一深

度均执行该基坑的全深度定额。

④ 开挖基坑定额中已综合了基底夯实、基坑回填及侧平石质基底用工，湿处挖基还包括挖边沟、挖集水井及排水作业用工，使用定额时，不得另行计算。

⑤ 开挖基坑定额中不包括挡土板，需要时应据实按有关定额另行计算。

⑥ 机械挖基定额中已综合了基底高程以上 20cm 范围内采用人工开挖和基底修整用工。

⑦ 本节基坑开挖定额均按原土回填考虑；当采用取土回填时，应按路基工程有关定额另计取土费用。

⑧ 挖基定额中未包括水泵台班，挖基及基础、墩台修筑需要排水时按基坑排水定额计算。

(2) 围堰、筑岛及沉井工程。

围堰、筑岛及沉井工程的主要规定有：

围堰定额中"土"的消耗量作用是指草土、塑料编织袋、竹笼、木笼铁丝围堰定额中，已包括 50m 以内人工挖运土方的工日数量，定额中括号内所列"土"的数量不计价，仅限于取土运距超过 50m 时，按人工挖运土方的增运定额，增加运输用工。

(3) 打桩工程。

打桩工程的主要规定有：

① 打桩定额中已包括打导桩、打送桩及打桩架的安拆工作，并将打桩架、送桩、导桩及导桩夹木等的工、料按摊销方式计入定额中，编制预算时，不得另行计算，但定额中均未包括拔桩。破桩头工作，已计入承台定额中。

② 打桩定额均为打直桩，如打斜桩时，机械乘以系数 1.20，人工乘以系数 1.08。

③ 利用打桩所搭设的工作平台拔桩时，不得另计搭设工作平台的工、料消耗。如需搭设工作平台，可根据施工组织设计规定的面积，按打桩工作平台人工消耗的 50% 计算人工消耗，但各种材料一律不计。

(4) 灌注桩工程。

灌注桩工程的主要规定有：

① 灌注桩造孔根据造孔的难易程度，将土质分为砂土、黏土、砂砾、砾石、卵石、软石、次坚石、坚石八种。

② 不同设计桩径成孔定额的调整泵数。当设计桩径与定额采用桩径不同，按表3-17 中的系数调整。

表 3-17 桩径调整系数

计算基数		桩径 150cm 以内			桩径 200cm 以内				桩径 250cm 以内			
桩径（cm）		120	130	140	160	170	180	190	210	220	230	240
调整系数	冲击锥、冲击钻	0.85	0.9	0.95	0.8	0.85	0.9	0.95	0.88	0.91	0.94	0.97
	回旋钻	—	0.94	0.97	0.75	0.82	0.87	0.92	0.88	0.91	0.94	0.96
计算基数		桩径 300cm 以内				桩径 350cm 以内						
桩径（cm）		260	270	280	290	310	320	330	340			
调整系数	回旋钻	0.72	0.78	0.85	0.92	0.7	0.78	0.85	0.93			

(5) 砌筑工作。

① 定额中的 M7.5 水泥砂浆为砌筑用砂浆，M10 水泥砂浆为勾缝用砂浆。

② 定额中已按砌体的总高度配置了脚手架、踏步、井字架，并计入搭拆用工，其材料用量均以摊销方式计入定额中。

③ 浆砌混凝土预制块定额中，未包括预制块的预制，应按定额中括号内所列预制块数量，另按预制混凝土构件的有关定额计算。

④ 浆砌料石或混凝土预制块作镶面时，其内部应按填腹石定额计算。

⑤ 桥涵拱圈定额中，未包括拱盔和支架，需要时应按拱盔、支架工程中有关定额另行计算。

⑥ 定额中均未包括垫层及拱背、台背填料和砂浆抹面，需要时应按杂项工程中有关定额另行计算。

(6) 现浇混凝土及钢筋混凝土。

① 定额中未包括现浇混凝土及钢筋混凝土上部构造所需的拱盔、支架，需要时按有关定额另行计算。

② 定额中片石混凝土中片石含量均按 15% 计算。

③ 有底模承台适用于高桩承台施工。

④ 使用套箱围堰浇筑承台混凝土时，应采用无底模承台的定额。

⑤ 定额中均未包括提升模架、拐脚门架、悬浇挂篮、移动模架等金属设备，需要时应按有关定额另行计算。

⑥ 墩台高度为基础顶、承台顶或系梁底到盖梁顶、墩台帽顶或 0 号块件底的高度。

⑦ 索塔高度为基础顶、承台顶或系梁底到索塔顶的高度。

(7) 预制、安装混凝土及钢筋混凝土构件。

预制、安装混凝土及钢筋混凝土构件的主要规定有：

① 预制钢筋混凝土上部构造中，矩形板、空心板、连续板、少筋微弯板、预应力桁架梁、顶推预应力连续梁、桁架拱、刚架拱均已包括底模板，其余按配合底座（或台座）施工考虑。

② 构件安装指从架设孔起吊起至安装就位，整体化完成的全部施工工序。定额中除安装矩形板、空心板及连续板等项目的现浇混凝土可套用桥面铺装定额计算外，其他安装上部构造定额中均单独编列有现浇混凝土子目。

③ 制作、张拉预应力钢筋、钢绞线，是按不同的锚头形式分别编制的。当每吨钢筋的根数或每吨钢绞线的束数有变化时，可根据定额进行抽换。

④ 预应力钢筋、钢丝束及钢绞线定额中均已计入预应力管道及压浆的消耗量，使用定额时不得另行计算。定额中不含铁皮管及波纹管的定位钢筋，需要时应另行计算。定额中的束长为一次张拉的长度。

⑤ 对于钢绞线不同型号的锚具，使用定额时，可按表 3-18 规定进行抽换。

表 3-18　锚具型号不同时定额抽换规定

设计采用型号（孔）	1	4	5	6	8	9	10	14	15	16	17	24
客用定额型号（孔）		3		7				12		19		22

⑥ 预制场用龙门架、悬浇箱梁用的墩顶拐脚门架,可套用高度9m以内的跨墩门架定额,但质量应根据实际计算。

(8) 构件运输。

构件运输的主要规定有:

① 构件运输距离以10m、50m、1km为计算单位。不足第一个10m、50m、1km者,均按10m、50m、1km计;超过第一个定额运距单位时,若运距尾数不足一个增运定额单位的半数时不计,若等于或超过半数时按一个定额运距单位计算。

② 定额中未单列构件出坑堆放的定额,如需出坑堆放,可按相应构件运输第一个运距单位定额计列。

(9) 拱盔、支架工程。

拱盔、支架工程主要规定有:

桥梁拱盔、木支架及简单支架均按有效宽度8.5m计,钢支架按有效宽度12.0m计;当实际宽度与定额不同时,可按比例换算。

[例3.12] 某桥梁灌注桩,钢筋主筋焊接连接,HPB300钢筋15.077t,HPB400钢筋176.638t,试调整该定额子目。

解:定额号4-4-8-24改

钢筋总量为$0.112+0.91=1.022$(t),定额中HPB300钢筋/HPB400钢筋$=0.112/0.91=0.12$,设计中HPB300钢筋/HPB400钢筋$=15.077/176.638=0.085$,钢筋含量比例不同,则需调整。调整方法如下:

HPB300钢筋$=1.022\times15.077/(15.077+176.638)=0.080$(t)

HPB400钢筋$=1.022\times176.638/(15.077+176.638)=0.942$(t)

调整结果见表3-19。

表3-19 定额子目调整结果

代号	发生变化的工料机名称	单位	原预算定额值	钢筋调后量
2001001	HPB300钢筋	t	0.112	0.080
2001002	HPB400钢筋	t	0.91	0.942
2001022	20~22号铁丝	kg	1.8	1.8×0.080/0.112=1.3
2009011	电焊条	kg	4.1	4.1×0.942/0.91=4.2
1726	32kV·A以内交流电弧焊机	台班	0.79	0.85×0.942/0.91=0.88

分析:电焊条、电焊机全用于HPB400钢筋,铁丝全用于HPB300钢筋。HPB300钢筋、HPB400钢筋在一个计价细目计量,则应按设计的HPB300钢筋、HPB400钢筋质量比调整钢筋的比例关系。

[例3.13] 某桥梁墩基础第一节为钢壳浮运沉井,沉井刃脚平面尺寸为12m×8.6m,墩位水深4.2m,河床地层为砂砾层。沉井底节高4.5m,在船坞拼装,钢结构总质量54.2t;采用导向船浮运至墩位抽水下沉,沉井下沉入土深度6.5m;导向船之间所需连接梁金属设备35t;锚锭系统为4个20号钢筋混凝土锚(锚体质量15t);定位后灌注混凝土下沉;第二节为混凝土井壁,高度为5.5m,井壁为20号混凝土,总数量为142.6m³;封底20号水下混凝土75.6m³;片石掺砂填心168m³;试确定其定额基价值。

解：下面按定额工程细目逐项分析，沉井基础示意图如图 3-4 所示。

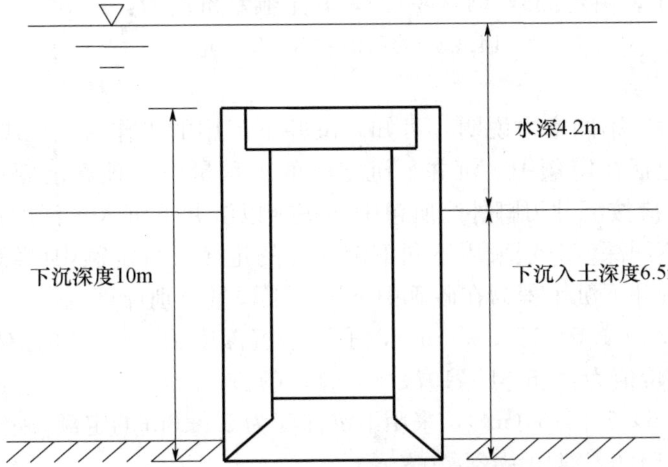

图 3-4　某沉井基础示意图

① 沉井制作与拼装。

a. 钢壳沉井船坞拼装，定额号（4-2-7-6），钢结构总质量为 54.2t 时定额基价值为：
$$5.42 \times 63145 = 342246 \text{（元）}$$

b. 由定额项目表 4-2-7 脚注（2）可知，船坞开挖及排水工程应按挖基相应定额另行计算。若实际产生时，应进行补充，本例略。

② 沉井浮运、定位落床。

a. 由《预算定额》第四章中说明 6 可知，沉井浮运定额仅适用于只有一节的沉井或多节沉井的底节，分节施工的沉井除底节外的其余各节的浮运、接高均执行沉井接高定额。按《预算定额》第四章中说明 14 工程量计算规则之（5）可知，沉井浮运、接高、定位落床定额工程量为沉井刃脚外缘所包围的面积；分节施工的沉井接高工程量为各节沉井接高工程量之和。本例工程量为 $12 \times 8.6 = 103.2$（m²）沉井底面积。

有导向船沉井浮运，定额号（4-2-8-5），其定额基价值为：
$$10.32 \times 1076 = 1104.32 \text{（元）}$$

有导向船沉井定位落床，定额号（4-2-8-8），其定额基价值为：
$$10.32 \times 7905 = 81580 \text{（元）}$$

沉井接高，定额号（4-2-8-6），其定额基价值为：
$$10.32 \times 1434 = 14799 \text{（元）}$$

分析：由《预算定额》第四章中说明 7 可知，导向船、定位船体本身加固所需的工料机消耗及沉井定位落床所需的锚绳均已包括在沉井定位落床定额中，不另行计算。但由《预算定额》第四章中说明 10 可知，钢壳沉井接高所需的吊装设备定额中未考虑，需要时应补充，可按"金属设备吊装"定额计算。

b. 导向船之间所需连接梁，定额号（4-2-8-1），其定额基价值为：
$$3.5 \times 15231 = 53309 \text{（元）}$$

c. 锚锭系统定额工程量是指锚锭的数量，按施工组织设计的需要量计算，本例中锚锭系统为 4 个锚。定额号（4-2-8-11），其定额基价值为：

$$4 \times 20059 = 80236 \text{（元）}$$

d. 井壁混凝土，由定额号（4-2-8-19），其定额基价值为：
$$14.26 \times 2710 = 38645 \text{（元）}$$

③ 沉井下沉。

由《预算定额》第四章中说明 4 可知，沉井下沉用的工作台、三脚架、运土坡道、卷扬机工作台均包括在定额中。沉井下沉定额的工程量由《预算定额》第四章中说明 14 之（4）可知，应按沉井刃脚外缘所包围面积乘以沉井下沉入土深度计算，沉井下沉按土、石所在的不同深度分别采用不同下沉深度的定额，且定额中已综合了溢流数量，不得增加。本例沉井下沉工程为在砂砾中下沉，工程量分别计算：

a. $V_1 = 12 \times 8.6 \times 1.5 = 154.8$（m³），采用下沉深度为 0～5m 的定额，定额号（4-2-9-2），其定额基价值为：$15.48 \times 1971 = 30511$（元）；

b. $V_2 = 12 \times 8.6 \times 5 = 516$（m³），采用下沉深度为 5～10m 的定额，定额号（4-2-9-7），其定额基价值为：$51.6 \times 2419 = 124820$（元）。

④ 沉井填塞。

a. 沉井封底，定额号（4-2-10-3），其定额基价值为：$7.56 \times 2581 = 11952$（元）。

b. 沉井填心，定额号（4-2-10-7），其定额基价值为：$16.8 \times 1473 = 24746$（元）。

c. 沉井封顶，定额号（4-2-10-10）、（4-2-10-12）。

封顶 25 号混凝土 68m³，定额基价值为：$6.8 \times 3840 = 26112$（元）。

封顶钢筋定额值（定额单位 1t 钢筋），基价 $= 4.5 \times 3992 = 17964$（元）。

[例 3.14] 某标段中有大桥一座，墩桩 60 根（共 10 排），设计桩长 30m（从承台顶到桩底），承台高 1.5m，ϕ150cm，每根桩所处地层平均由上到下依次为轻亚黏土 9m，砂砾层 15m，以下为松软岩石；钢护筒按干处施工布置 3m/孔；桩身混凝土 25 号；其中有两排桩在水中，水深 2m，筑岛填心 $30 \times 4 \times 2.5 \times 2 = 600$m³，草袋围堰（2.5m 高）$30 \times 4 + 4 \times 4 = 136$ 延米，已知该招标文件"计量与支付细则"规定："钻孔灌注桩以实际完成并经监理工程师验收后的数量，按不同类别、桩径和陆上、水中的桩长以米计量。计量应自图纸所示或监理工程师批准的桩底标高至承台底或系梁底；开挖、钻孔、清孔、钻孔泥浆、护筒、混凝土、破桩头，以及必要时在水中填土筑岛、搭设工作台架及浮箱平台、栈桥等其他为完成工程的细目，作为钻孔灌注桩的附属工作，不另行计量。混凝土桩无破损检测及所预埋的钢管等材料，均作为混凝土桩的附属工作，不另行计量。钢筋在第 403 节内计量，列入 403-1 细目内。"试按招标文件要求根据工程量清单工程细目列算工程量和定额子目。

解：该工程项目所列原始数据表见表 3-20。

表 3-20 工程项目原始数据表

清单细目或定额编号	清单项目或定额子目名称	单位	数量	取费类别	备注
405-1-a	钻孔灌注桩（桩径 150cm）	m	1710		
4-2-2-7	编织袋围堰	10m	13.6	构造物 I	
4-2-5-1	筑岛填心	10m³	60.0	构造物 I	

续表

清单细目或定额编号	清单项目或定额子目名称	单位	数量	取费类别	备注
4-4-9-3	干处埋设钢护筒	1t	50.42	钢材钢结构	
4-4-4-42	无泥浆船，回旋钻孔，桩径150cm，孔深40m内，轻亚黏土	10m	54.0	构造物Ⅱ	
4-4-4-43	无泥浆船，回旋钻机钻孔，桩径150cm，孔深40m内，砂砾	10m	90.0	构造物Ⅱ	
4-4-4-46	无泥浆船，回旋钻机钻孔，桩径150cm，孔深40m内，软石	10m	36.0	构造物Ⅱ	
4-4-8-11	回旋钻机起重机配吊斗灌注25号水下混凝土	10m³	302.18	构造物Ⅱ	

3.3.6 隧道工程章节说明

隧道工程预算定额使用的注意事项：

（1）定额包括按钻爆法施工的开挖、支护、防排水、衬砌、装饰、洞门、辅助坑道以及瓦斯隧道等项目。隧道开挖定额按照一般凿岩机钻爆法施工的开挖方法进行编制。

（2）定额按现行隧道设计、施工技术规范，将围岩分为六级，即Ⅰ级～Ⅵ级。

（3）定额中混凝土工程均未考虑拌和的费用，应按桥涵工程相关定额另行计算。

（4）开挖定额中已综合考虑超挖及预留变形因素。

（5）洞内出渣运输定额已综合洞门外500m运距，当洞门外运距超过此运距时，可按照路基工程自卸汽车运输土、石方的增运定额加计增运部分的费用。

（6）定额中均未包括混凝土及预制块的运输，需要时应按有关定额另行计算。

（7）定额未考虑地震、坍塌、溶洞及大量地下水处理，以及其他特殊情况所需的费用，需要时可根据设计另行计算。

（8）隧道工程项目采用其他章节定额的规定。

① 洞门挖基、仰坡及天沟开挖、明洞明挖土、石方等，应使用其他章节有关定额计算。

② 洞内工程项目如需采用其他章节定额时，所采用定额的人工工日、机械台班数量及小型机具使用费应乘1.26的系数。

（9）洞口工程项目有关定额说明。

① 定额人工开挖、机械开挖轻轨斗车运输项目是按上导洞、扩大、马口开挖编制的，也综合了下导洞扇形扩大开挖方法，并综合了木支撑和出渣、通风及临时管线的工料机消耗；正洞机械开挖自卸汽车运输定额是按开挖、出渣运输分别编制，不分工程部位（即拱部、边墙、仰拱、底板、沟槽、洞室）均使用本定额，其施工通风及高压风水管和照明电线路单独编制定额项目。

② 洞口工程项目的调整系数说明。定额中凡是按不同隧道长度编制的项目，均只编制到隧道长度在5000m以内。当隧道长度超过5000m时，应按以下规定计算：

a. 洞身开挖：以隧道长度5000m以内定额为基础，与隧道长度5000m以上每增加1000m定额叠加使用。

b. 正洞出渣运输：通过隧道进出口开挖正洞，以换算隧道长度套用相应的出渣定额计算。换算隧道长度计算见式（3-13）：

$$换算隧道长度＝全隧长度－通过辅助坑道开挖正洞的长度 \quad (3-13)$$

当换算隧道长度超过 5000m 时，以隧道长度 5000m 以内定额为基础，与隧道长度在 5000m 以上每增加 1000m 定额叠加使用。

通过斜井开挖正洞，出渣运输按正洞和斜井两段分别计算，两者叠加使用。

c. 通风、管线路定额，按正洞隧道长度综合编制。当隧道长度超过 5000m 时，以隧道长度 5000m 以内定额为基础，与隧道长度 5000m 以上每增加 1000m 定额叠加使用。

③ 洞身开挖、出渣工程量按设计断面数量（成洞断面加衬砌断面）计算，包含洞身及所有附属洞室的数量，定额中已考虑超挖因素，不得将超挖数量计入工程量；现浇混凝土衬砌中浇筑、运输的工程数量均设计断面衬砌数量计算，包含洞身及所有附属洞室的衬砌数量。定额中已综合因超挖及预留变形需回填的混凝土数量，不得将上述因素的工程量计入计价工程量中。

（10）隧道工程其他的定额章节说明不再一一列出，请详细参照预算定额手册，结合定额项目表和章节说明及表后附注进行理解和掌握。

[例 3.15] 某分离式山区高速公路隧道，全长 1462m，主要工程量如下：

① 洞门部分开挖土、石方 6000m³，其中 Ⅴ 级围岩 30%、Ⅳ 级围岩 70%，浆砌片石墙体 1028m³，浆砌片石截水沟 69.8m³。

② 洞身部分设计开挖断面为 162m²，开挖土、石方 247180m³，其中 Ⅴ 级围岩 10%、Ⅳ 级围岩 70%、Ⅲ 级围岩 20%；钢支撑 445t；喷射混凝土 10050m³，钢筋网 138t，锚杆 126200m；拱墙混凝土 25259m³，HRB300 钢筋 16t，HRB400 钢筋 145t。

③ 洞内路面 21930m²，水泥混凝土面层厚 26cm。

④ 洞外出渣运距为 1200m。

⑤ 隧道防排水、洞内管沟、装饰、照明、通风、消防等不考虑。

请列出该隧道工程施工图预算所涉及的相关定额的名称、单位、定额代号、数量、定额调整等内容，并填入表格中，需要时应列式计算或文字说明。

解：①洞门开挖数量计算。

开挖 Ⅴ 级围岩（普通土）：6000×0.3＝1800（m³）；

开挖 Ⅳ 级围岩（软石）：6000×0.7＝4200（m³）。

② 洞身开挖数量计算。

由于 162×1462＝236844m³ 小于题目中给定的开挖数量 247180m³，说明在题目中给定的洞身开挖数量中包含有超挖数量，按定额规定，超挖数量是不能计价的。

按定额中的工程量计算规则，开挖数量＝设计开挖断面×隧道长度，则计价工程量应为：

开挖 Ⅴ 级围岩：162×1462×0.1＝23684.4（m³）；

开挖 Ⅳ 级围岩：162×1462×0.7＝165790.8（m³）；

开挖 Ⅲ 级围岩：162×1462×0.2＝47368.8（m³）。

③ 隧道工程施工图预算所涉及的相关定额的名称、单位、定额表号、数量、定额调整等内容见表 3-21。

表 3-21 预算定额工程细目

序号	工程细目			定额表号	单位	数量	备注
1	洞口	开挖	普通土	1-1-9-8	1000m³	1.8	
2			软石 机械打眼	1-1-14-4	1000m³	4.2	
3			软石 20m 运输	1-1-12-25	1000m³	4.2	
4			弃渣洞外运输 土	1-1-11-5	1000m³	1.8	
5			弃渣洞外运输 装石	1-1-10-5	1000m³	4.2	
6			运石	1-1-11-19	1000m³	4.2	
7		浆砌片石墙体		3-2-1-4	10m³	102.8	
8		浆砌片石截水沟		1-3-3-5	10m³	6.98	
9	洞身	开挖	V级围岩	3-1-3-11	100m³	236.844	
10			IV级围岩	3-1-3-10	100m³	1657.908	
11			III级围岩	3-1-3-9	100m³	473.688	
12		洞内出渣	V、IV级围岩	3-1-3-47	100m³	1894.752	
13			III级围岩	3-1-3-46	100m³	473.688	
14		洞外出渣	土	1-1-11-5	1000m³	23.6844	定额×1（注：增运 700m）
15			石	1-1-11-19	1000m³	213.1596	定额×1（注：增运 700m）
16		支护	钢支撑	3-1-5-1	1t	445	
17			锚杆	3-1-6-2	100m	1262	
18			钢筋网	3-1-6-5	1t	138	
19			喷射混凝土	3-1-8-1	10m³	1005	
20		衬砌	现浇拱墙混凝土	3-1-9-1	10m³	2525.9	
21			混凝土运输	2-2-19-5	1000m³	25.259	
22			钢筋 HRB300	3-1-9-6	1t	16	I 级：1.025；II 级：0
23			钢筋 HRB400	3-1-9-6	1t	145	I 级：0；II 级：1.025
24		混凝土拌和	混凝土搅拌站安拆	4-11-11-8	1 座	1	
25			混凝土搅拌站拌和	4-11-11-13	100m³	353.09	
26	水泥混凝土路面		厚度 20cm	2-2-17-3	1000m²	21.93	
27			厚度增加 6cm	2-2-17-4	1000m²	21.93×6	
28			水泥混凝土运输	2-2-19-5	1000m³	5.7018	

3.3.7 定额的补充

随着科学技术的发展，新结构、新工艺、新材料、新设备在公路工程上推广使用很快，但是定额的制定必须有一定的周期，在新定额未颁布以前，为了合理正确地反映工程造价和经济效益，在现行使用的概预算定额基础上，需要编制补充定额。

（1）查用补充定额时，应注意定额项目表的左上方工程内容、结构形式、施工工艺等与实际工程项目是否完全一致,以及补充定额的适用范围等,以便正确选用补充定额。

(2) 编制补充定额的依据主要包括:国家的有关规定、技术标准和规范,设计施工图纸,施工定额,预算定额,施工方法、施工工艺和质量标准,施工经验和现场实测资料。

(3) 定额的补充。

预算补充定额编制,应遵循预算定额的编制原则、方法,补充定额中的人工、材料、机械消耗量,应以该工程的施工图纸、正常的施工条件、合理的施工方法、现行的施工及验收规范、质量评定标准、安全技术操作规程、施工现场文明安全施工及环境保护要求和有关规定为依据进行测定。

编制补充定额时,一般要经过以下步骤:

① 分析图纸资料,明确施工工艺要求和质量标准,确定补充定额的子目名称。
② 划分施工工序,确定补充定额项目的工作内容。
③ 确定补充定额的计量单位。
④ 根据图纸和资料,计算补充定额项目的工程数量。
⑤ 根据子目划分原则和综合误差进行子目平衡。
⑥ 计算补充定额项目的人工、材料、机械台班消耗数量。
⑦ 计算补充定额基价。
⑧ 整理出补充定额成果表、写出说明。

小　结

1. 公路工程预算定额的概念、作用与特点。
2. 定额的分类和运用。
3. 预算定额的应用与调整。

练习题

1. 什么是定额?定额按实物量消耗的分类有哪几种?按定额的作用分类有哪几种?
2. 某工程在路堑开挖前,需开挖盖山土、石方,最大开挖深度1.5m,采用人工开挖土方260 m³,确定预算定额。
3. 某路线工程的路缘带采用预制、安装C30混凝土块50m³,中间填土350 m³,填土利用路基余方,采用人工挑抬运输普通土运距30m,确定预算定额。
4. 分析水泥混凝土构件预制场在准备、建造、施工、直到安装前的工艺流程中,所牵涉的预算定额的工程内容。
5. 路面基层,水泥:砂:土＝11:82:7,厚21cm,厂拌法,运距5km,8t自卸汽车运输,120kW平地机摊铺。确定所有工作工、料、机消耗量。

第4章 公路工程定额工程量计算规则及应用

> **教学目标**
> 1. 了解公路工程定额工程量计算的基本方法。
> 2. 掌握公路工程定额工程量计算。

4.1 公路工程造价中工程量计算的基本方法

4.1.1 工程量计算

1. 工程量的含义

工程量是以物理计量单位或自然计量单位所表示的建筑安装工程各个分项工程或结构构件的实物数量。其计量单位主要有物理计量单位和自然计量单位。

物理计量单位是指需要量度的具有物理性质的单位,如长度、面积、体积和质量的计量单位分别是米(m)、平方米(m^2)、立方米(m^3)、公斤(kg)、吨(t);自然计量单位是指不需要量度的具有自然属性的单位,如建筑成品或结构构件在自然状态下的简单点数所表示的个、条、块、座等单位,但需要明确该成品或结构构件的结构尺寸。

2. 工程量计算的含义

工程量计算是根据施工图、预算定额划分的项目及工程量计算规则,列出分部分项工程名称和工程量计算式,然后计算出其结果的过程。

工程量计算在造价确定与控制中主要包括以下三种情况:

一是在造价确定中根据设计图纸、拟订的施工方案、建筑安装工程预算工程量计算规则、预算定额划分的项目计算出各实体工程和措施项目的分部分项工程数量,是确定施工数量和预算数量的依据。

二是根据设计图纸、工程量清单项目划分和工程量清单计量规则计算分部分项工程数量,是确定清单工程量或预期计量工程量的依据,其中的预期计量工程量是投标人分析计价工程细目综合单价的基础,而清单工程数量是计算该计价工程细目合价的基础,由于招标图纸设计不充分或工程量清单编制人的工作疏漏,清单工程量和预期计量工程量可能并不一致。

三是在工程施工过程中,根据现场"收方"的已完工程的内容,对照工程量清单项目划分和工程量清单计量规则,正式确定已完计量工程量的过程,是施工阶段计量支付工作的基础。

3. 工程量计算的意义

工程量计算是确定工程量清单、建筑安装工程直接工程费和编制标底或报价中清单计价细目综合单价及合价的重要依据,也是编制施工组织设计、安排施工进度、编制材料供应计划的重要依据,还是在施工阶段进行工程计量与支付,进行统计工作和实现经济核算的重要依据。

工程量计算工作是工程造价管理活动中的重要环节。一方面,工程量计算在整个工程造价的确定与控制过程中花费时间比较长,直接影响工程造价确定的及时性;另一方面,其准确与否直接影响到各个阶段工程造价计价的准确性。因此,要求工程造价人员具有高度的责任感,耐心细致地进行计算。

4.1.2 工程量计算依据

(1) 设计图纸及设计说明书、相关图集、图纸答疑交底及会审记录等。
(2) 经批准的设计变更资料。
(3) 经审定的施工组织设计或施工方案。
(4) 工程承包合同、招标文件中有关工程计量的合同条款。
(5) 与之相对应的"工程量计算规则"。
(6) 预算定额的分部分项项目划分。

4.1.3 工程量计算规则

在工程计量中所涉及的工程量计算规则主要有两种,一是预算工程量计算规则;二是工程量清单计量规则。

1. 预算工程量计算规则

预算工程量计算规则是确定工程施工数量和预算工程数量的依据,考虑建造过程中的施工措施、损耗及辅助工程量,其规则一般是推荐性的,非强制性的。公路工程没有专门的预算工程量计算规则,而是分散在预算定额手册的章节说明中,是在套用定额时确定定额数量的工作依据。

2. 工程量清单计量规则

工程量清单计量规则是按照"净值、成品"的计算原则,根据设计图纸计量最终完成的工程数量的一种方法。该规则一般应统一,有一定强制性。如房屋建筑工程和市政工程的计量工程量应依据《建设工程工程量清单计价规范》GB 50500—2013 来计算。目前,全国范围内新出版的关于公路工程量清单及计量规则,《公路工程标准施工招标文件》(2018 版)中第八章工程量清单计量规则,在全国范围内统一了工程量清单计量的方法和原则,工程量计量行为更加规范化和标准化。另外有部分省市出版了地方清单计量规则。

《公路工程标准施工招标文件》(2018 版)中第八章工程量清单计量规则较之前的主要变化有:

(1) 工程量清单计量规则依然是由子目号、子目名称、单位、工程量计量、工程内容组成。这样每个子目号与工程量清单的子目号一一对应,是承包人报价、发包人支付的依据。

(2) 强化标准化施工管理，增加了施工标准化一节（第 105 节），增加专项费用。

(3) 将不合理的子目进行了修改或删减，对部分子目的划分更加细化，更符合现在公路工程施工的实际情况。

3. 两种工程量计算规则间的相互关系

预算工程量计算规则主要适用于定额计价模式下的工程估算、设计概算和施工图预算的编制，在清单计价模式中可作为分析工程量清单计价工程细目综合单价的参考。

工程量清单计量规则是在招投标阶段编制工程量清单，计算清单工程细目工程数量的依据，也是在标底或造价编制中分析工程量清单计价工程细目综合单价和施工阶段对已完工程数量计量支付的依据。

在标底或报价编制中，要运用两种工程量计算规则分析综合单价。

例如：根据某公路桥梁工程计量规则规定，桥梁基础挖方工程量计量范围是以基础外侧 30cm 向上竖直面围成的体积，如图 4-1 中"公路工程基础挖方计量界线①"所示，仅考虑了基础施工的工作面；而实际施工工程量还要根据基坑土质情况考虑一定坡度的放坡，因此实际开挖工程量应按图 4-1 中"公路工程基础挖方施工界线②"所示。在公路工程量清单计价中，实际是把基础外侧应考虑的施工工作面导致的工程量作为应计量工程量，而把保证基坑开挖稳定性的放坡或设置基坑支挡设施工程量作为措施工程量，分摊在计价工程细目"基础挖方"的综合单价中。

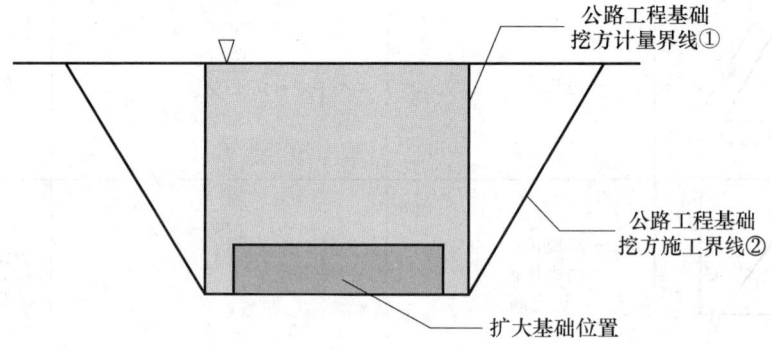

图 4-1 某构造物"基础挖方"两种工程量计算规则

4.1.4 工程量计算基本公式

1. 三角形平面图形面积

三角形平面图形面积计算公式见表 4-1。

表 4-1 三角形平面图形面积

图形		尺寸符号	面积（A）、表面积（S）	重心（G）
三角形	(图：三角形 ABC，顶点 B，底边 AC，D 在 AC 上，G 为重心，高 h，边 a、b、c，角 α)	h——高； l——1/2 周长； a、b、c——对应角 A、B、C 的边长	$A = \dfrac{bh}{2} = \dfrac{1}{2}ab\sin\alpha$ $l = \dfrac{a+b+c}{2}$	$GD = \dfrac{1}{3}BD$ $CD = DA$

续表

图形		尺寸符号	面积（A）、表面积（S）	重心（G）
直角三角形		a、b——两直角边长； c——斜边长	$A=\dfrac{ab}{2}$ $c=\sqrt{a^2+b^2}$ $a=\sqrt{c^2-b^2}$ $b=\sqrt{c^2-a^2}$	$GD=\dfrac{1}{3}BD$ $CD=DA$
锐角三角形		h——高； a、b、c——边长	$A=\dfrac{bh}{2}$ $\dfrac{b}{2}\sqrt{a^2-\left(\dfrac{a^2+b^2-c^2}{2b}\right)^2}$ 设 $S=\dfrac{1}{2}(a+b+c)$ 则 $A=\sqrt{S(S-a)(S-b)(S-c)}$	$GD=\dfrac{1}{3}BD$ $AD=DC$
钝角三角形		h——高； a、b、c——边长	$A=\dfrac{bh}{2}$ $\dfrac{b}{2}\sqrt{a^2-\left(\dfrac{c^2-a^2-b^2}{2b}\right)^2}$ 设 $S=\dfrac{1}{2}(a+b+c)$ 则 $A=\sqrt{S(S-a)(S-b)(S-c)}$	$GD=\dfrac{1}{3}BD$ $AD=DC$
等边三角形		a——边长	$A=\dfrac{\sqrt{3}}{4}a^2=0.433a^2$	三角平分线的交点
等腰三角形		b——两腰长； a——底边长； h_a——a 边上高	$A=\dfrac{1}{2}ah_a$	$GD=\dfrac{1}{3}h_a$ （$BD=DC$）

2. 四边形平面图形面积

四边形平面图形面积计算公式见表 4-2。

表 4-2　四边形平面图形面积计算公式

图形		尺寸符号	面积（A）、表面积（S）	重心（G）
正方形		a——边长； d——对角线长	$A=a^2$ $a=\sqrt{A}=0.707d$ $d=1.414a=1.414\sqrt{A}$	在对角线交点上
长方形		a——短边长； b——长边长； d——对角线长	$A=ab$ $d=\sqrt{a^2+b^2}$	在对角线交点上

续表

图形	尺寸符号	面积（A）、表面积（S）	重心（G）
平行四边形	a、b——邻边长；h——对边间的距离	$a = bh = ab\sin\alpha$ $= \dfrac{\overline{AC} \cdot \overline{BD}}{2}\sin\beta$	在对角线交点上
梯形	$CE=AB$；$AF=CD$；$a=CD$（上底边）；$b=AB$（下底边）；h——高	$A = \dfrac{a+b}{2}h$	$HG = \dfrac{h}{3} \cdot \dfrac{a+2b}{a+b}$ $KG = \dfrac{h}{3} \cdot \dfrac{2a+b}{a+b}$
任意四边形	a、b、c、d——四边长；d_1、d_2——两对角线长；φ——两对角线夹角	$A = \dfrac{1}{2}d_1 d_2 \sin\varphi = \dfrac{1}{2}d_2(h_1+h_2)$ $= \sqrt{(p-a)(p-b)(p-c)(p-d) - abcd\cos\varphi}$ $p = \dfrac{1}{2}(a+b+c+d)$ $\varphi = \dfrac{1}{2}(\angle A + \angle C)$ 或 $= \dfrac{1}{2}(\angle D + \angle C)$	

3. 内接多边形平面面积

内接多边形平面面积计算公式见表4-3。

表4-3　内接多边形平面面积计算公式

图形	面积（A）	重心
正五边形	$A = 2.3777R^2 = 3.6327r^2$ $a = 1.1756R$	内接圆圆心
正六边形	$A = \dfrac{3\sqrt{3}a^2}{2} = 2.5981a^2$ $= 2.5981R^2 = 2\sqrt{3}r^2$ $= 3.4641r^2$ $R = a = 1.155r$ $r = 0.866a = 0.866R$	内接圆圆心
正七边形	$A = 2.7365R^2 = 3.3714r^2$	内接圆圆心

续表

图形		面积（A）	重心
正八边形		$A=4.828a^2=2.828R^2$ $=3.314r^2$ $R=1.307a=1.082r$ $r=1.207a=0.924R$ $a=0.765R=0.828r$	内接圆圆心
正多边形		$\alpha=360°/n$，$\beta=180°-\alpha$ $a=2\sqrt{R^2-r^2}$ $A=\dfrac{nar}{2}=\dfrac{na}{2}\sqrt{R^2-\dfrac{a^2}{4}}$ $R=\sqrt{r^2+\dfrac{a^2}{4}}$，$r=\sqrt{R^2-\dfrac{a^2}{4}}$	内接圆圆心

注：表中符号 A 为面积；α、β 为角度；a、b 为边长；R 为外接圆半径；n 为边数；r 为内切圆半径。

4. 圆形、椭圆形平面面积

圆形、椭圆形平面面积计算公式见表4-4。

表4-4　圆形、椭圆形平面面积计算公式

图形		尺寸符号	面积（A）、表面积（S）	重心（G）
圆形		r——半径；d——直径；p——圆周长	$A=\pi r^2=\dfrac{1}{4}\pi d$ $=0.785d^2=0.07958p^2$ $p=\pi d$	在圆心上
椭圆形		a、b——主轴	$A=\dfrac{\pi}{4}ab$	在主轴交点 G 上
扇形		r——半径；l——弧长；α——弧的对应中心角	$A=\dfrac{1}{2}rl=\dfrac{\alpha}{360}\pi r^2$ $l=\dfrac{\alpha\pi}{180}r$	$GO=\dfrac{2}{3}\cdot\dfrac{rb}{l}$ 当 $\alpha=90°$ 时， $GO=\dfrac{4}{3}\dfrac{\sqrt{2}}{\pi}r=0.6r$
弓形		r——半径；l——弧长；α——中心角；b——弦长；h——高	$A=\dfrac{1}{2}r^2\left(\dfrac{\alpha\pi}{180}-\sin\alpha\right)$ $=\dfrac{1}{2}[r(l-b)+bh]$ $l=r\alpha\dfrac{\pi}{180}=0.0175r\alpha$ $h=r-\sqrt{r^2-\dfrac{1}{4}\alpha^2}$	$GO=\dfrac{1}{12}\cdot\dfrac{b^2}{A}$ 当 $\alpha=90°$ 时， $GO=\dfrac{4r}{3\pi}=0.4244r$
圆环		R——外半径；r——内半径；D——外直径；d——内直径；t——环宽；D_{pj}——平均直径	$A=\pi(R^2-r^2)$ $=\dfrac{\pi}{4}(D^2-d^2)$ $=\pi D_{pj}t$	在圆心 O 上

续表

图形		尺寸符号	面积（A）、表面积（S）	重心（G）
部分圆环		R——外半径； r——内半径； D——外直径； d——内直径； t——环宽； R_{pj}——圆环平均直径	$A=\dfrac{\alpha\pi}{360}(D^2-r^2)$ $=\dfrac{\alpha\pi}{360}R_{pj}t$	$GO=38.2\dfrac{R^3-r^3}{R^2-r^2}$ $\times\dfrac{\sin\dfrac{\alpha}{2}}{\dfrac{\alpha}{2}}$
抛物线形		b——底边长； h——高； l——曲线长； s——△ABC的面积	$l=\sqrt{b+1.3333h^2}$ $A=\dfrac{2}{3}bh=\dfrac{4}{3}s$	—

5. 多面体体积和表面积

多面体体积和表面积计算公式见表4-5。

表4-5　多面体体积和表面积计算公式

图形		尺寸符号	体积（V）、底面积（F）、 表面积（S）、侧表面积（S_1）	重心（G）
立方体		a——棱长； d——对角线	$V=a^2$ $S=6a^2$ $S_1=4a^2$	在对角线交点上
长方体		a、b、h——边长； O——底面对角线交点	$V=a\cdot b\cdot h$ $S=2(ab+ah+bh)$ $S_1=2h(a+b)$ $d=\sqrt{a^2+b^2+h^2}$	$GO=\dfrac{h}{2}$
三棱体		a、b、c——边长； h——高； O——底面对角线交点	$V=F\cdot h$ $S=(a+b+c)\cdot h+2F$ $S_1=2h(a+b+c)$	$GO=\dfrac{h}{2}$
棱锥		f——一个组合三角形的面积； n——组合三角形个数； O——椎体各对角线交点	$V=\dfrac{1}{3}F\cdot h$ $S=nf+F$ $S_1=nf$	$GO=\dfrac{h}{4}$

续表

图形		尺寸符号	体积（V）、底面积（F）、表面积（S）、侧表面积（S_1）	重心（G）
正六角柱		a——底边长； h——高； d——对角线	$V=\frac{3\sqrt{3}}{2}a^2h=2.5981a^2h$ $S=3\sqrt{3}a^2+6ah$ $\quad=5.1962a^2+6ah$ $S_1=6ah$ $d=\sqrt{h^2+4a^2}$	$GQ=\frac{h}{2}$ （P、Q 分别为上下底重心）
棱台		F_1、F_2——两平行底面的面积； h——上下面间的距离； a——一个组合梯形面积； n——组合梯形个数	$V=\frac{1}{3}h\left(F_1+F_2+\sqrt{F_1F_2}\right)$ $S=an+F_1+F_2$ $S_1=an$	$GQ=\frac{h}{4}\times$ $\frac{F_1+2\sqrt{F_1F_2}+3F_2}{F_1+\sqrt{F_1F_2}+\sqrt{F_2}}$
圆柱体		r——底面半径； h——高	$V=\pi r^2h$ $S=2\pi r(r+h)$ $S_1=2\pi rh$	$GQ=\frac{h}{2}$ （P、Q 分别为上下底重心）
空心圆柱体		R——外半径； r——内半径； $\overline{R}$——平均半径； t——管壁厚度； h——高	$V=\pi h(R^2-r^2)=2\pi \overline{R}th$ $S=M+2\pi(R^2-r^2)$ $S_1=2\pi h(R+r)=4\pi h\overline{R}$	$GQ=\frac{h}{2}$
斜截直圆柱		h_1——最小高度； h_2——最大高度； r——底面半径	$V=\pi r^2\frac{h_1+h_2}{2}$ $S=\pi r(h_1+h_2)+$ $\quad \pi r^2\times\left(1+\frac{1}{\cos\alpha}\right)$ $S_1=\pi r(h_1+h_2)$	$GQ=\frac{h_1+h_2}{4}+$ $\frac{r^2\tan^2\alpha}{4(h_1+h_2)}$ $GK=\frac{r^2\tan\alpha}{2(h_1+h_2)}$
圆锥体		r——底面半径； h——高； l——母线长	$V=\frac{1}{3}\pi r^2h$ $S_1=\pi r\sqrt{r^2+h^2}=\pi rl$ $l=\sqrt{r^2+h^2}$ $S=S_1+\pi r^2$	$GO=\frac{h}{4}$
圆台		R、r——底面半径； h——高； l——母线长	$V=\frac{\pi h}{3}(R^2+r^2+Rr)$ $S_1=\pi l(R+r)$ $l=\sqrt{(R-r)^2+h^2}$ $S=S_1+\pi(R^2+r^2)$	$GQ=$ $\frac{h(R^2+2Rr+3r^2)}{4(R^2+Rr+r^2)}$ （P、Q 分别为上下底圆心）

续表

图形		尺寸符号	体积（V）、底面积（F）、表面积（S）、侧表面积（S_1）	重心（G）
球		r——半径； d——直径	$V=\dfrac{4}{3}\pi r^3=\dfrac{\pi d^3}{6}=0.5236d^3$ $S=4\pi r^2=\pi d^2$	在球心上
球扇形		r——球半径； a——弓形底圆半径； h——拱高； α——锥角（弧度）	$V=\dfrac{2}{3}\pi r^2 h\approx 2.0944 r^2 h$ $S=\pi r(2h+a)$ 侧表面（锥面部分）： $S_1=\pi\alpha r$	$GO=\dfrac{3}{8}(2r-h)$
球冠		r——球半径； a——拱底圆半径； h——拱高	$V=\dfrac{\pi h}{6}(3a^2-h)$ $=\dfrac{\pi h^2}{3}(3r-h)$ $S=\pi(2rh+a^2)$ $=\pi(h^2+2a^2)$ 侧面积（球面部分）： $S_1=2\pi rh=\pi(a+h^2)$	$GO=\dfrac{3(2r-h)^2}{4(3r-h)}$
圆环体		R——圆环体平均半径； D——圆环体平均直径； d——圆环体截面直径； r——圆环体截面半径	$V=2\pi^2 Rr^2$ $=\dfrac{1}{4}\pi^2 Dd^2$ $S=4\pi^2 Rr=\pi^2 Dd$ $=39.478Rr$	在环中心上
球带体		R——球半径； r_1、r_2——底面半径； h——腰高； h_1——球心 O 至下底圆心 O_1 的距离	$V=\dfrac{\pi h}{6}(3r_1^2+3r_2^2+h^2)$ $S_1=2\pi Rh$ $S=2\pi Rh+\pi(r_1^2+r_2^2)$	$GO=h_1+\dfrac{h}{2}$
桶形		D——中间断面直径； d——底直径； l——桶高	对于抛物线形桶板 $V=\dfrac{\pi l}{15}\left(2D^2+Dd+\dfrac{3}{4}d^2\right)$ 对于圆形桶板 $V=\dfrac{\pi l}{12}(2D^2+d^2)$	在轴交点上
椭球体		a、b、c——半轴	$V=\dfrac{4}{3}abc\pi$ $S=2\sqrt{2}\cdot b\cdot\sqrt{a^2+b^2}$	在轴交点上

续表

图形		尺寸符号	体积（V）、底面积（F）、表面积（S）、侧表面积（S_1）	重心（G）
交叉圆柱体		r——圆柱半径； l_1、l——圆柱长	$V=\pi r^2\left(l+l_1-\dfrac{2r}{3}\right)$ $r=\dfrac{d}{2}$	在两轴线交点上
截头方锥体		a'、b'、a、b——上下底边长； h——高； a_1——截头棱长	$V=\dfrac{h}{6}[ab+(a+a')(b+b')+a'b']$ $a_1=\dfrac{a'b-ab'}{b-b'}$	$GQ=\dfrac{PQ}{2}\times$ $\dfrac{ab+ab'+a'b+3a'b'}{2ab+ab'+a'b+2a'b'}$ （P、Q分别为上下底重心）
弹簧		A——截面积； x——圈数	$V=Ax\sqrt{9.8695D^2+P^2}$	—
楔形体		a、b——下底边长； c——棱长； h——棱与底边距离（高）	$V=\dfrac{(2a+c)bh}{6}$	—

4.2 定额工程量计算

编制预算时要算出每个项目相应的工程数量，并一一填入项目表的相应栏目内。一般情况下，工程量分别由各部分的设计人员提供。作为预算编制人员，应复核设计人员提供的工程量计算结果，确认无误后方能使用。

4.2.1 路基工程的工程量计算

路基工程在预算项目表中包含场地清理、路基挖方、路基填方、结构物台背回填、特殊路基处理、排水工程、路基防护与加固工程、路基其他工程等工程细目。

1. 土方、石方

（1）路基工程设计图纸给出的土、石方数量。

路基横断面设计图所显示的挖填方工程量，一般称为"断面方"，按路线中线长度乘以核定的断面面积计。断面方中包含填方与挖方，填方是按压实后的体积计算，称为压实方；挖方是按天然密实体积计算，称为天然密实方。实践表明，天然密实的1m³土体开挖运来填筑路堤，并不等于1m³的压实方。公路工程定额规定：当以填方压实体积为工程量，采用天然密实方为计量单位的定额时，所采用定额应乘以调整系数。由于调整系数的采用，应在路基土、石方工程数量的计算及填挖平衡调运过程中充分注意和考虑，不应简单地只按断面方进行调配。

土、石方体积计算方法分为平均断面法和平均距离法。

① 平均断面法：按照线路测量里程，分段计算。

$$V=\frac{F_1+F_2}{2}\times L \tag{4-1}$$

② 平均距离法：按照线路里程分段，用前后两个断面之间的平均距离乘以断面面积为该段之土、石方体积。

$$V=\frac{L_1}{2}\times F_1+\frac{L_1+L_2}{2}\times F_2+\frac{L_2}{2}\times F_3 \tag{4-2}$$

现行《公路工程国内招标文件范本》中规定，土方体积可采用平均断面法计算，但与似棱体公式计算结果比较，如误差超过±5%，工程师可指示采用似棱体公式。工程量一般由设计图纸提供填、挖方数量。同时应注意由施工组织设计提出而设计图纸中不能提供的工程数量，如清除表土、零填地段的地基压实回填及路基沉陷需增加的土、石方数量等。

（2）由施工组织设计提出，并入路基填方数量内的计算。

① 清除表土或零填地段的基底压实，耕地填前夯（压）实后，回填至原地面标高所需的土、石方数量。

② 因路基沉陷需增加的土、石方数量。

先计算天然土因压实而产生的沉降量 h：

$$h=p/c \tag{4-3}$$

式中　h——天然土因压实而产生的沉降量（cm）；

　　　p——有效作用力（N/cm²），一般按 12～15t 压路机的有效作用力 $p=66\text{kN/cm}^2$；

　　　c——土的抗沉陷系数（N/cm³），其值见表 4-6。

表 4-6　土的抗沉陷系数表

原状土的名称	(N/cm³)	原状土的名称	(N/cm³)
沼泽土	1～1.5	大块胶结的砂、潮湿的黏土	3.5～6.0
凝滞土、细粒砂	1.8～2.5	坚实的黏土	10.0～12.5
松砂、松湿黏土、耕土	2.5～3.5	泥灰石	13.0～18.0

然后计算填方数量，碾压天然土地面的面积乘以沉降量就是需增加的填方数量。即

$$Q=Fh \tag{4-4}$$

式中　Q——增加的填方数量（m³）；

　　　F——填前压（夯）实的天然土的地面面积（m²）；

　　　h——沉降量（m）。

计算出的 Q 值应计入设计填方数量。

③ 路基因加宽所应增加的土、石方数量。

填筑路堤时，为保证路基边缘有足够的压实度，一般在施工时需超出设计宽度填

筑，为使路基边缘达到压实标准，设计时应根据具体情况予以增加。《公路路基施工技术规范》明确规定："整修用机械填筑的路堤表面时，应将其两侧超填的宽度切除，超填宽度的允许值为：砂性土 0.20～0.30m，粉性土 0.15～0.20m，黏性土 0.10～0.20m"。

采用机械碾压时，路基每边加宽的填筑宽度视路堤填筑高度而定，通常在 20～50cm 之间，路基加宽填筑部分如需清除时，按土方运输定额计算。需填宽的土方量一般可用下列公式计算：

$$宽填土方量＝填方区边缘全长×边坡平均坡长×宽填厚度 \qquad (4-5)$$

[例 4.1] 某高速公路路基工程，全长 20km，按设计断面计算的填缺为 6000000m³，无利用方，平均填土高度为 5.0m，平均边坡长度为 10.5m，宽填厚度 0.2m，路基平均占地宽 45m，路基占地及取土坑均为耕地，土质为Ⅲ类土，填前以 12t 压路机压实耕地。试计算：填前压实增加土方量为多少？路基宽填增加土方量多少？总计计价方量（压实方）？

解：① 填前压实耕地增加的土方量。

由表 4-6 查得 $c＝3.5N/cm^3$，$p＝66cm^2$。

由式（4-3）、式（4-4）算得：$h＝66/3.5＝18.86$（cm）

$$Q＝45×20000×0.1886＝169740 （m^3）$$

② 路基宽填增加土方量。

由式（4-5）算得：宽填土方量＝10.5×20000×0.2×2＝84000（m³）

③ 总计计价方量（压实方）。

$$6000000＋169740＋84000＝6253740 （m^3）$$

2. 特殊路基处理

路基工程的特殊路基处理包括软弱地基处理、过水塘段处理等。软弱地基处理有各种方法，通常采用的有各种形式的预压处理、砂桩、砂垫层、土工布处理、塑料排水板处理、石灰砂桩处理等。对应要计算的工程数量包括：预压土方数量、卸载土方数量、各种换填土数量、砂砾泄水层数量、砂垫层数量、挤密砂桩数量、轻型井点使用数量、振冲碎石桩数量、塑料排水板长度、土工布使用平方数等。过水塘段处理常使用围堰抽水（或井点降水）和清淤换填土（或水泥土）处理、抛石挤淤处理方法。其工程量计算包括各种高度的围堰长度、抽水机抽水台班、井点使用情况、清除淤泥数量、换填土数量、抛石挤淤抛石量等。计算工程数量时，应按工程量计算规则进行。

3. 排水设施工程量

排水设施根据其结构的不同，按不同的方法进行工程量计算。

（1）砌筑工程的工程量为砌体的实际体积，包括构成砌体的砂浆体积。

（2）预制混凝土构件的工程量为预制构件的实际体积，不包括预制构件中空心部分的体积。

（3）挖截水沟、排水沟的工程量为设计水沟断面积乘以水沟长度与水沟圬工体积之和。

（4）路基盲沟、中央分隔带盲沟（纵向、横向）的工程量按设计的工程内容计算。

(5) 轻型井点降水定额按 50 根井管为一套，不足 50 根的按一套计算。井点使用天数按日历天数计算，使用时间按施工组织设计确定。

4. 防护工程量

(1) 铺草皮工程量按所铺边坡的坡面面积计算。

(2) 护坡定额中以 100m² 或 1000m² 为计量单位的子目工程量，按设计需要防护的边坡坡面面积计算。

(3) 木笼、竹笼、铁丝笼填石护坡的工程量按填石体积计算。

(4) 本章定额砌筑工程的工程量为砌体的实际体积，包括构成砌体的砂浆体积。

(5) 本章定额预制混凝土构件的工程量为预制构件的实际体积，不包括预制构件中空心部分的体积。

(6) 预应力锚索的工程量为锚索（钢绞线）长度与工作长度的质量之和。

(7) 抗滑桩挖孔工程量按护壁外缘所包围的面积乘以设计孔深计算。

4.2.2 路面工程的工程量计算

路面工程在预算项目表中按面层类型及低级、中级、次高级、高级的顺序排列，包括泥结碎（砾）石路面、沥青贯入式路面、路拌沥青碎石路面、沥青混凝土路面、水泥混凝土路面等，其工程量计算除沥青混合料路面、厂拌基层稳定土混合料运输、自卸车运输碾压水泥混凝土以 1000m³ 路面实体为计算单位外，其他均以 1000m² 为计量单位。路面项目中的厚度均为压实厚度，培路肩厚度为净培路肩的夯实厚度。

通常根据路面结构设计情况，需计算的路面工程量包括以下几种：

1. 旧路改造部分

旧路改造部分主要发生在使用《预算定额》的改（扩）建工程上，其工程数量计算主要有：

(1) 挖除旧路面，按设计提出的需要挖除的旧路面体积计算；

(2) 硬路肩工程项目，根据不同的设计层次结构，分别采用不同的路面定额项目进行计算。

(3) 铺砌水泥混凝土预制块人行道、路缘石、沥青路面镶边和土硬路肩加固定额中，均已包括水泥混凝土预制块的预制，使用定额时不得另行计算。

2. 新建公路部分

新建公路的路面根据路面结构层组合设计，按施工顺序从下向上计算工程数量，主要有：

(1) 挖路槽的面积和厚度，修筑泄水槽的长度。

(2) 培路肩的体积。

(3) 各种路面垫层的面积和厚度，计算时按设计需要铺设的路面垫层的顶面面积计算。

(4) 各种路面基层、底基层的面积和厚度，计算时按设计需要铺设的路面基层、底基层（分层铺筑时的每层）的顶面面积计算。

(5) 各种路面面层涂沥青混合料路面按设计路面混合料的实体体积计算外，其他路面均按设计需要铺设的路面面层（每层）的顶面面积计算。

(6) 透层、黏层、封层的面积按设计需要铺设的面积计算,透层和封层一般按基层顶面面积计算,黏层按需要铺设黏层油的两面层的下层的顶面面积计算。

(7) 水泥混凝土路面的补强钢筋及拉杆、传力杆、钢筋网等用量按设计需要的质量计算。

(8) 厂拌稳定土混合料、沥青混合料及水泥混凝土运输按设计路面混合料的实体体积计算。

路面工程的列项分别按行车道、硬路肩、土路肩的结构组织进行,并分别计算各部分的工程数量。

4.2.3　隧道工程的工程量计算

隧道工程构造物一般具有较规则的几何形体,或者可以将其划分为简单的几何形体组成的实体,通过计算几何图形的面积、体积来确定该实体结构的工程量。

1. 洞门土石方

洞门挖基、仰坡及天沟开挖、明洞明挖土石方等,按路基土石方计算。

2. 洞门

洞门墙工程量为主墙和翼墙等圬工体积之和。仰坡、截水沟等应按有关定额另行计算。洞门工程的工程量均按设计工程数量计算。

3. 洞身开挖

洞身开挖、出渣工程量按设计断面数量(成洞断面加衬砌断面)计算,包含洞身及所有附属洞室的数量,定额中已考虑超挖因素,不得将超挖数量计入工程量。

4. 支护和衬砌

(1) 现浇混凝土衬砌中浇筑、运输的工程数量均按设计断面衬砌数量计算,包含洞身及所有附属洞室的衬砌数量。定额中已综合因超挖及预留变形需回填的混凝土数量,不得将上述因素的工程量计入计价工程量中。

(2) 喷射混凝土的工程量按设计厚度乘以喷射面积计算,喷射面积按设计外轮廓线计算。

(3) 砂浆锚杆工程量为锚杆、垫板及螺母等材料质量之和;中空注浆锚杆、自进式锚杆的工程量按锚杆设计长度计算。

(4) 格栅钢架、型钢钢架、连接钢筋工程数量按钢架的设计质量计算。

(5) 管棚、小导管的工程量按设计钢管长度计算,当管径与定额不同时,可调整定额中钢管的消耗量。

5. 防排水

(1) 防水板、明洞防水层的工程数量,按设计敷设面积计算。

(2) 止水带(条)、盲沟、透水管的工程数量,均按设计数量计算。

(3) 横向塑料排水管按每测隧道设计的铺设长度计算;纵向弹簧管按隧道纵向每侧铺设长度之和计算;环向盲沟按隧道横断面敷设长度计算。

4.2.4　桥梁涵洞工程的工程量计算

桥梁涵洞工程包括开挖基坑,围堰、筑岛及沉井,打桩,灌注桩,砌筑,现浇混凝土及钢筋混凝土,预制、安装混凝土及钢筋混凝土构件,构件运输,拱盔、支架,钢结构和杂项工程等项目。

1. 工程量计算一般规则

(1) 现浇混凝土、预制混凝土、构件安装的工程量为构筑物或预制构件的实际体积,不包括其中空心部分的体积,钢筋混凝土项目的工程量不扣除钢筋(钢丝、钢绞线)、预埋件和预留孔道所占的体积。

(2) 构件安装定额中在括号内所列的构件体积数量,表示安装时需要备制的构件数量。

(3) 钢筋工程量为钢筋的设计质量,定额中已计入施工操作损耗,一般钢筋因接长所需增加的钢筋质量已包括在定额中,不得将这部分质量计入钢筋设计质量内。但对于某些特殊的工程,必须在施工现场分段施工采用搭接接长时,其搭接长度的钢筋质量未包括在定额中,应在钢筋的设计质量内计算。

2. 基坑开挖

基坑开挖数量按干处和湿处分别计算其数量。需要抽水的基坑应计算所需要的抽水台班;在土质较差的基坑开挖地点,应计算所需要的基坑挡板数量,支挡面积按实际面积计算。

(1) 基坑开挖工程量,按基坑容积计算。其计算按式(4-6)、式(4-7)进行。

$$V = h/6 \times [ab + (a+a_1)(b+b_1) + a_1 b_1] \quad \text{(基坑为平截方锥时)} \quad (4-6)$$
$$V = \pi h/3 \times (R^2 + Rr + r^2) \quad \text{(基坑为截头圆锥时)} \quad (4-7)$$

(2) 基坑挡土板的支挡面积,按坑内需支挡的实际侧面积计算。

3. 围堰、筑岛及沉井工程

(1) 围堰。桥梁施工中所用的围堰包括:草土、草袋、麻袋、竹笼、套箱、钢板桩等形式,其使用根据《公路桥涵施工技术规范》确定。对于草土、草袋、麻袋、竹笼等围堰,需计算其长度并确定其高度;套箱、钢板桩围堰需计算其金属构件重量和接头数量。

① 草土、塑料编织袋、竹笼围堰长度按围堰中心长度计算,高度按施工水深加 0.5m 计算。木笼铁丝围堰实体为木笼所包围的体积。

② 套箱围堰的工程量为套箱金属结构的质量。套箱整体下沉时,悬吊平台的钢结构及套箱内支撑的钢结构均已综合在定额中,不得作为套箱工程量进行计算。

(2) 筑岛。筑岛数量需计算其筑岛实体数量。

(3) 沉井。沉井按照其结构形式可分为重力式沉井、钢丝网水泥薄壁浮运沉井、钢壳沉井等。

① 沉井制作的工程量:重力式沉井为设计图纸井壁及隔墙混凝土数量;钢丝网水泥薄壁浮运沉井为刃脚及骨架钢材的质量,但不包括铁丝网的质量;钢壳沉井的工程量为钢材的总质量。

② 沉井下沉定额的工程量按沉井刃脚外缘所包围的面积乘以沉井刃脚下沉入土深度计算。沉井下沉按土石所在的不同深度分别采用不同下沉深度的定额。定额中的下沉深度指沉井顶面到作业面的高度。定额中已综合了溢流(翻砂)的数量,不得另加工程量。

③ 沉井浮运、接高、定位落床定额的工程量为沉井刃脚外缘所包围的面积，分节施工的沉井接高的工程量应按各节沉井接高工程量之和计算。

(4) 地下连续墙导墙。地下连续墙导墙的工程量按设计需要设置的导墙混凝土体积计算；成槽和墙体混凝土的工程量按地下连续墙设计长度、厚度和深度的乘积计算；锁口管吊拔和清底置换的工程量按地下连续墙的设计槽段数（指槽壁单元槽段）计算；内衬的工程量按设计需要的内衬混凝土体积计算。

4. 打桩工程

(1) 打钢筋混凝土桩。打预制钢筋混凝土方桩和管桩的工程量，应根据设计尺寸及长度以体积计算（管桩的空心部分应予以扣除）。设计中规定凿去的桩头部分数量，应计入设计工程量内。

(2) 打钢板桩。打钢板桩的工程量按设计需要的钢板桩质量计算。

所有的打桩工程应计算所需的各种平台面积。

5. 灌注桩工程

灌注桩工程包括挖孔、护筒制作与埋设、灌注桩混凝土及钢筋制作、工作平台搭设等内容，需分别计算各种孔径下挖钻孔深度、干处和水中钢护筒重量、灌注桩混凝土数量和钢筋数量、工作平台面积。

(1) 灌注桩成孔工程量，按设计入土深度计算。定额中的孔深指护筒顶至桩底（设计标高）的深度。造孔定额中同一孔内的不同土质，不论其所在的深度如何，均采用总孔深定额。

(2) 人工挖孔的工程量，按护筒外缘（护壁）所包围的面积乘以设计孔深计算。

(3) 灌注桩混凝土工程量，"灌注桩混凝土"混凝土定额中已综合考虑了混凝土的扩孔数量和超灌数量（包括超灌部分及钻孔超钻部分），使用定额时其计价工程量应为设计桩长乘以设计桩径进行计算，不应将扩孔数量和超灌数量计入灌注桩混凝土的工程数量内；桩基检测管定额的计价工程量应按设计需要安装的检测管重量进行计算，工程内容包括制作、安装。桩的检测费含在编制办法的施工辅助费中，无需单独计算。

(4) 灌注桩工作平台工程量，按施工组织设计需要的面积计算。

(5) 钢护筒的工程量，按护筒的设计质量计算。设计质量为加工后的成品质量，包括加劲肋及连接用法兰盘等全部钢材质量。当设计提供不出钢护筒的质量时，可按表4-7中的质量计算，桩径不同时可以内插计算。

表 4-7　每米护筒参考质量

桩径（cm）	100	120	150	200	250	300	350
护筒单位质量（kg/m）	267.0	290.0	568.0	919.0	1504.0	1961.0	2576.0

另外，需注意以下几点：

① 钢护筒定额中，干处埋设按护筒设计质量的周转摊销量计入定额中，使用定额时，不得另行计算。水中埋设则按全部设计质量计入定额中，可根据设计确定的回收量按规定计算回收金额，所以必须根据实地调查的水位，计算出钢护筒在干处和水中的数量及质量。

② 护筒顶面应高于地下水位或施工最高水位 1.5~2.0m，在旱地时还应高出地面 0.5m。护筒底面应低于施工最低水位，且应下沉至稳定土层中一定深度：黏性土应达到 0.5~1.0m，砂性土应达 3.0~4.0m。护筒的长度应按实际情况计算。

6. 砌筑工程

砌筑工程包括基础、台、墙、拱圈、截水墙、实体式墩、锥坡等各种形式的砌石或混凝土块砌筑，需相应计算其砌筑的圬工数量和必须配备的支架和拱盔数量。

7. 现浇混凝土及钢筋混凝土工程

现浇混凝土及钢筋混凝土工程包括：现浇基础、承台及支撑梁，实体式、柱式、框架和肋型埋置式等墩台身、墩台帽及拱座，盖梁及耳背墙，索塔，箱涵，板桥上部结构，简支 T 形梁上部结构，预应力箱梁上部构造，拱上部结构，桥面铺装等工程内容。根据结构设计分别计算各组成部分的混凝土数量和钢筋数量及必须配备的支架、拱盔等数量。

8. 预制、安装混凝土及钢筋混凝土构件

（1）预制、安装混凝土及钢筋混凝土构件包括：预制桩；预制、安装排架立柱、柱式墩台管节；预制、安装圆管涵、箱涵；预制、安装矩形板、空心板、少筋微弯板、连续板；预制、安装 T 形梁、I 形梁、空心板梁、预应力组合箱梁及连续梁；预制、安装双曲拱桥构件，桁架拱桥等工程内容。其工程量计算根据桥涵的结构设计确定，计算相应的混凝土、钢筋、预应力钢筋或钢绞线数量。对于安装时所必需的导梁等设备数量，根据结构形式和预制构件重量参照《预算定额》确定。

（2）工程量计算规则。

① 预制构件的工程量为构件的实际体积（不包括空心部分的体积），但是预应力构件的工程量为构件预制体积与构件端头封锚混凝土的数量之和，预制空心板的空心堵头混凝土工程量已综合在预制定额内，在计算工程量时，不应再计列这部分混凝土的工程量。

② 使用定额时，构件的预制数量应为安装定额中括号内所列的构件备制数量。

③ 安装的工程量为安装构件的体积。

④ 构件安装时的现浇混凝土，其工程量为现浇混凝土和砂浆的数量之和。但如在安装定额中已计列砂浆消耗的项目，则在工程量中不应再计列砂浆的数量。

⑤ 预制、悬拼预应力箱梁临时支座的工程量为临时支座中混凝土及硫磺砂浆的体积之和。

⑥ 移动模架的质量包括托架（牛腿）、主梁、鼻梁、横梁、吊架、工作平台及爬梯的质量，不包括液压构件和内外模板（含模板支撑系统）的质量。

⑦ 预应力钢绞线、预应力精轧螺纹粗钢筋的工程量为锚固长度与工作长度的质量之和。

⑧ 先张钢绞线质量为设计图纸质量，定额中已包括钢绞线损耗及预制场构件间的工作长度及张拉工作长度。

⑨ 缆索吊装的索跨指两塔架间的距离。

9. 构件运输

构件运输有载重汽车运输、平板拖车运输、轨道平车运输、驳船运输、缆索运输等运输形式，具体采用什么运输形式根据构件重量和现场实际情况确定。如集中预制的预应力混凝土空心板梁一般采用平板拖车运输。对于运输过程中必须具备的条件如龙门架、扒杆等应计算其相应需要数量。

10. 拱盔和支架工程

在拱桥施工中，需使用到拱盔，拱盔的工程量按其拱线以上的弓形侧面积计算；现浇板梁等需使用桥梁支架，其计算按立面积和孔数进行。

（1）涵洞拱盔支架及板涵支架工程量的计算规定。

涵洞拱盔支架、板涵支架定额单位的水平投影面积为涵洞长度乘以净跨径。

（2）桥梁拱盔工程量的计算规定。

桥梁拱盔定额单位的立面积，是指起拱线以上的弓形侧面积，其工程量按式（4-8）及表4-8计算。

$$F = K \times (净跨)^2 \tag{4-8}$$

表 4-8 系数 K

拱矢度	1/2	1/2.5	1/3	1/3.5	1/4	1/4.5	1/5	1/5.5
K	0.393	0.298	0.241	0.203	0.172	0.154	0.138	0.125
拱矢度	1/6	1/6.5	1/7	1/7.5	1/8	1/9	1/10	
K	0.113	0.104	0.096	0.090	0.084	0.076	0.067	

（3）桥梁支架工程量和支架高度的计算规定。

梁支架定额单位的立面积为桥梁净跨径乘以高度；拱桥高度为起拱线以下至地面的高度，梁式桥高度为墩、台帽至地面的高度，这里的地面指支架地梁的底面。

（4）钢拱架工程量的计算规定和设备摊销费的调整规定。

钢拱架的工程量为钢拱架及支座金属构件的重量之和，其设备摊销费按4个月计算，若实际使用期与定额不符时可予以调整。

（5）钢管支架的含义，支架中上部、下部的划分规定以及支架程工程量的计算规定。

钢管支架定额指采用直径大于30cm的钢管作为立柱，在立柱上采用金属构件搭设水平支撑平台的支架，其中下部指立柱顶面以下部分，上部指立柱顶面以上部分。下部工程量按立柱质量计算，上部工程量按支架水平投影面积计算。

（6）支架预压工程量的计算规定。

支架预压的工程量按支架上现浇混凝土的体积进行计算。

11. 钢结构工程

（1）定位钢支架质量为定位支架型钢、钢板、钢管质量之和，以t为单位计算。

（2）锚固拉杆质量为拉杆、连接器、螺母（包括锁紧和球面）、垫圈（包括锁紧和球面）质量之和，以t为单位计算。

（3）锚固体系环氧钢绞线质量以t为单位计算。本章定额包括了钢绞线张拉的工作长度。

（4）塔顶门架质量按门架型钢质量，以t为单位计算。钢格栅按钢格栅和反力架质量之和，以t为单位计算。主索鞍质量包括承板、鞍体、安装板、挡块、槽盖、拉杆、隔板、锚梁、锌质填块的质量，以 t 为单位计算。散索鞍质量包括底板、底座、承板、鞍体、压紧梁、隔板、拉杆、锌质填块的质量，以 t 为单位计算。主索鞍定额按索鞍顶推按 6 次计算；如顶推次数不同，则按人工每 10t·次 1.8 工日进行增减。鞍罩为钢结构，以套为单位计算，1 个主索鞍处为 1 套。鞍罩的防腐和抽湿系统费用需另行计算。

（5）牵引系统长度为牵引系统所需的单侧长度，以 m 为单位计算。

（6）猫道系统长度为猫道系统的单侧长度，以 m 为单位计算。

（7）索夹质量包括索夹主体、螺母、螺杆、防水螺母、球面垫圈质量，以 t 为单位计算。

（8）缠丝以主缆长度扣除锚跨区、塔顶区、索夹处无须缠丝的主缆长度后的单侧长度，以 m 为单位计算。

（9）缆套包括套体、锚碇处连接件、标准镀锌紧固件质量，以 t 为单位计算。

（10）钢箱梁质量为钢箱梁（包括箱梁内横隔板）、桥面板（包括横肋）、横梁、钢锚箱质量之和。

（11）钢拱肋的工程量以设计质量计算，包括拱肋钢管、横撑、腹板、拱脚处外侧钢板、拱脚接头钢板及各种加劲块，不包括支座和钢拱肋内的混凝土质量。

12. 杂项工程

桥梁涵洞的杂项工程包括平整场地（预制场地）、锥坡填土、拱上填料、台背排水、防水层、涵管基层垫层、水泥砂浆勾缝及抹面、伸缩缝、泄水管、蒸汽养护室及蒸汽养护、大型预制构件底座、张拉台座、混凝土搅拌站及运输、泥浆循环系统、栈桥式码头、拆除旧建筑物等工程内容，其工程量计算根据设计文件和工期要求确定。

桥涵的列项计算通常按照基础、下部、上部、附属工程等进行。其相应的工程量按以上十个部分的计算结果分别归纳汇总。

4.2.5　材料平均运距计算

在计算材料费时，要涉及材料运距计算问题，《编制办法》规定："一种材料如有两个以上的供应点时，都应根据不同的运距、运量、运价采用加权平均的方法计算运费"。下面就材料供应经济范围的确定和平均运距的计算逐一介绍。

1. 运料终点的确定

由于路线工程是线形构造物，所以材料运料终点的确定对运距的确定影响极大。原则上，运料终点是工地仓库或工地堆料点。但是，当施工组织设计不能提供工地仓库或堆料地点的具体位置时，其运料终点可定为：

（1）独立大中桥为桥梁中心桩号，大型隧道为中心桩号，集中型工程为范围中心的桩号。

（2）路线工程，对于外购材料一般以路线中心点桩号作为运料终点，当工程用料分布不均衡时，可按加权平均法确定某种材料的卸料重心位置作为运料终点；对于自采材料，则应根据料场供应范围及各工程点用料量、距料场运距等情况具体计算确定。

2. 材料供应范围的确定

自采材料料场对路线经济范围的划分，有两种方法可供选择，即最大运距相等法和平均运距相等法。这两种方法的计算结果相差不大，下面介绍比较直观的最大运距相等法。

一条路线工程，在其沿线有多个供应同种材料的料场，则应在各相邻料场间确定一个经济供应分界点，即经济合理地确定各自采材料料场的经济供应范围。

料场供应范围的经济划分，与料场开采价格、沿路线（各段）各点的用料量、料场到卸料点的运距、运价等有关。

用最大运距相等法确定料场（或供料点）间的经济分界点 K 时，一般认为：

（1）各料场的开采价格（供应价格）相等。

（2）某种材料沿路线的用量是比较均匀的（个别用量特别大的路段材料用量超出平均用量的部分，应另按点式卸料方法计算其运距），而且设计阶段无法细算。

（3）各料场至用料地点间的运价是相等的。

按最大运距相等法确定料场间分界点的原则是：当 A 料场与 B 料场相邻，且料价、运价相等，沿线材料用量均匀，则 A、B 两料场至分界点 K 的运距相等（图 4-2）。

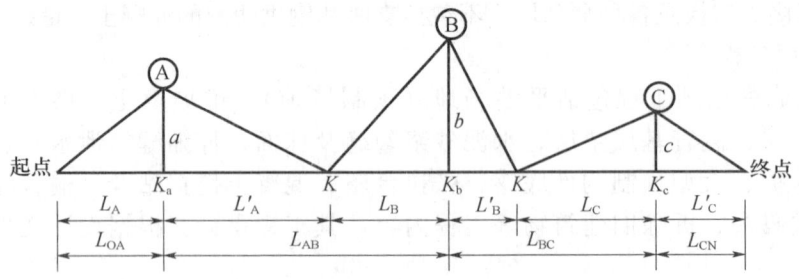

图 4-2 工程材料分布

如图，当 $a > (b + L_{AB})$ 时，取消 A 料场，由 B 料场供料；

当 $b > (a + L_{AB})$ 时，取消 B 料场，由 A 料场供料；

当 $a < (b + L_{AB})$ 或 $b < (a + L_{AB})$ 时，应确定两料场的经济分界点 K，其计算见式（4-9）：

$$L_{max} = a + L'_A \tag{4-9}$$

根据定义，则

$$L'_A = \frac{1}{2}[L_{AB} + (b - a)] \tag{4-10}$$

$$L'_B = \frac{1}{2}[L_{AB} - (b - a)] \tag{4-11}$$

式中 a——A 料场至上路桩号运距；

b——B 料场至上路桩号运距；

L_{AB}——A 料场支线上路点 K_a 至 B 料场支线上路点 K_b 之间的运距；

L'_A——K_a 点至 K 点运距；

L'_B——K 点至 K_b 点运距；

L_{max}——最大运距。

确定相邻料场间的经济分界点的注意事项：

（1）路线起点或终点之外无料场时，则路线的起点和终点为自然分界点；若有料场，则应视为路线供应料场之一，按上述方法确定经济分界点。

（2）计算运距时，要考虑断链影响。

（3）支线等运距以调查的实际运距为准（不是距离）。

（4）确定料场的取舍，尚应充分考虑料场开发、运输的可行性；还要考虑运料重载升坡的影响。

（5）若料场料价、运价差异很大时，可按两料场至分界点间加权最大运距相等的原则来划分。

[例 4.2] 某公路工程的料场分布如图 4-3 所示。已知 A 料场的上路桩号为 K2+100，支线运距 1.60km；B 料场上路桩号为 K7+900，支线运距 2.5km。试确定 A、B 料场间的经济分界点桩号。

解：由图 4-3 知：

$L_{AB}=7.9-2.1=5.8$（km）

$b-a=2.5-1.6=0.9$（km）

$L_A=0.5×(5.8+0.9)=3.35$（km）

$L_B=5.8-3.35=2.45$（km）

分界点 K_{AB} 桩号=（2+100）+（3+350）=K5+450

复核：1.6+3.35=2.5+2.45=4.95（km），正确。

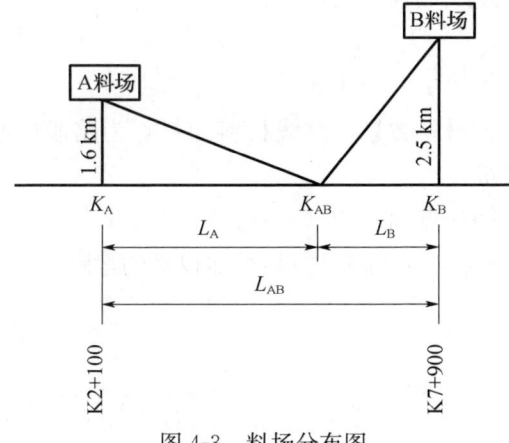

图 4-3 料场分布图

3. 路线材料平均运距计算

为了计算构成材料单价的运杂费，必须首先确定各种材料的平均运距。当一种材料有多个供应点时，必须首先确定各供应点的经济供应范畴；一种材料有多个卸料点时，必须计算其平均运距。

（1）自采材料平均运距计算。

当一种自采材料沿路线有多个供料点且有多个用料点时，可用下列两种方法确定该种材料的平均运距（图 4-4）。

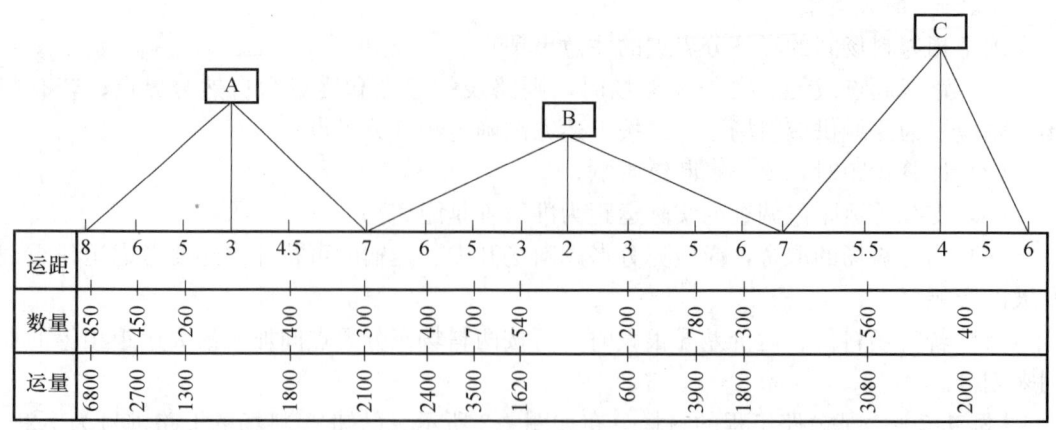

图 4-4 自采材料平均运距

① 加权平均法。

当料场供应范围及各卸料点的位置、运量定后，可按式（4-12）计算该种材料的全路线加权平均运距。

$$L = \frac{\sum_{i=1}^{n} M_i}{\sum_{i=1}^{n} Q_i} = \frac{\sum_{i=1}^{n} Q_i L_i}{\sum_{i=1}^{n} Q_i} \tag{4-12}$$

式中　L——某种材料全路线加权平均运距；

　　　n——卸料点个数；

　　　M_i——各卸料点材料运量（t·km）；

　　　Q_i——各卸料点某种材料数量，路线材料卸料点为路段中心，构造物用料卸料点为仓库或料堆；

　　　L_i——各供料点至卸料点间运距（km）。

[例 4.3]　试计算图 4-4 所示路段的某种加权平均运距。

解：

$$L = \frac{\sum_{i=1}^{n} Q_i L_i}{\sum_{i=1}^{n} Q_i} = \frac{6800 + 2700 + \cdots + 3080 + 2000}{850 + 450 + \cdots + 560 + 400} = 5.47 \text{(km)}$$

② 算术平均值法。

图 4-4 所示路线材料平均运距可采用算术平均值法计算：

$$L' = \frac{\sum_{i=1}^{n} L_i}{n} \tag{4-13}$$

式中　L'——某种材料全路线算术平均运距（km）。

其他符号意义同前。

[**例 4.4**] 试计算上例的算术平均运距。

解：

$$L' = \frac{\sum_{i=1}^{n} L_i}{n} = \frac{8+6+\cdots+5.5+5}{13} = 5.31(\text{km})$$

由上述两例可知，加权平均运距与算术平均运距仅相差 3% 左右，考虑到运距不一定经过测量，本身的误差就可能大于计算误差，特别是加权平均法需待各分项预算编完后才有条件计算运距，故在工程用料量分布大致均衡的情况下，用算术平均法较为简便。

(2) 外购材料平均运距计算。

外购材料一般只有一个供应点，却具有一个或多个用料点（仓库、料堆），如图 4-5 所示。

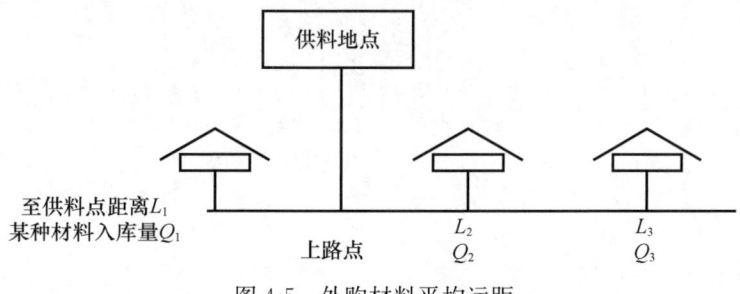

图 4-5　外购材料平均运距

外购材料平均运距可按式（4-14）和式（4-15）计算：

① 加权平均运距。

$$L' = \frac{\sum_{i=1}^{n} Q_i L_i}{\sum_{i=1}^{n} Q_i} \tag{4-14}$$

② 算术平均运距。

$$L' = \frac{\sum_{i=1}^{n} L_i}{n} \tag{4-15}$$

式中　L——某种外购材料全线加权平均运距（km）；
　　　n——卸料仓库（或料堆）个数；
　　　Q_i——某种材料各仓库入库量（t）；
　　　L_i——卸料仓库距供料地点运距（km）；
　　　L'——某种外购材料全线算术平均运距（km）。

▶│小　结

1. 公路工程定额工程量计算的基本方法。
2. 公路工程定额工程量如何计算？

3. 材料平均运距如何计算?

练习题

1. 在路基工程中,应根据施工组织设计的要求予以取定并计入路基填方数量内的几种土石数量是什么?

2. 路面实体计算单位是什么?

3. 举例说明材料平均运距计算。

第 5 章　公路工程预算文件

> **教学目标**
> 1. 掌握预算项目及预算文件组成。
> 2. 掌握预算文件的编制程序。
> 3. 掌握预算编制方法。

5.1　预算及文件组成

5.1.1　施工图预算的概念、基本规定

1. 基本概念

公路工程施工图预算，是根据公路工程施工图设计文件资料和施工组织设计内容，具体计算其全部建设费用的文件，是工程造价管理的重要环节，它是国家对公路基本建设实行科学管理和监督的一种重要手段。

现行的《公路工程建设项目概算预算编制办法》JTG 3830—2018（简称《编制办法》），于 2019 年 05 月 01 日正式施行。该《编制办法》的指导思想和基本原则是：结合公路行业的特点，为构建节约型公路行业，进一步适应公路交通建设发展的需要，合理确定和有效控制工程造价，提高公路建设项目工程造价的编制质量，规范工程造价文件的编制。

《编制办法》适用于编制新建、改（扩）建的公路工程建设项目设计概算和施工图预算。

2. 基本规定

编制概算、预算时应根据现行《公路工程概算定额》JTG/T 3831—2018 和《公路工程预算定额》JTG/T 3832—2018 规定的人工、材料与设备、机械台班消耗量和按《编制办法》规定的概算、预算编制时工程所在地的人工费工日单价、材料预算单价和施工机械台班单价计算出工程项目的工、料、机费用，并按《编制办法》的规定计算各项费用。

5.1.2　编制依据

施工图预算编制依据包括下列内容：
(1) 国家发布的有关法律、法规等。
(2) 本办法及配套定额。
(3) 工程所在地省级交通运输主管部门发布的补充规定和定额等。
(4) 批准的初步设计文件［或技术设计文件（若有）］等有关资料。
(5) 施工图、设计图纸等设计文件、工程施工方案（含施工组织设计）。
(6) 工程所在地的人工、材料与设备、施工机械价格等。

(7) 有关合同、协议等。
(8) 其他有关资料。

5.1.3 预算项目及编码规则

预算项目应按项目表的序列及内容编制。当实际出现的工程和费用项目与项目表的内容不完全相符时，第一、二、三、四、五部分和"项"的序号、内容应保留不变，项目表中的"项"以下的分项在引用时应保持序号、内容不变，缺少的分项内容可随需要就近增加，并按项目表的顺序以实际出现的级别依次排列，不保留缺少的"项"以下的项目序号。

预算项目主要内容如图 5-1 所示，预算项目表的详细内容见附录 1。

```
第一部分   建筑安装工程费
    第一项   临时工程
    第二项   路基工程
    第三项   路面工程
    第四项   桥梁涵洞工程
    第五项   隧道工程
    第六项   交叉工程
    第七项   交通工程及沿线设施
    第八项   绿化及环境保护工程
    第九项   其他工程
    第十项   专项费用
        1. 施工场地建设费
        2. 安全生产费
第二部分   土地使用及拆迁补偿费
第三部分   工程建设其他费
第四部分   预备费
第五部分   建设期贷款利息
```

图 5-1　预算项目主要内容

分项编号采用部（1 位数）、项（2 位数）、目（2 位数）、节（2 位数）、细目（2 位数）组成，以部、项、目、节、细目等依次逐层展开，概预算分项编号详见附录 1。

5.1.4 预算文件组成

预算文件应由封面、扉页、目录、编制说明及全部计算表格组成。

1. 封面、扉页、目录

封面和扉页应按现行《公路工程基本建设项目设计文件编制办法》中的规定制作。扉页的次页和目录应按本章第 2 节的有关规定制作。

2. 编制说明

预算编制说明应包括下列内容：
(1) 建设项目设计文件的依据。
(2) 编制范围、工程概况等。
(3) 采用的定额、费用标准，人工、材料与设备、施工机械台班预算单价的依据或来源，新增工艺的单价分析等。

(4) 有关的协议书、会议纪要的主要内容。
(5) 预算总金额，人工、钢材、水泥、沥青等的总量。
(6) 各设计方案的经济比较。
(7) 项目综合经济技术指标统计，对比分析本阶段与上阶段工程数量、造价的变化情况。
(8) 其他有关费用计算项及计价依据的说明。
(9) 采用的公路工程造价软件名称及版本号。
(10) 其他需要说明的问题。

3. 甲组文件与乙组文件

预算文件可按不同的需要分为甲、乙组文件，并应符合下列规定：

(1) 甲组文件为各项费用计算表，乙组文件为建筑安装工程费各项基础数据计算表。甲、乙组文件应按《公路工程基本建设项目设计文件编制办法》中关于设计文件报送份数的要求，随设计文件一并报送，并同时提交可计算的造价电子数据文件和新工艺单价分析的详细资料。

(2) 乙组文件中的"分项工程概（预）算表"（21-2表）可只提交电子版，或按需要提交纸质版。

(3) 预算应按一个建设项目，如一条路线或一座独立大（中）桥、隧道进行编制。当一个建设项目需要分段或分部编制时，应根据需要分别编制，但必须汇总编制"总概（预）算汇总表"。

(4) 甲、乙组文件包括的内容如图 5-2 所示。

甲组文件：
- 编制说明
- 前后阶段费用对比表
- 建设项目属性及技术经济信息表（00表）
- 总概（预）算汇总表（01-1表）
- 总概（预）算人工、主要材料、施工机械台班数量汇总表（02-1表）
- 概（预）算表（01表）
- 人工、主要材料、施工机械台班数量汇总表（02表）
- 建筑安装工程费计算表（03表）
- 综合费率计算表（04表）
- 综合费用计算表（04-1表）
- 设备费计算表（05表）
- 专项费用计算表（06表）
- 土地使用及拆迁补偿费计算表（07表）
- 工程建设其他费计算表（08表）
- 人工、材料、施工机械台班单价汇总表（09表）

(a) 甲组文件

乙组文件：
- 分项工程概（预）算计算数据表（21-1表）
- 分项工程概（预）算表（21-2表）
- 材料预算单价计算表（22表）
- 自采材料料场价格计算表（23-1表）
- 材料自办运输单位运费计算表（23-2表）
- 施工机械台班单价计算表（24表）
- 辅助生产人工、材料、施工机械台班单位数量表（25表）

(b) 乙组文件

图 5-2 甲、乙组文件包括的内容

5.2 概(预)算文件的编制

5.2.1 扉页及目录

1. 扉页的次页格式如图 5-3。

××公路初步设计概(预)算

(K××+×××~K××+×××)

第　册　共　册

编制：(签字并盖章) 复核：(签字并盖章)

编制单位：(盖章)

编制时间：　年　月　日

图 5-3　扉页的次页格式

2. 甲组文件目录及相应内容

甲组文件目录及相应内容如下：

(1) 编制说明。

(2) 项目前后阶段费用对比表见表 5-1。

(3) 建设项目属性及技术经济信息表(00 表)见表 5-2。

(4) 总预算汇总表(01-1 表)见表 5-3。

(5) 总预算人工、主要材料、施工机械台班数量汇总表(02-1 表)见表 5-4。

(6) 总预算表(01 表)见表 5-5。

(7) 人工、主要材料、施工机械台班数量汇总表(02 表)见表 5-6。

(8) 建筑安装工程费计算表(03 表)见表 5-7。

(9) 综合费率计算表(04 表)见表 5-8。

（10）综合费计算表（04-1 表）见表 5-9。
（11）设备费计算表（05 表）见表 5-10。
（12）专项费用计算表（06 表）见表 5-11。
（13）土地使用及拆迁补偿费计算表（07 表）见表 5-12。
（14）工程建设其他费计算表（08 表）见表 5-13。
（15）人工、材料、施工机械台班单价汇总表（09 表）见表 5-14。

3. 乙组文件目录及相应内容

乙组文件目录及相应内容如下：
（1）分项工程概（预）算计算数据表（21-1 表）见表 5-15。
（2）分项工程概（预）算表（21-2 表）见表 5-16。
（3）材料预算单价计算表（22 表）见表 5-17。
（4）自采材料料场价格计算表（23-1 表）见表 5-18。
（5）材料自办运输单位运费计算表（23-2 表）见表 5-19。
（6）施工机械台班单价计算表（24 表）见表 5-20。
（7）辅助生产人工、材料、施工机械台班单位数量表（25 表）见表 5-21。

5.2.2 概（预）算表格与填制方法

1. 项目前后阶段费用对比表

（1）表格样式

表 5-1 项目前后阶段费用对比表

建设项目名称： 　　　　　　　　　　　　　　　　　　　　　　　　　　　第　页　共　页

分项编号	工程或费用名称	单位	本阶段设计概算（施工图预算）			上阶段可估算（设计概算）			费用变化		备注
			数量	单价	金额	数量	单价	金额	金额	比例（%）	
1	2	3	4	5=6÷4	6	7	8=9÷7	9	10=6−9	11=10÷9	12

编制：　　　　　　　　　　　　　　　　　　　　　　　　　　　　　　　复核：

（2）填表说明

① 本表反映一个建设项目的前后阶段各项费用组成。
② 本阶段和上阶段费用均从各阶段的 01-1 表转入。

2. 建设项目属性及技术经济信息表

表 5-2 建设项目属性及技术经济信息表

建设项目：　　　　　　　　　编制日期：　　　　　　　　　　　　　　　　00 表

一	项目基本属性				
编号	名称	单位	信息		备注
001	工程所在地				

续表

编号	名称	单位	信息	备注
002	地形类别	平原或微丘		
003	新建/改（扩）建			
004	公路技术等级			
005	设计速度	km/h		
006	路面结构			
007	路基宽度	m		
008	路线长度	公路公里		不含连接线
009	桥梁长度	km		
010	隧道长度	km		双洞长度
011	桥隧比例	%		[（9）＋（10）]/（8）
012	互通式立体交叉数量	km/处		
013	支线、联络线长度	km		
014	辅道、连接线长度	km		
二	项目工程数量信息			
编号	内容	单位	数量	数量指标	备注
10202	路基挖方	1000m³			
10203	路基填方	1000m³			
10206	排水圬工	1000m³			包括防护、排水
10207	防护圬工	1000m³			
10205	特殊路基	km			
10301	沥青混凝土路面	1000m²			
10302	水泥混凝土路面	1000m²			
10401	涵洞	m			
10402	小桥	m			
10403	中桥	m			
10404	大桥	m			
10405	特大桥	m			
10501	连拱隧道	m			
10502	小净距隧道	m			
10503	分离式隧道	m			
10602	通道	m			
10605	分离式立体交叉	处			
10606	互通式立体交叉	处			
10703	管理养护服务房屋	m²			
10901	联络线、支线工程	km			
10902	连接线工程	km			
10903	辅道工程	km			

续表

编号	内容	单位	数量	数量指标	备注
20101	永久征地	亩			不含取（弃）土场征地
20102	临时征地	亩			
三	项目造价指标信息表				
编号	工程造价	总金额（万元）	造价指标（万元/km）	占总造价百分比（％）	备注
1	建筑安装工程费	（必填）			
101	临时工程				
102	路基工程				
103	路面工程				
104	桥梁工程				
105	隧道工程				
106	交叉工程				
107	交通工程				
108	绿化及环境保护工程				
109	其他工程				
110	专项费用	（必填）			
2	土地使用及拆迁补偿费	（必填）			
3	工程建设其他费	（必填）			
4	预备费	（必填）			
5	建设期贷款利息	（必填）			
6	公路基本造价	（必填）			
四	分项造价指标信息表				
序号	名称	单位	造价指标（元）		备注
10202	路基挖方	m³			
10203	路基填方	m³			
10205	特殊路基	km			
10206	排水圬工	m³			
10207	防护圬工	m³			
10301	沥青混凝土路面	m²			
10302	水泥混凝土路面	m²			
10401	涵洞	m			
10402	预制空心板桥	m²			
10403	预制小箱梁桥	m²			
10404	预制T梁桥	m²			
10405	现浇箱梁桥	m²			
10406	特大桥	m²			

续表

序号	名称	单位	造价指标（元）	备注
10501	连拱隧道	m		
10502	小净距隧道	m		
10503	分离式隧道	m		
10602	通道	m		
10605	分离式立体交叉	处		
10606	互通式立体交叉	处		
10701	交通安全设施	km		
10702	机电及设备安装工程	km		
10707	管理养护服务房屋	m²		含土建和安装，不含外场
10901	联络线、支线工程	km		
10902	连接线工程	km		
10903	辅道工程	km		
20101	永久征地	亩		
20102	临时征地	亩		
20201	拆迁补偿	km		
30101	建设单位管理费	km		
30103	工程监理费	km		
30301	建设项目前期工作费	km		
五	主要材料单价信息表			
编号	名称	单位	单价（元）	备注
1001001	人工	工日		
2001002	HRB400 钢筋	t		
3001001	石油沥青	t		
5503005	中（粗）砂	m³		
5505016	碎石（4cm）	m³		
5509002	42.5 级水泥	t		

编制： 复核：

3. 总预算汇总表

（1）表格样式

表 5-3 总预算汇总表

建设项目名称： 第 页 共 页 01-1 表

项次	工程或费用名称	单位	数量	金额（元）	技术经济指标	数量	金额（元）	技术经济指标	数量	金额（元）	技术经济指标	总金额（元）	全路段技术经济指标	各项费用比例（%）

编制： 复核：

(2) 填表说明

① 一个建设项目分若干单项工程编制预算时,应通过本表汇总全部建设项目的预算金额。

② 本表反映一个建设项目的各项费用组成、预算总值和技术经济指标。

③ 本表分项编号、工程或费用名称、单位、总数量、预算金额应由各单项或单位工程总预算表(01 表)转来,部分、项、子项应保留,其他可视需要增减。

④ "全路段技术经济指标"以各项金额汇总合计除以相应总数量计算;"各项费用比例"以汇总的各项目公路工程造价除以公路基本造价合计计算。

4. 总预算人工、主要材料、施工机械台班数量汇总表

(1) 表格样式

表 5-4　总预算人工、主要材料、施工机械台班数量汇总表

建设项目名称:　　　　　　　　　　　　　　　　　　　第　页　共　页　02-1 表

序号	规格名称	单位	总数量	编制范围			

编制:　　　　　　　　　　　　　　　　　　　　　　　　　　复核:

(2) 填表说明

① 一个建设项目分若干个单项工程编制预算时,应通过本表汇总全部建设项目的人工、主要材料与设备、施工机械台班数量。

② 本表各栏数据均由各单项或单位工程预算中的人工、主要材料、施工机械台班数量汇总表(02 表)转来,编制范围指单项或单位工程。

5. 总预算表

(1) 表格样式

表 5-5　总预算表

建设项目名称:
编　制　范　围:　　　　　　　　　　　　　　　　　　第　页　共　页　01 表

分项编号	工程或费用名称	单位	数量	金额(元)	技术经济指标	各项费用比例(%)	备注

编制:　　　　　　　　　　　　　　　　　　　　　　　　　　复核:

(2) 填表说明

① 本表反映一个单项或单位工程的各项费用组成、预算金额、技术经济指标、各项费用比例(%)等。

② 本表"分项编号""工程或费用名称""单位"等应按预算项目表的编号及内容填写。

③ "数量""金额"由专项费用计算表(06 表)、建筑安装工程费计算表(03 表)、

土地使用及拆迁补偿费计算表（07 表）、工程建设其他费计算表（08 表）转来。

④"技术经济指标"以各项目金额除以相应数量计算；"各项费用比例"以各项金额除以公路基本造价计算。

6. 人工、主要材料、施工机械台班数量汇总表

（1）表格样式

表 5-6　人工、主要材料、施工机械台班数量汇总表

建设项目名称：

编制范围：　　　　　　　　　　　　　　　　　　　　　第　页　共　页　　02 表

代号	规格名称	单位	单价（元）	总数量	分项统计						场外运输损耗	
											%	数量

编制：　　　　　　　　　　　　　　　　　　　　　　　　　复核：

（2）填表说明

本表各栏数据由人工、材料、施工机械台班单价汇总表（09 表）及分项工程概（预）算表（21-2 表）、辅助生产人工、材料、施工机械台班单位数量表（25 表）经分析计算后统计而来。

7. 建筑安装工程费计算表

（1）表格样式

表 5-7　建筑安装工程费计算表

建设项目名称：

编制范围：　　　　　　　　　　　　　　　　　　　　　第　页　共　页　　03 表

序号	分项编号	工程名称	单位	工程量	定额直接费（元）	定额设备购置费（元）	直接费（元）				设备购置费	措施费	企业管理费	规费	利润（元）		税金（元）		金额合计（元）	
							人工费	材料费	施工机械使用费	合计					费率%		费率%		合计	单价
1	2	3	4	5	6	7	8	9	10	11	12	13	14	15	16		17		18	19

编制：　　　　　　　　　　　　　　　　　　　　　　　　　复核：

（2）填表说明

① 本表各栏数据由 05 表、06 表、21-2 表经计算转来。

② 本表中除列出具体分项外，还应列出子项（如临时工程、路基工程、路面工程等），并将子项下的具体分项费用进行汇总。

8. 综合费率计算表

（1）表格样式

表 5-8 综合费率计算表

建设项目名称:
编制范围:　　　　　　　　　　　　　　　　　　第　页　共　页　　04 表

序号	工程类别	措施费（%）									综合费率		企业管理费（%）					规费（%）					
		冬季施工增加费	雨季施工增加费	夜间施工增加费	高原地区施工增加费	风沙地区施工增加费	沿海地区施工增加费	行车干扰施工增加费	施工辅助费	工地转移费	Ⅰ	Ⅱ	基本费用	主副食运费补贴	职工探亲路费	职工取暖补贴	财务费用	综合费率	养老保险费	失业保险费	医疗保险费	工伤保险费	住房公积金	综合费率
1	2	3	4	5	6	7	8	9	10	11	12	13	14	15	16	17	18	19	20	21	22	23	24	25

编制:　　　　　　　　　　　　　　　　　　　　　　　　　复核:

(2) 填表说明

① 本表应根据建设项目具体情况,按概(预)算编制办法有关规定填入数据计算。

② 其中: 12=3+4+5+6+7+8+9+11; 13=10; 19=14+15+16+17+18; 25=20+21+22+23+24。

9. 综合费计算表

(1) 表格样式

表 5-9 综合费计算表

建设项目名称:
编制范围:　　　　　　　　　　　　　　　　　　第　页　共　页　　04-1 表

序号	工程类别	措施费									综合费率		企业管理费					规费					
		冬季施工增加费	雨季施工增加费	夜间施工增加费	高原地区施工增加费	风沙地区施工增加费	沿海地区施工增加费	行车干扰施工增加费	施工辅助费	工地转移费	Ⅰ	Ⅱ	基本费用	主副食运费补贴	职工探亲路费	职工取暖补贴	财务费用	综合费率	养老保险费	失业保险费	医疗保险费	工伤保险费	住房公积金	综合费率
1	2	3	4	5	6	7	8	9	10	11	12	13	14	15	16	17	18	19	20	21	22	23	24	25

编制:　　　　　　　　　　　　　　　　　　　　　　　　　复核:

(2) 填表说明

① 本表应根据建设项目具体分项工程,按投资估算编制办法规定的计算方法分别计算各项费用。

② 其中: 12=3+4+5+6+7+8+9+11; 13=10; 19=14+15+16+17+18; 25=20+21+22+23+24。

10. 设备费计算表

（1）表格样式

表 5-10 设备费计算表

建设项目名称：
编 制 范 围：　　　　　　　　　　　　　　　　　　　第　页　共　页　　05 表

序号	设备名称	规格型号	单位	数量	基价	定额设备购置费（元）	单价（元）	设备购置费（元）	税金（元）	定额设备费（元）	设备费（元）

编制：　　　　　　　　　　　　　　　　　　　　　　　复核：

（2）填表说明

本表应根据具体的设备购置清单进行计算，包括设备规格、单位、数量、设备基价、定额设备购置费、设备预算单价、税金以及定额设备费和设备费。设备购置费不计取措施费及企业管理费。

11. 专项费用计算表

（1）表格样式

表 5-11 专项费用计算表

建设项目名称：
编 制 范 围：　　　　　　　　　　　　　　　　　　　第　页　共　页　　06 表

序号	工程或费用名称	说明及计算式	金额（元）	备注

编制：　　　　　　　　　　　　　　　　　　　　　　　复核：

（2）填表说明

本表应依据项目按本办法规定的专项费用项目填写，在说明及计算式栏内填写需要说明的内容及计算式。

12. 土地使用及拆迁补偿费计算表

（1）表格样式

表 5-12 土地使用及拆迁补偿费计算表

建设项目名称：
编 制 范 围：　　　　　　　　　　　　　　　　　　　第　页　共　页　　07 表

序号	费用名称	单位	数量	单价（元）	金额（元）	说明及计算式	备注

编制：　　　　　　　　　　　　　　　　　　　　　　　复核：

(2) 填表说明

本表按规定填写单位、数量、单价和金额；说明及计算式中应定明标准及计算式；子项下边有分项的，可以按顺序依次往下编号。

13. 工程建设其他费计算表

(1) 表格样式

表 5-13 工程建设其他费计算表

建设项目名称：
编 制 范 围：　　　　　　　　　　　　　　　　　第　页　共　页　　08 表

序号	费用名称及项目	说明及计算式	金额（元）	备注

编制：　　　　　　　　　　　　　　　　　　　　　　　复核：

(2) 填表说明

本表应按具体发生的其他费用项目填写，需要说明和具体计算的费用项目依次相应在说明及计算式栏内填写或具体计算，各项费用具体填写如下：

① 建设项目管理费包括建设单位（业主）管理费、建设项目信息化费、工程监理费、设计文件审查费、竣（交）工验收试验检测费，按《编制办法》规定的计算基数、费率、方法或有关规定列式计算。

② 研究试验费应根据设计需要进行研究试验的项目分别填写项目名称及金额或列式计算或进行说明。

③ 建设项目前期工作费按编办规定的计算基数、费率、方法计算。

④ 专项评价（估）费、联合试运转费、生产准备费、工程保通管理费、工程保险费、预备费、建设期贷款利息等其他费用根据《编制办法》规定或国家有关规定依次类推计算。

14. 人工、材料、施工机械台班单价汇总表

(1) 表格样式

表 5-14 人工、材料、施工机械台班单价汇总表

建设项目名称：
编 制 范 围：　　　　　　　　　　　　　　　　　第　页　共　页　　09 表

序号	名称	单位	代号	预算单价（元）	备注	序号	名称	单位	代号	预算单价（元）	备注

编制：　　　　　　　　　　　　　　　　　　　　　　　复核：

(2) 填表说明

本表预算单价主要由材料预算单价计算表（22 表）和施工机械台班单价计算表（24 表）转来。

15. 分项工程概（预）算计算数据表

(1) 表格样式

表 5-15　分项工程概（预）算计算数据表

建设项目名称：
编制范围：　　　标准定额库版本号：　　　校验码：　　　第　页　共　页　　21-1 表

分项编号/ 定额代号/ 工料机代号	项目、定额或 工料机的名称	单位	数量	输入单价	输入金额	分项组价类型 或定额子目 取费类别	定额调整情况 或分项算式

编制：　　　　　　　　　　　　　　　　　　　　　　　复核：

(2) 填表说明

① 本表应逐行从左向右横向跨栏隔行填写。

② "分项编号""定额""工料机"等的代号应根据实际需要按《编制办法》附录 B 概预算项目表及现行《公路工程概算定额》JTG/T 3831—2018、《公路工程预算定额》JTG/T 3832—2018 的相关内容填写。

③ 本表主要是为利用计算机软件编制概算、预算提供分项组价基础数据，列明工程项目全部计算分项的组价参数；分项组价类型包括：输入单价、输入金额、算式列表、费用列表和定额组价五类；定额调整情况分配合比调整、钢筋调整、抽换、乘系数、综合调整等，非标准补充定额列出其工料机及其消耗量；具体填表规则由软件用户手册详细制定。

④ 标准定额库版本号由公路工程造价依据信息平台和最新的标准定额库一起发布，造价软件接收后直接输出。

⑤ 校验码由定额库版本号加密生成，由公路工程造价依据信息平台与定额库版本号同时发布，造价软件直接输出，为便于校验，造价软件可按条形码形式输出。

16. 分项工程概（预）算表

(1) 表格样式

表 5-16　分项工程概（预）算表

编制范围：
　　分项编号：　　工程名称：　　单位：　　数量：　　单价：　　第　页　共　页　　21-2 表

序号	工程项目													合计
	工程细目													
	定额单位													
	工程数量													
	定额代号													
	工料机 名称	单位	单价 (元)	定额	数量	金额 (元)	定额	数量	金额 (元)	定额	数量	金额 (元)	数量	金额 (元)
1	人工	工日												
2	……													
	直接费	元												

续表

序号	工程项目		单位	单价（元）	定额	数量	金额（元）	定额	数量	金额（元）	定额	数量	金额（元）	合计	
	工程细目													数量	金额（元）
	定额单位														
	工程数量														
	定额代号														
	工料机名称														
	措施费	Ⅰ	元												
		Ⅱ	元												
	企业管理费		元												
	规费		元												
	利润		元												
	税金		元												
	金额合计		元												

编制：　　　　　　　　　　　　　　　　　　　　　　　　　　复核：

(2) 填表说明

① 本表按具体分项工程项目数量、对应概（预）算定额子目填写，单价由 09 表转来，金额=Σ工、料、机各项的单价×定额×数量。

② 措施费、企业管理费按相应项目的定额人工费与定额施工机械使用费之和或定额直接费×规定费率计算。

③ 规费按相应项目的人工费×规定费率计算。

④ 利润按相应项目的（定额直接费+措施费+企业管理费）×利润率计算。

⑤ 税金按相应项目的（直接费+措施费+企业管理费+规费+利润）×税率计算。

⑥ 措施费、企业管理费、规费、利润、税金对应定额列填入相应的计算基数，数量列填入相应的费率。

17. 材料预算单价计算表

(1) 表格样式

表 5-17　材料预算单价计算表

建设项目名称：
编制范围：　　　　　　　　　　　　　　　　　第　页　共　页　22 表

序号	规格名称	单位	原价（元）	运杂费				原价运费合计（元）	场外运输损耗		采购及保管费		预算单价（元）
				供应地点	运输方式、比重及运距	毛重系数或单位	运杂费构成说明或计算式	单位运费（元）		费率（%）	金额（元）	费率（%）	金额（元）	

编制：　　　　　　　　　　　　　　　　　　　　　　　　　　复核：

(2) 填表说明

① 本表计算各种材料自供应地点或料场至工地的全部运杂费与材料原价及其他费用组成预算单价。

② 运输方式按火车、汽车、船舶等及所占运输比重填写。

③ 毛重系数、场外运输损耗、采购与保管费按规定填写。

④ 根据材料的供应地点、运输方式、运输单价、毛重系数等，通过运杂费构成说明或计算式，计算得出材料单位运费。

⑤ 材料原价与单位运费、场外运输损耗、材料的运输保管费组成材料预算单价。

18. 自采材料料场价格计算表

(1) 表格样式

表 5-18　自采材料料场价格计算表

编制范围：
自采材料名称：　　　单位：　　　数量：　　　料场价格：　　　第　页　共　页　　23-1 表

序号	工程项目												合计
	工程细目												
	定额单位												
	工程数量												
	定额代号												
	工料机名称	单位	单价(元)	定额	数量	金额(元)	定额	数量	金额(元)	定额	数量	金额(元)	数量	金额(元)
	直接费	元											
	辅助生产间接费	元		%			%			%			
	高原取费	元		%			%			%			
	金额合计	元											

编制：　　　　　　　　　　　　　　　　　　　　　　　　　复核：

(2) 填表说明

① 本表主要用于分析计算自采材料料场价格，应将选用的定额人工、材料、施工机械台班数量全部列出，包括相应的工、料、机单价。

② 材料规格用途相同而生产方式（如人工捶碎石、机械轧碎石）不同时，应分别计算单价，再以各种生产方式所占比重根据合计价格加权平均计算料场价格。

③ 定额中施工机械台班有调整系数时，应在本表内计算。

④ 辅助生产间接费、高原取费对应定额列填入相应的计算基数，数量列填入相应的费率。

19. 材料自办运输单位运费计算表

(1) 表格样式

表 5-19 材料自办运输单位运费计算表

编制范围：
自采材料名称：　　　单位：　　　数量：　　　单位价格：　　　第　页　共　页　　23-2 表

序号	工程项目											合计	
	工程细目												
	定额单位												
	工程数量												
	定额代号												
	工料机名称	单位	单价（元）	定额	数量	金额（元）	定额	数量	金额（元）	定额	数量	金额（元）	数量	金额（元）
	直接费	元											
	辅助生产间接费	元			%			%			%			
	高原取费	元			%			%			%			
	金额合计	元											

编制：　　　　　　　　　　　　　　　　　　　　　　　　　复核：

(2) 填表说明

① 本表主要用于分析计算材料自办运输单位运费，应将选用的定额人工、材料、施工机械台班数量全部列出，包括相应的工、料、机单价。

② 材料运输地点或运输方式不同时，应分别计算单价，再按所占比重加权平均计算材料运输价格。

③ 定额中施工机械台班有调整系数时，应在本表内计算。

④ 辅助生产间接费、高原取费对应定额列填入相应的计算基数，数量列填入相应的费率。

20. 施工机械台班单价计算表

(1) 表格样式

表 5-20 施工机械台班单价计算表

建设项目名称：
编制范围：　　　　　　　　　　　　　　　　　　　　第　页　共　页　　24 表

序号	代号	规格名称	台班单价（元）	不变费用（元）		可变费用								车船税	合计
				调整系数		人工（元/工日）		汽油（元/kg）		柴油（元/kg）					
				定额	调整值	定额	金额	定额	金额	定额	金额	定额	金额		

编制：　　　　　　　　　　　　　　　　　　　　　　　　　复核：

(2) 填表说明

① 本表应根据公路工程机械台班费用定额进行计算。不变费用如有调整系数应填入调整值；可变费用各栏填入定额数量。

② 人工、动力燃料的单价由材料预算单价计算表（22 表）中转来。

21. 辅助生产人工、材料、施工机械台班单位数量表

(1) 表格样式

表 5-21 辅助生产人工、材料、施工机械台班单位数量表

建设项目名称：
编 制 范 围：　　　　　　　　　　　　　　　　第　页 共　页　25 表

序号	规格名称	单位	人工（工日）					

编制：　　　　　　　　　　　　　　　　　　　　复核：

(2) 填表说明

本表各栏数据由自采材料料场价格计算表（23-1 表）和材料自办运输单位运费计算表（23-2 表）统计而来。

5.2.3　各种表格的计算顺序和相互关系

各种表格的计算顺序和相互关系如图 5-4 所示。

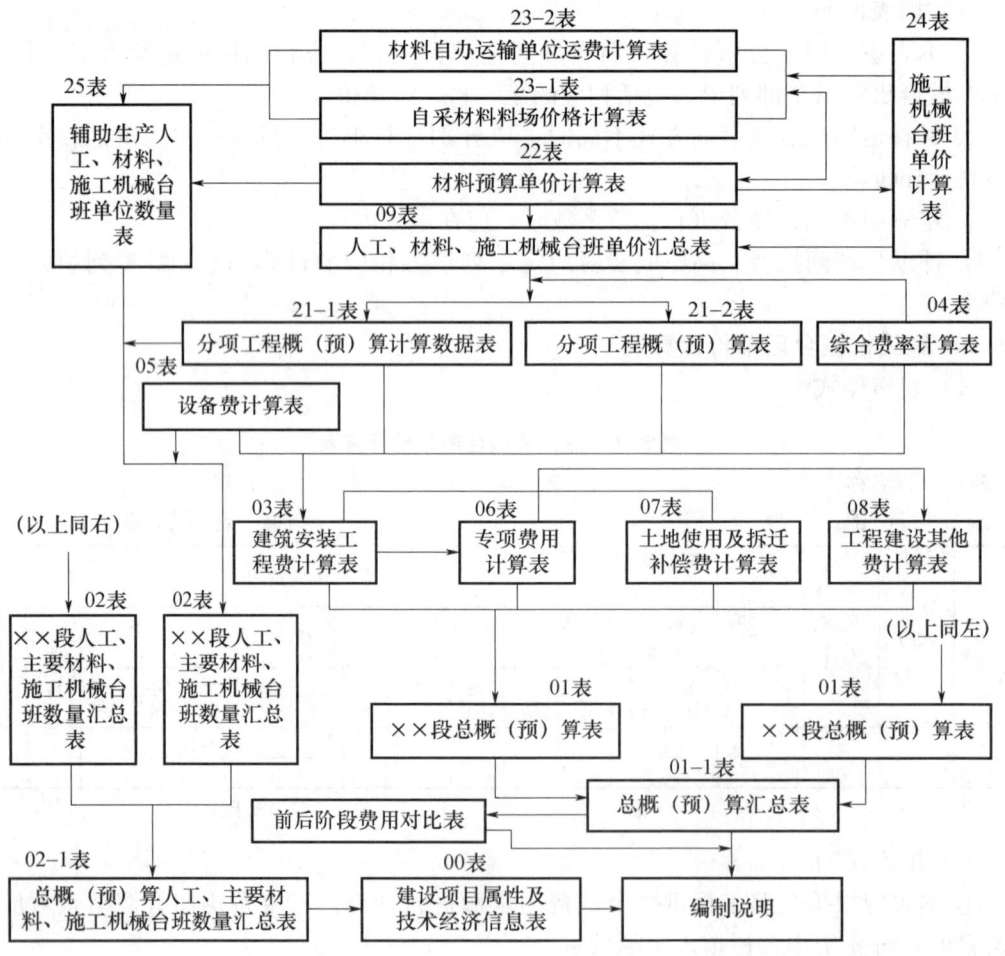

图 5-4　各种表格的计算顺序和相互关系表

5.3 公路工程预算文件的编制程序

5.3.1 熟悉图纸、收集资料

编制预算，除了按照《编制办法》的规定进行准确计算以外，很大程度上将取决于资料的收集和对文件的熟悉。收集资料、熟悉图纸是编制正确预算的基础条件，所有的资料收集均要真实可靠，手续齐全，加盖公章，具有法律效力。

资料收集工作应从以下方面着手：

1. 法令性文件

法令指文件有交通运输部、地方主管部门等国家机关颁布的有关预算编制和该工程必须遵循的法令性文件或规定。属于这类文件的有：交通运输部颁布的《公路工程建设项目概算预算编制办法》JTG 3830—2018；各省、市主管部门对工程预算编制的补充规定等。

2. 设计资料

设计资料是预算编制的基本依据。编制的预算原始资料来源于设计资料中的工程数量表和施工组织设计文件。因此，编制人员应全面熟悉设计文件，尤其是结构特点、施工组织设计、特殊设计和结构的特殊处理方法等内容。对设计资料提出的施工方案，应根据实际情况进行补充和完善。预算文件的编制，通常根据不同设计阶段的设计资料编制，当工程的主管部门对该工程另有规定时，按照相应的规定办理。

3. 各类定额、取费标准、材料和设备价格、占用土地赔偿标准等资料

我国公路工程基本建设现行使用的各类定额主要有交通运输部颁发的《公路工程预算定额》JTG/T 3832—2018、《公路工程机械台班费用定额》JTG/T 3833—2018，各省、市颁发的《公路工程施工定额》和适用于地方性小修保养的《公路小修保养定额》。

对于公路基本建设，改（扩）建工程，公路大、中修工程，预算中其他工程费、间接费（包括规费、企业管理费）、利润、税金等诸项费率，按照《编制办法》和工程所在地有关补充规定采用。

材料和设备价格的收集，在目前市场经济情况下，编制人员应对可供材料的诸多厂、矿、市场进行充分调查、分析、比较，尽量选择经济的运输方式及经济的运输路线，尽量在材料价格相对稳定期进行调查，以防价格的失真。

占用土地、拆迁补偿标准等资料，向各省、市、自治区人民政府索要。在收集这方面资料时，应注意补偿标准的政策性很强，且多变，所以要注意其现行性和地方性。特别要注意省、市、自治区人民政府对某工程有无特殊规定。

4. 当地物资、劳动力等资源可利用和供给情况

预算文件编制的合理与否直接受当地物资、劳动力等资源供应情况的影响，这就要求预算编制人员，本着因地制宜、就地取材的原则，对以下资料进行深入的调查：

（1）当地可利用的自采材料及运输条件；

(2) 沿线可利用房屋；
(3) 供电情况及贴费标准；
(4) 供水情况；
(5) 设备、工具、器具及家具供应情况；
(6) 人工单价构成及地方的具体规定等。

5. 施工单位的施工能力及潜力

施工单位的施工能力主要指施工单位为实现设计目标应具备的施工管理、机械设备等方面能力。某一工程，若施工企业已明确，应对该施工企业的技术、设备、机械等进行充分调查，内容有：

(1) 该施工企业的施工能力（即可投入的劳动力、设备、机械及其他施工手段等）；
(2) 施工企业机构所在地址调查（包括地址、迁移至工程现场的运输方式和距离等）；
(3) 调查企业的管理水平，可能采用的新技术、新工艺的程度等。

若施工单位不能预先选定，一般可根据中等施工能力考虑。

6. 当地自然条件及其变化规律

工程所在地自然条件如气温、雨季、冬季、风雪、水源、地质等条件及其变化规律，对预算和施工组织设计的编制有较大的影响，主要影响为：

(1) 其他直接费和间接费费率的确定；
(2) 施工组织设计的实施及完善；
(3) 为达到目标工期，施工队伍劳动力、机械的投入；
(4) 材料、资金到位计划等。

因此，在预算编制前，对当地自然条件应有充分的了解，有关资料应到气象部门、水利部门等处收集以便正确地编制预算。

7. 其他工程沿线设施情况

其他工程沿线设施，如沿线水利设施、电力电信设施、公路设施、铁路设施等，及其对该工程实施干扰或可利用情况，对工程预算有一定影响。如电力、电信线路在桥梁施工中的临时升高或移位；电力、电信线路的挂接；公路、铁路设施的行车干扰，运送材料、半成品的原有道路使用等，收集资料时，应对相应部门进行充分的调查并进行充分协商，取得必需的资料，以满足预算编制的要求。

8. 工程建设其他费用与预留费用

这两项费用一般在预算总费用中占到30%左右，是不容轻视的部分。工程建设其他费用除前面讲到的征地、拆迁补偿等以外，对建设项目管理费、研究试验费、前期工作费、专项评估费、施工机构迁移费、供电贴费、联合试运转费、人员培训费、固定资产投资方向调节税、建设期贷款利息等计算的方法与标准，应进行认真仔细的调查和收集。对国家、省、自治区、直辖市或该工程主管部门下达的文件或制定的标准，应附有书面材料作为计列依据。

预留费用包括工程造价增涨预留费和预备费两部分，对增涨预留费要注意的是年造价增涨率（i）的选用与商定；预备费一般可根据工程预算的性质，参照《编制办法》选定，但应考虑到该工程主管部门可能的具体拟订。

5.3.2 预算的编制

一般情况下,施工图设计编制预算步骤如下:

1. 熟悉图纸和资料

在着手编制预算前,首先应熟悉各种基础资料,包括材料价格及其组成、工资标准与各项工资性补贴、占用土地补贴标准等;所有应熟悉的资料在本节第一部分已有了较为详细的说明。其次,应认真掌握设计文件、设计图纸、施工组织设计,对工程全局做到心中有数。再次,应熟悉工程定额。

编制预算文件前,应对相应设计阶段的图纸进行清点和整理,认真核对设计图纸及有关表格(如工程一览表、工程数量表等),发现设计图纸有问题时,应及时与设计人员联系,取得变更设计通知单作为编制预算的依据。同时,应对相应设计阶段的施工组织设计进行审查,核对施工组织设计的可行性和经济性。另外要确定比较合理的建设周期,因为建设周期的长短,将直接影响工程的造价,主要有交工前养路费和工程造价增涨预留费两部分。

2. 列项并划分工程细目

根据设计文件出现的工程细目,结合相应采用的定额中的分项,按照路线工程预算项目表、独立大、中桥工程预算项目表,将工程细目一一列出,填写在 08-2 表分项工程预算表的工程项目和工程细目栏中。关于预算的项目表见附录 1。

3. 计算工程量,并填入项目表的相应栏内

根据预算所列工程项目的要求,在设计文件中找出相应工程量,对缺少的工程量则按定额中的计量单位补充计算,并把定额单位、定额表号、定额单位下的工程数量填入 21-2 表分项工程预算表的相应栏中。

4. 各项费用的计算及编制预算表格

(1) 查定额。根据分项所得的工程细目(分项工程)即可从定额中查出相应的人工、材料、施工机械名称、单位及消耗量定额值。查出各分项工程的定额基价,并将查得的定额值和定额单位及定额号分别填入 21-2 表的有关栏目,再将各分项工程的实际工程换算的定额工程数量乘以相应的定额即可得出各分项工程的资源消耗数量及定额基价,填入 21-2 表的数量栏中。

(2) 基础单价的计算。定额中除基价和小额零星材料及小型机具用货币指标外,其他均是资源消耗的实物指标。要以货币来表现消耗,就必须计算各种资源的单价。有关单价的计算方法已在前面介绍,公路工程概(预)算的基础单价通过 09 表、22 表、23-1 表、23-2 表和 24 表来计算。

(3) 计算分项工程的定额直接费、直接费、定额设备购置费、设备购置费、措施费、企业管理费、规费、利润、税金和专项费用。

(4) 计算定额建筑安装工程费、建筑安装工程费。

(5) 实物指标计算,可通过人工、主要材料、施工机械台班数量汇总表(02 表)的计算完成。

(6) 计算其他有关费用。按规定计算第二部分至第五部分费用,即编制 05 表、06 表、07 表和 08 表。

（7）编制综合概（预）算。根据建设项目要求，当分段或分部编制 01 表和 02 表时，需要汇总编制综合概（预）算（01-1 表和 02-1 表）。

（8）按照编制表格的步骤编制预算表格，注意一些表格之间是相互交叉制约的。项目前后阶段费用对比表和建设项目属性及技术经济信息表（00 表）也是必须填写的。

5. 编制预算说明书

预算编制的成功与否，仅从费用计算来考虑是很不够的，预算说明书的编写起到画龙点睛的作用。它不仅为复核者复核，更为审查人员审查提供了有利的条件。预算编制说明，文字力求简明扼要。

6. 复核、印刷、装订、报批

当预算各表及编制说明全部完成后，应再进一步进行全面的复核，当确认无误、签字后，即可按规定份数对文件进行印刷或复制，并对甲组、乙组文件分别装订成册，上报待批。

应该说明的是：一是上述步骤并非一成不变。不仅有些表可以按规定不编，而且各表的编制次序也是可以变换的。为了正确地编制预算，仅仅了解其编制步骤是不够的，最根本的还是要掌握《编制办法》和各项定额说明的各项规定，明确各表的作用和相互关系，精通表中各栏的填列方法。二是采用计算机软件编制时，需要准备建筑安装工程费计算数据表。

小 结

1. 公路工程预算项目的组成。
2. 公路工程预算文件的组成。
3. 公路工程预算文件的编制程序。

练习题

1. 公路工程预算的概念、作用是什么？
2. 预算文件的编制依据有哪些？
3. 预算项目的组成有哪些？
4. 预算文件的组成有哪些？
5. 预算文件的编制程序是什么？

第 6 章 公路工程工程量清单计价

> **教学目标**
>
> 1. 了解工程量清单的概念。
> 2. 掌握工程量清单的内容。
> 3. 了解工程定额计价方法与工程量清单计价方法的联系和区别。

6.1 公路工程工程量清单概述

6.1.1 工程量清单的概念及特点

1. 工程量清单的概念

（1）工程量清单。

所谓工程量清单，就是招标单位按照一定的原则将招标的工程进行合理分解，以明确工程的内容和范围，并将这些内容数量化的一套工程项目表。工程量清单是合同文件之一，它反映出每一个相对独立项目的主要内容和预算数量，并且通常以每一个体工程为对象，按分部分项工程列出工程数量。工程量清单一般由招标单位提供，但国际上的某些工程项目招标，并无工程量清单，而仅有招标图纸，这就要求投标人按照自己的习惯列出工程细目并计算出工程量。我国的公路工程招标都由招标单位提供工程量清单。在《公路工程标准施工招标文件》（2018 版）中第八章工程量清单计量规则，由子目号、子目名称、工程量计量、工程内容组成，按章、节、目排列工程细目表，以供招标单位制作工程量清单时参考。

（2）清单工程量。

清单工程量是指工程量清单中所列的工程数量，它是在实际施工生产前以施工图设计为基础，不能作为最终结算与支付的依据。实际支付应按实际完成的工程量，由承包人按技术规范规定的计量方法，以监理工程师认可的尺寸、断面计量，按本工程量清单的单价和总额价计算支付金额。因此，在制作工程量清单时，应认真细致地计算工程量，力求准确，从而使清单所列工程量与实际工程量的差距尽可能小。

计算清单工程量时，一定要注意与技术规范和设计图纸相统一，也就是说，工程量清单的工程量计算规则应与技术规范的计算规则完全一致。特别是当同一个工程由不同单位设计、不同单位编制技术规范和工程量清单时，应通过认真分析确定统一的工程量计算规则，并在编制过程中加强协调工作，否则，会给评标和将来的施工监理工作带来麻烦。

2. 工程量清单计价基本方法

工程量清单计价方法是一种区别于定额计价模式的新计价模式，是一种主要由市场定价的计价模式,由建设产品的买方和卖方在建设市场上根据供求状况、信息状况进行自由竞价,从而最终能够确定签订工程合同价格的方法。因此,可以说工程量清单的计价方法是在建设市场建立、发展和完善过程中的必然产物。随着社会主义市场经济的发展,自2003年在全国范围内开始逐步推广建设工程工程量清单计价法,至2013年推出新版建设工程量清单计价规范,标志着我国工程量清单计价方法的应用逐渐完善。从定额计价方法到工程量清单计价方法的演变,是伴随着我国建设产品价格的市场化过程而进行的。

在不同的经济发展时期,建筑产品有不同的价格形式、不同的定价主体、不同的价格形成机制,而一定的建筑产品价格形式产生、存在于一定的工程建设管理体制和一定的建筑产品转换方式之中。我国建筑产品价格市场化经历了"国家定价→国家指导价→国家调控价"三个阶段。定额计价是以概预算定额、各种费用定额为基础依据,按照规定的计算程序确定工程造价的特殊计价方法。因此,利用工程建设定额计算工程造价就价格形成而言,介于国家定价和国家指导价之间。

(1) 国家定价阶段。

在我国传统经济体制下,工程建设任务是由国家主管部门按计划分配的,建筑业不是一个独立的物质生产部门,建设单位、施工单位的财务收支实行统收统支,建筑产品价格仅仅是一个经济核算的工具而不是工程价值的货币反映,实际上在这一时期,建筑产品并不具有商品性质,所谓的"建筑产品价格"也是不存在的。在这种工程建设管理体制下,建筑产品价格实际上是在建设过程的各个阶段中,利用国家或地区所颁布的各种定额进行投资费用的预估和计算,也可以说是概预算加签证的形式,主要特征是:

① 这种"价格"分为设计概算、施工图预算、工程费用签证和竣工结算。

② 这种"价格"属于国家定价的价格形式,国家是这一价格形式的决策主体。建筑产品价格形成过程中,建设单位、设计单位、施工单位都按照国家有关部门规定的定额标准、材料价格和取费标准计算、确定工程价格,工程价格水平由国家规定。

(2) 国家指导价阶段。

改革开放以后,传统的建筑产品价格形式已经逐步被新的建筑产品价格形式所取代。这一阶段属于国家指导定价阶段,出现了预算包干价格形式和工程招标投标价格形式。预算包干价格形式与概预算加签证形式相比,两者都属于国家计划价格形式,企业只能按照国家有关规定计算,执行工程价格。包干额按照国家有关部门规定的包干系数、包干标准及计算方法确定。但是因为预算包干价格对工程施工过程中费用的变动采取了一次包死的形式,对提高工程价格管理水平有一定作用。工程招标投标价格是在建筑产品招标投标交易过程中形成的工程价格,表现为标底价、投标报价、中标价、合同价、结算价格等形式。这一阶段的工程招标投标价格属于国家指导性价格,是在最高限价范围国家指导下的竞争性价格。在这种价格形成过程中,国家和企业是价格的双重决策主体。其价格形成的特征是:

① 计划控制性。评标基础的标底价格要按照国家工程造价管理部门规定的定额和有关取费标准制定,标底价格的最高数额受到国家批准的工程概算控制。

② 国家指导性。国家工程招标管理部门对标底的价格进行审查,管理部门组成的

监督小组直接监督指导大中型工程招标、投标、评标和决标过程。

③ 竞争性。投标单位可以根据本企业的条件和经营状况确定投标报价，并以价格作为竞争承包工程手段。招标单位可以在标底价格的基础上，择优确定中标单位和工程中标价格。

(3) 国家调控价阶段。

国家调控的招标投标价格形式，是一种由市场形成价格为主的价格机制。它是在国家有关部门调控下，由工程承发包双方根据工程市场中建筑产品供求关系变化自主确定工程价格。其价格的形成可以不受国家工程造价管理部门的直接干预，而是根据市场的具体情况，通过竞争形成价格。与国家指导的招标投标价格形式相比，国家调控招标投标价格形成的特征是：

① 竞争形成。其由工程承发包双方根据工程自身的物质劳动消耗、供求状况等市场因素经过竞争形成，不受国家计划调控。

② 自发波动。随着工程市场供求关系的不断变化，工程价格经常处于上升或者下降的波动之中。

③ 自发调节。通过价格的波动，自发调节着建筑产品的品种和数量，以保持工程投资与工程生产能力的平衡。

(4) 工程量清单计价的基本方法与程序。

工程量清单计价的基本过程可以描述为：在统一的工程量清单项目设置的基础上，制定工程量清单计量规则，根据具体工程的施工图纸计算出各个清单项目的工程量，再根据各种渠道所获得的工程造价信息和经验数据计算得到工程造价。这一基本的计算过程如图 6-1 所示。

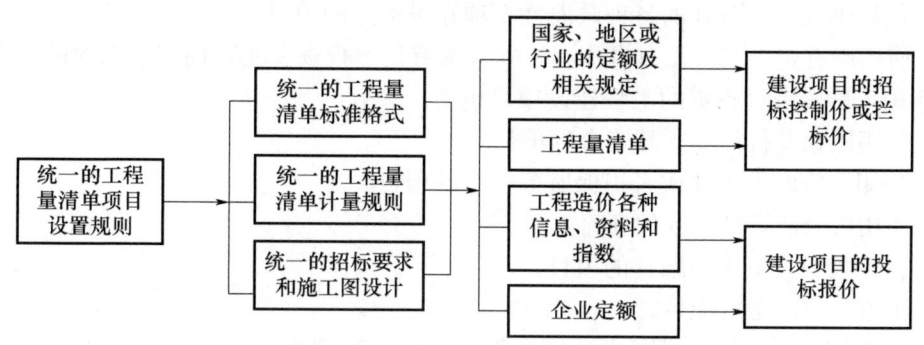

图 6-1 工程造价工程量清单计价过程示意

工程量清单计价编制过程可以分为两个阶段：工程量清单的编制和利用工程量清单来编制投标报价（或招标控制价）。投标报价是在业主提供的工程量计算结果的基础上，根据企业自身所掌握的各种信息、资料，结合企业定额编制得出的。

$$分部分项工程费 = \sum 分部分项工程量 \times 相应分部分项综合单价 \tag{6-1}$$

$$措施项目费 = \sum 各措施项目费 \tag{6-2}$$

$$其他项目费 = 暂列金额 + 暂估价 + 计日工 + 总承包服务费 \tag{6-3}$$

$$单位工程报价 = 分部分项工程费 + 措施项目费 + 其他项目费 + 规费 + 税金 \tag{6-4}$$

$$单项工程报价 = \sum 单位工程报价 \tag{6-5}$$

$$\text{建设项目总报价} = \sum \text{单项工程报价} \qquad (6-6)$$

公式中,综合单价是指完成一个规定计量单位的分部分项工程量清单项目或措施清单项目所需的人工费、材料费、施工机械使用费和企业管理费与利润,以及一定范围内的风险费用。

暂列金额是指招标人在工程量清单中暂定并包含在合同价款中的一笔款项,用于施工合同签订时尚未确定或者不可预见的所需材料、设备、服务的采购,施工中可能发生的工程变更、合同约定调整因素出现时的工程价款调整以及发生的索赔、现场签证确认等的费用。

暂估价是指招标人在工程量清单中提供的用于支付必然发生,但暂时不能确定价格的材料的单价以及专业工程的金额。

计日工是指在施工过程中,对完成发包人提出的施工图纸以外的零星项目或工作,按合同中约定的综合单价计价的一种计价方式。

总承包服务费是指总承包人为配合协调发包人进行的工程分包,对自行采购的设备、材料等进行管理,提供相关服务以及施工现场管理、竣工资料汇总整理等服务所需的费用。

3. 工程量清单计价的特点

(1) 工程量清单计价的适用范围。

全部使用国有资金(含国家融资资金)投资或国有资金投资为主(两者以下简称国有资金投资)的工程建设项目应执行工程量清单计价方式确定和计算工程造价。

① 国有资金投资的工程建设项目包括:

a. 使用各级财政预算资金的项目。

b. 使用纳入财政管理的各种政府性专项建设资金的项目。

c. 使用国有企事业单位自有资金,并且国有资产投资者实际拥有控制权的项目。

② 国家融资资金投资的工程建设项目包括:

a. 使用国家发行债券所筹资金的项目。

b. 使用国家对外借款或者担保所筹资金的项目。

c. 使用国家政策性贷款的项目。

d. 国家授权投资主体融资的项目。

e. 国家特许的融资项目。

③ 国有资金(含国家融资资金)投资为主的工程建设项目是指国有资金占投资总额50%以上,或虽不足50%但国有投资者实质上拥有控股权的工程建设项目。

(2) 工程量清单计价的操作过程。

工程量清单计价活动涵盖施工招标、合同管理以及竣工交付全过程。其主要包括:工程量清单的编制,招标控制价、投标报价的编制,工程合同价款的约定,竣工结算的办理以及施工过程中的工程计量、工程价款支付、索赔与现场签证、工程价款调整和工程计价争议处理等活动。

4. 工程量清单计价的作用

(1) 提供一个平等的竞争条件。

采用施工图预算来投标报价,由于不同施工企业的人员对设计图纸理解不一,计算出的工程量也不同,报价就更相去甚远,也容易产生纠纷。而工程量清单报价为投标者提供了一个平等竞争的条件,相同的工程量,由企业根据自身的实力来填不同的单价。投标人的这种自主报价,使得企业的优势体现到投标报价中,可在一定程度上规范建筑市场秩序,确保工程质量。

(2) 满足市场经济条件下竞争的需要。

招标投标过程就是竞争的过程,招标人提供工程量清单,投标人根据自身情况确定综合单价,利用单价与工程量逐项计算每个项目的合价,再分别填入工程量清单表内,计算出投标总价。单价成了决定性的因素,定高了不能中标,定低了又要承担过大的风险。单价的高低直接取决于企业管理水平和技术水平的高低,这种局面促成了企业整体实力的竞争,有利于我国建设市场的快速发展。

(3) 有利于提高工程计价效率,能真正实现快速报价。

采用工程量清单计价方式,避免了传统计价方式下招标人与投标人在工程量计算上的重复工作,各投标人以招标人提供的工程量清单为统一平台,结合自身的管理水平和施工方案进行报价,促进了各投标人企业定额的完善和工程造价信息的积累和整理,体现了现代工程建设中快速报价的要求。

(4) 有利于工程款的拨付和工程造价的最终结算。

中标后,业主要与中标单位签订施工合同,中标价就是确定合同价的基础,投标清单上的单价就成了拨付工程款的依据。业主根据施工企业完成的工程量,可以很容易地确定进度款的拨付额。工程竣工后,根据设计变更、工程量增减等,业主也很容易确定工程的最终造价,可在某种程度上减少业主与施工单位之间的纠纷。

(5) 有利于业主对投资的控制。

采用现在的施工图预算形式,业主对因设计变更、工程量的增减所引起的工程造价变化不敏感,往往等到竣工结算时才知道这些变更对项目投资的影响有多大,但此时常常为时已晚。而采用工程量清单报价的方式则可对投资变化一目了然,在欲进行设计变更时,能马上知道它对工程造价的影响,业主就能根据投资情况来决定是否变更或进行方案比较,以决定最恰当的处理方法。

6.1.2 工程定额计价方法与工程量清单计价方法的联系和区别

1. 工程定额计价方法与工程量清单计价方法的联系

工程造价的计价就是指按照规定的计算程序和方法,用货币的数量表示建设项目(包括拟建、在建和已建的项目)的价值。无论是工程定额计价方法还是工程量清单计价方法,它们的工程造价计价都是一种从下而上的分部组合计价方法。

工程造价计价的基本原理在于项目的分解与组合。建设项目是兼具单件性与多样性的集合体。每一个建设项目的建设都需要按业主的特定需要进行单独设计、单独施工,不能批量生产和按整个项目确定价格,只能采用特殊的计价程序和计价方法,即将整个项目进行分解,划分为可以按有关技术经济参数测算价格的基本构造要素(或称分部分项工程),这样就很容易地计算出基本构造要素的费用。一般来说,分解结构层次越多,基本子项也越细,计算也更精确。

任何一个建设项目都可以分解为一个或几个单项工程;任何一个单项工程都是由一

个或几个单位工程所组成，作为单位工程的各类建筑工程和安装工程仍然是一个比较复杂的综合实体，还需要进一步分解；分解成分部工程后，虽然每一部分都包括不同的结构和内容，但是从工程计价的角度来看，还需要把分部工程按照不同的施工方法、不同的构造及不同的规格，加以更为细致地分解，划分为更简单细小的部分。经过这样逐步分解到分项工程后，就可以得到基本构造要素了。找到了适当的计量单位及当时当地的单价，就可以采取一定的计价方法，进行分项分部组合汇总，计算出某工程的总造价。

在我国，工程造价计价的主要思路也是将建设项目细分至最基本的构成单位（如分项工程），用其工程量与相应单价相乘后汇总，即为整个建设工程造价。

工程造价计价的基本原理是：

$$建筑安装工程造价 = \sum [单位工程基本构造要素工程量（分项工程）\times 相应单价] \tag{6-7}$$

无论是定额计价还是清单计价，公式都同样有效，只是公式中的各要素有不同的含义。

（1）单位工程基本构造要素即分项工程项目。定额计价时，是按工程定额划分的分项工程项目；清单计价是指清单项目。

（2）工程量是指根据工程项目的划分和工程量计算规则，按照施工图或其他设计文件计算的分项工程实物量。工程实物量是计价的基础，不同的计价依据有不同的计算规则。

目前，工程量计算规则包括两大类：国家标准《建设工程工程量清单计价规范》及相配套的工程工程量计算规范规定的计算规则和各类工程定额规定的计算规则。

（3）工程单价是指完成单位工程基本构造要素的工程量所需要的基本费用。

① 工程定额计价方法下的分项工程单价是指概预算定额基价，通常是指工料单价，仅包括人工、材料、机械台班费用，是人工、材料、机械台班定额消耗量与其相应单价的乘积。用公式表示为

$$定额分项工程单价 = \sum （定额消耗量 \times 相应单价） \tag{6-8}$$

定额消耗量包括人工消耗量、各种材料消耗量、各类机械台班消耗量。消耗量的大小决定定额水平。定额水平的高低，只有在两种及两种以上的定额相比较的情况下才能区别。对于消耗相同生产要素的同一分项工程，消耗量越大，定额水平越低；反之，则越高。但是，有些工程项目（单位工程或分项工程），因为在编制定额时采用的施工方法、技术装备不同，而使不同定额分析出来的消耗量之间没有可比性，则可以用同一水平的生产要素单价分别乘以不同定额的消耗量，经比较确定。

相应单价是指生产要素单价，是某一时点上的人工、材料、机械台班单价。同一时点上的工、料、机单价的高低，反映出不同的管理水平。在同一时期内，人工、材料、机械台班单价越高，则表明该企业的管理技术水平越低；人工、材料、机械台班单价越低，则表明该企业的管理技术水平越高。

② 工程量清单计价方法下的分项工程单价是指综合单价，包括人工费、材料费、机械台班费，还包括企业管理费、利润和风险因素。综合单价应该是根据企业定额和相应生产要素的市场价格来确定。

2. 工程定额计价方法与工程量清单计价方法的区别

工程定额计价方法与工程量清单计价方法相比有一些重大区别，这些区别也体现出了工程量清单计价方法的特点。

(1) 两种模式的最大差别在于体现了我国建设市场发展过程中的不同定价阶段。

① 我国建筑产品价格市场化经历了"国家定价→国家指导价→国家调控价"三个阶段。定额计价是以概预算定额、各种费用定额为基础依据，按照规定的计算程序确定工程造价的特殊计价方法。因此，利用工程建设定额计算工程造价就价格形成而言，介于国家定价和国家指导价之间。在工程定额计价模式下，工程价格或直接由国家决定，或是由国家给出一定的指导性标准，承包商可以在该标准的允许幅度内实现有限竞争。例如在我国的招投标制度中，一度严格限定投标人的报价必须在限定标底的一定范围内波动，超出此范围即为废标，这一阶段的工程招标投标价格即属于国家指导性价格，体现出在国家宏观计划控制下的市场有限竞争。

② 工程量清单计价模式则反映了市场定价阶段。在该阶段中，工程价格是在国家有关部门间接调控和监督下，由工程承发包双方根据工程市场中建筑产品供求关系变化自主确定工程价格。其价格的形成可以不受国家工程造价管理部门的直接干预，而此时的工程造价是根据市场的具体情况，有竞争形成、自发波动和自发调节的特点。

(2) 两种模式的主要计价依据及其性质不同。

① 工程定额计价模式的主要计价依据为国家、省有关专业部门制定的各种定额，其性质为指导性，定额的项目划分一般按施工工序分项，每个分项工程项目所含的工程内容一般是单一的。

② 工程量清单计价模式的主要计价依据为"清单计价规范"，其性质是含有强制性条文的国家标准，清单的项目划分一般是按"综合实体"进行分项的，每个分项工程一般包含多项工程内容。

(3) 编制工程量的主体不同。

在定额计价方法中，建设工程的工程量由招标人和投标人分别按图计算。而在清单计价方法中，工程量由招标人统一计算或委托有关工程造价咨询资质单位统一计算，工程量清单是招标文件的重要组成部分，各投标人按照招标人提供的工程量清单，根据自身的技术装备、施工经验、企业成本、企业定额、管理水平自主填写单价与合价。

(4) 单价与报价的组成不同。

定额计价法的单价包括人工费、材料费、机械台班费，而清单计价方法采用综合单价形式，综合单价包括人工费、材料费、机械使用费、管理费、利润，并考虑风险因素。工程量清单计价法的报价除包括定额计价法的报价外，还包括预留金、材料购置费和零星工作项目费等。

(5) 适用阶段不同。

从目前我国现状来看，工程定额主要用于在项目建设前期各阶段对于建设投资的预测和估计，在工程建设交易阶段，工程定额通常只能作为建设产品价格形成的辅助依据，而工程量清单计价依据主要适用于合同价格形成以及后续的合同价格管理阶段，体现出我国对于工程造价的一词两义采用了不同的管理方法。

(6) 合同价格的调整方式不同。

定额计价方法形成的合同价格，其主要调整方式有：变更签证、定额解释、政策性调整。而工程量清单计价方法在一般情况下单价是相对固定的，减少了在合同实施过程中的调整。通常情况下，如果清单项目的数量没有增减，能够保证合同价格基本没有调整，保证了其稳定性，也便于业主进行资金准备和筹划。

(7) 工程量清单计价把施工措施性损耗单列并纳入了竞争的范畴。

定额计价未区分施工实体性损耗和施工措施性损耗，而工程量清单计价把施工措施与工程实体项目进行分离，这项改革的意义在于突出了施工措施费用的市场竞争性。工程量清单计价规范的工程量计算规则的编制原则一般是以工程实体的净尺寸计算，也没有包含工程量合理损耗，这一特点也就是定额计价的工程量计算规则与工程量清单计价规范的工程量计算规则的本质区别。

6.2 公路工程工程量清单及内容

工程量清单包括说明与表格两大部分，其中说明包括工程量清单说明、投标报价说明、计日工说明、其他说明；表格包括工程量清单细目、计日工表、暂估价表、投标报价汇总表、工程量清单单价分析表等。

6.2.1 工程量清单说明

1. 工程量清单说明

工程量清单说明主要内容应包括如下方面：

(1) 工程量清单是根据招标文件中包括的、有合同约束力的图纸以及有关工程量清单的国家标准、行业标准、合同条款中约定的工程量计算规则编制。约定计量规则中没有的子目，其工程量按照有合同约束力的图纸所标示尺寸的理论净量计算。

(2) 工程量清单应与招标文件中的投标人须知、通用合同条款、专用合同条款、技术规范及图纸等一起阅读和理解。

(3) 工程量清单中所列工程数量是估算的或设计的预计数量，仅作为投标报价的共同基础，不能作为最终结算与支付的依据。实际支付应按实际完成的工程量清单项目，承包人按技术规范规定的计量方法，以监理人认可的尺寸、断面计量，按本工作的单价和总额价计算支付金额；或者根据具体情况，按合同相应条款的规定，由监理人确定单价或总额价计算支付额。

(4) 图纸中所列的工程数量表及数量汇总表仅是提供资料，不是工程量清单的外延。当图纸与工程量清单所列数量不一致时，以工程量清单所列数量作为报价的依据。

2. 投标报价说明

投标报价说明主要有如下内容：

(1) 工程量清单中的每一子目须填入单价或价格，且只允许有一个报价。

(2) 除非合同另有规定，工程量清单中有标价的单价和总额价均已包括了为实现和完成合同工程所需的劳务、材料、机械、质检（自检）、安装、缺陷修复、管理、保险、税费、利润等费用，以及合同明示或暗示的所有责任、义务和一般风险。

（3）工程量清单中投标人没有填入单价或价格的子目，其费用视为已分摊在工程量清单中其他相关子目的单价或价格之中。承包人必须按监理人指令完成工程量清单未填入单价或价格的子目，但不能得到结算与支付。

（4）符合合同条款规定的全部费用应认为已被计入有标价的工程量清单所列各子目之中，未列子目不予计量的工作，其费用应视为已分摊在本合同工程的有关子目的单价或总额价之中。

（5）承包人在本合同工程中为各类装备提供运输、维护、拆卸、拼装等支付的费用，已包括在工程量清单的单价与总额价之中。

3. 计日工说明

计日工说明主要有：

（1）未经监理人书面指令，任何工程不得按计日工施工；接到监理人按计日工施工的书面指令，承包人也不得拒绝。

（2）投标人应在计日工单价表中填列计日工子目的基本单价或租价，该基本单价或租价适用于监理人指令的任何数量的计日工的结算与支付。计日工的劳务、材料和施工机械由招标人（或发包人）列出正常的估计数量，投标人报出单价，计算出计日工总额后列入工程量清单汇总表中，并进入评标价。

（3）计日工劳务费用的支付，按承包人填报的"计日工劳务表"所列单价计算，该单价应包括基本单价及承包人的管理费、税费、利润等所有附加费。

工时应从工人到达施工现场，并开始从事指定的工作算起，到返回原出发地点为止，扣去用餐和休息的时间。只有直接从事指定的工作，且能胜任该工作的工人才能计工，随同工人一起做工的班长应计算在内，但不包括领工（工长）和其他质检管理人员。

（4）计日工材料费用的支付，按承包人"计日工材料表"中所填报的单价计算，该单价应包括基本单价及承包人的管理费、税费、利润等所有附加费。

（5）计日工作业施工机械费用的支付，按承包人填报的"计日工施工机械表"中的租价计算。该租价应包括施工机械的折旧、利息、维修、保养、零配件、油燃料、保险和其他消耗品的费用以及全部与使用这些机械有关的管理费、税费、利润和司机与助手的劳务费等费用。

施工机械费用计算时，应按实际工作小时支付。除非经监理人的同意，计算的工作小时才能将施工机械从现场某处运到监理人指令的计日工作业的另一现场往返运送时间包括在内。

6.2.2 工程量清单表

工程量清单表是招标工程中按章的顺序排列的各个项目表。表中有子目号、子目名称、单位、数量、单价及合价栏目。其中单价或合价栏的数字一般由承包商投标时填写，而其他部分一般由业主或者招标单位在编制工程量清单时确定。

工程量清单表分章排列有利于将不同性质、不同部位、不同施工阶段或其他特性不同的工程区别开来，同时也有利于将那些需要采用不同施工方法、不同施工阶段或成本不一样的工程区别开来。

工程子目按章、节、目的形式设置,至于具体分多少章,章中又设多少节,节下又有多少目,则视工程实际情况确定,详见《公路工程标准施工招标文件》(2018)中第八章工程量清单计量规则。表6-1中有《公路工程标准施工招标文件》分章中的第100章和第200章的节、目表,通过表6-1可以了解章、节、目的整体联系和具体内容。

1. 工程量清单细目

表6-1 工程量清单细目

第100章 总则					
子目号	子目名称	单位	数量	单价	合价
101	通则				
101-1	保险费				
-a	按合同条款规定,提供建筑工程一切险	总额			
-b	按合同条款规定,提供第三者责任险	总额			
102	工程管理				
102-1	竣工文件	总额			
102-2	施工环保费	总额			
102-3	安全生产费	总额			
102-4	信息化系统(暂估价)	总额			
103	临时工程与设施				
103-1	临时道路修建、养护与拆除(包括原道路的养护)	总额			
103-2	临时占地	总额			
103-3	临时供电设施架设、维护与拆除	总额			
103-4	电信设施的提供、维修与拆除	总额			
103-5	临时供水与排污设施	总额			
104	承包人驻地建设				
104-1	承包人驻地建设	总额			
105	施工标准化				
105-1	施工驻地	总额			
105-2	工地试验室	总额			
105-3	拌和站	总额			
105-4	钢筋加工场	总额			
105-5	预制场	总额			
105-6	仓储存放地	总额			
105-7	各场(厂)区、作业区连接道路及施工主便道	总额			
清单 第100章合计 人民币_____					
200章 路基					
子目号	子目名称	单位	数量	单价	合计
202	场地清理				

续表

子目号	子目名称	单位	数量	单价	合计
202-1	清理与掘除				
-a	清理现场	m^2			
-b	砍伐树木	棵			
-c	挖除树根	棵			
202-2	挖除旧路面	m^3			
202-3	拆除结构物				
-a	钢筋混凝土结构	m^3			
-b	混凝土结构	m^3			
-c	砖、石及其他砌体结构	m^3			
-d	金属结构	kg			
202-4	植物移栽				
-a	移栽乔（灌）木	棵			
-b	移栽草皮	m^2			
203	……				
	清单 第200章合计 人民币_____元				

第100章总则内容为开办项目，即工程施工开工前就要发生或一开工就要发生或大部分发生的项目，如工程保险、承包商的临时设施费等，在工程量清单及技术规范中，这些项目单独列项，放在清单第100章总则中。

在第100章后的各章中一般为永久性工程项目，如路基、路面、桥梁及涵洞、隧道等。其工程量应根据图纸中的工程量并按技术规范的规定处理后确定，具体格式见表6-1。

2. 计日工表

计日工也称散工或点工，指在工程施工过程中，发包人有一些临时性的或新增加的项目，这种临时新增项目的工程量在招投标阶段很难估计，希望通过招投标阶段事先定价，避免开工后可能发生时出现的争端，故需要以计日工明细表的方法在工程量清单中予以明确。计日工明细表包括计日工表和计日工汇总表。

计日工表由计日工劳务表、计日工材料表、计日工施工机械表组成。在招标文件中一般列有劳务、材料、施工机械和计日工汇总表。计日工劳务表、计日工材料表、计日工施工机械表和计日工汇总表，其格式见表6-2、表6-3、表6-4和表6-5。

表6-2 计日工劳务表

编号	子目名称	单位	暂定数量	单价	合价
101	班长	h			
102	普通工	h			
103	焊工	h			
104	电工	h			

续表

编号	子目名称	单位	暂定数量	单价	合价
105	混凝土工	h			
106	木工	h			
107	钢筋工	h			
	……				
			劳务小计金额：_____ (计入"计日工汇总表")		

表 6-3　计日工材料表

编号	子目名称	单位	暂定数量	单价	合价
201	水泥	t			
202	钢筋	t			
203	钢绞线	t			
204	沥青	t			
205	木材	m³			
206	砂	m³			
207	碎石	m³			
208	片石	m³			
	……				
			材料小计金额：_____ (计入"计日工汇总表")		

表 6-4　计日工施工机械表

编号	子目名称	单位	暂定数量	单价	合价
301	装载机				
301-1	1.5m³ 以下	h			
301-2	1.5～2.5m³	h			
301-3	2.5m³ 以上	h			
302	推土机				
302-1	90kW 以下	h			
302-2	90～180kW	h			
302-3	180kW 以上	h			
	……				
			施工机械小计金额：_____ (计入"计日工汇总表")		

计日工清单是用来处理一些临时性的或新增加项目（小到可以用计日工的形式来计

价）的计价，清单中计日工的数量是业主虚拟的，通常称为"名义工程量"，投标者在填入计日工单价后，再乘以"名义工程量"，然后将汇总的计日工总价加入投标总报价中，以避免承包商投标时计日工的单价报得太高。

表 6-5　计日工汇总表

名称	金额	备注
劳务		
材料		
施工机械		
计日工总计： （计入"投标报价汇总表"）		

3. 暂估价表

暂估价是在工程招标阶段已经确定的材料、工程设备或工程项目，但又无法在投标时确定准确价格而可能影响招标效果时，发包人在工程量清单中给定一个暂估价。在工程实施阶段，根据不同类型的材料与专业工程再重新定价。暂估价表由材料暂估价表、工程设备暂估价表、专业工程暂估价表等方面的内容组成，其格式见表 6-6、表 6-7 和表 6-8。

表 6-6　材料暂估价表

序号	名称	单位	数量	单价	合价	备注
小计：						

表 6-7　工程设备暂估价表

序号	名称	单位	数量	单价	合价	备注
小计：						

表 6-8　专业工程暂估价表

序号	专业工程名称	工程内容	金额
小计：			

4. 投标报价汇总表

投标报价汇总表是将各章的工程量表及计日工表进行汇总，再加上一定比例或数量（按招标文件规定）的暂列金额而得出该项目的总报价，该报价与投标书中填写的投标总价是一致的，其格式见表 6-9。

表 6-9 投标报价汇总表

_____（项目名称）_____（标段）

序号	章次	科目名称	金额
1	100	总则	
2	200	路基	
3	300	路面	
4	400	桥梁、涵洞	
5	500	隧道	
6	600	安全设施及预埋管线	
7	700	绿化及环境保护设施	
8	第100章～第700章清单合计		
9	已包括在清单合计中的材料、工程设备、专业工程暂估价合计		
10	清单合计减去材料、工程设备、专业工程暂估价合计（即8行－9行＝10行）		
11	计日工合计		
12	暂定金额（不含计日工总额）		
13	投标报价（8行＋11行＋12行）＝13行		

注：材料、工程设备、专业暂估价合计已包括在清单合计中，不应重复计入投标报价。

5. 工程量清单单价分析表

根据招标文件明确的预算编制办法、外业调查资料、企业自身情况等资料编制工程量清单单价分析表，见表 6-10。

表 6-10 工程量清单单价分析表

序号	编号	子目名称	人工费			材料费						机械使用费	其他	管理费	税费	利润	综合单价
						主材				辅材费	金额						
			工日	单价	金额	主材耗量	单位	单价	主材费								

6.2.3 工程量清单编写过程

工程量清单计价基本步骤为：熟悉工程量清单→研究招标文件→熟悉施工图纸→熟悉工程量计算规则→了解施工现场情况及施工组织设计特点→熟悉加工订货的有关情况→明确主材和设备的来源情况→计算分部分项工程工程量→计算分部分项工程综合单价→确定措施项目清单及费用→确定其他项目清单及费用→计算规费及税金→汇总各项费用计算工程造价。

工程量清单包括的内容很多，也很细，稍不注意，就有可能出错，给计量支付、合同管理带来麻烦，或给承包商造成有的项目费用无处可摊，甚至给业主带来不可弥补的损失，因此在编写时要注意以下几点：

（1）将开办项目作为独立的工程细目单列。

开办项目往往是一些一开工就要发生或开工前就要发生的项目，如工程保险、监理设施、承包商的驻地建设、测量放样、临时工程等。如果将这些项目包含在其他项目的单价中，到承包商开工时上述各种款项将得不到及时支付，这不仅影响合同的公平性和承包商的资金周转，而且会增加招标中预付款的数量。

(2) 合理划分工程项目。

在工程细目划分时，要注意将不同等级要求的工程区分开；将同一性质但不属于同一部位的工程区分开；将情况不同、可能要进行不同报价的项目分开。这一做法主要是为了强化工程投标中的竞争性，使投标人报价更加具体，针对不同情况可以采用不同的单价，便于降低总造价。

(3) 工程细目的划分要大小合适。

工程细目的划分可大可小，工程细目大，可减少计算工作量，但太大就难以发挥单价合同的优势，不便于工程变更的处理；另外，工程细目太大也会使支付周期延长，影响承包商的资金周转，最终影响合同的正常履行。

工程细目的划分不是绝对的，既要简单明了，高度概括，又不能漏掉项目和应计价的内容，要结合工程实际，具体问题具体对待，灵活掌握。

(4) 工程量的计算整理要细致准确。

计算和整理工程量的依据是设计图纸和技术规范，这是项严谨的技术工作，绝不是简单地罗列设计文件中的工程量。要认真阅读技术规范中的计量和支付方法，仔细核查设计文件中工程量所对应计量方法与技术规范中的计量方法是否一致，如不一致，则需在整理工程量时进行技术处理。此外，在工程量的计算过程中，要做到不重不漏，更不能发生计算错误，否则会带来一系列问题。

(5) 计日工表不可缺少。

计日工表是用来处理一些附加的或小型的变更工程计价用的，清单中计日工的数量完全是由业主虚拟的，用以避免承包商在投标时计日工的单价报得太离谱，有了计日工清单会使合同管理很方便。

(6) 应与技术规范一致。

工程量清单的编号、项目、单位等要与技术规范中的计量支付相统一，从而保证整个合同的严密性和前后一致性。

编制工程量清单应遵循以下原则：技术规范保持一致；便于计量支付；便于合同管理及处理工程变更；保持合同的公平性。

小　结

通过对公路工程工程量清单的学习，对公路工程工程量清单有了一个较全面的掌握和认识，主要是对工程量清单的概念、工程量清单的内容、工程定额计价方法与工程量清单计价方法的联系和区别等知识点进行了全面的学习。

练习题

1. 论述工程量清单计价方法。
2. 论述工程量清单"统一"的内容。
3. 论述工程定额计价方法与工程量清单计价方法的联系和区别。

第 7 章　公路工程工程量清单计量规则及应用

> **教学目标**
> 1. 掌握公路工程总则计量规则。
> 2. 掌握路基工程工程量计量规则。
> 3. 掌握路面工程工程量计量规则。
> 4. 掌握桥梁工程工程量计量规则。

7.1　公路工程工程量清单计量规则总说明

工程量清单是指建设工程的分部分项工程项目、措施项目、其他项目、规费项目和税金项目的名称和相应数量等的明细清单，是招标文件的组成部分，为潜在的投标者提供必要的信息，需要由具有资格的工程造价人员编制。工程量清单应采用综合单价计价。工程量清单与计价宜采用统一格式，由各省、自治区、直辖市建设行政主管部门和行业建设主管部门根据本地区、本行业的实际情况制定。例如分部分项工程量清单应按照规定的项目编码、项目名称、项目特征、计量单位和工程量计算规则进行编制，这五个要件在分部分项工程量清单的组成中缺一不可。

"公路工程工程量清单计量规则"主要依据交通运输部《公路工程标准施工招标文件》（2018版）中第八章工程量清单计量规则，结合公路建设项目内容编制。

工程工程量清单表格由子目号、子目名称、单位、数量、单价合价组成。"公路工程工程量清单计量规则"共分七章，分别为第 100 章总则，第 200 章路基，第 300 章路面，第 400 章桥梁、涵洞，第 500 章隧道，第 600 章安全设施及预埋管线，第 700 章绿化及环境保护设施。章下面分节、目，按不同的工程子目逐项编写，每个子目对应一个编号，按技术规范中的规定编写。

（1）子目号：五级编码，各级编号之间使用半角的破折号分开。第一级是专业工程编号，由三位或四位数字构成；第二级是分部工程编号，由一位或两位数字构成；第三级是分项工程编号，由一位或两位字母构成；第四级、第五级是子目编号，是由项目所属工程内容确定的编号，由一位或两位数字构成。同一招标项目的子目号不得有重码。如图 7-1 所示。

第三级、第四级、第五级编号按分项工程及其子目项编列，没有时则无编号。如清单 203-1-a，第一级为 203，表示第 203 节挖方路基；第二级为 1，表示为第一级的子项 203-1 路基挖方；第三级为 a，表示为第二级的子项 203-1-a 挖土方；本计量子目只有三级。

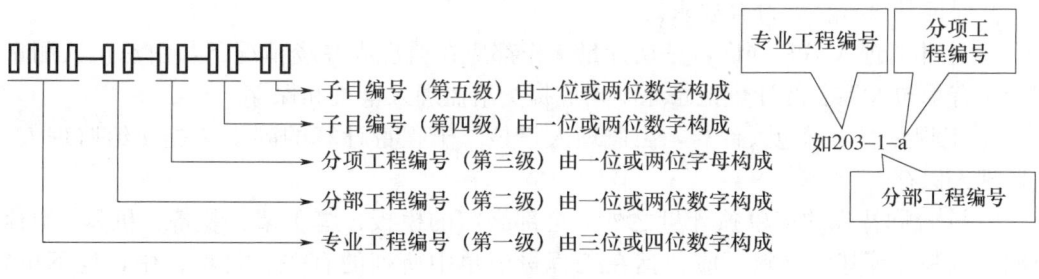

图 7-1 子目号

(2) 子目名称：按规范的子目名称结合拟建工程的实际确定。

子目名称，应以规范中的名称为基础，考虑该项目的规格、型号、材质等特征要求，并结合拟建工程实际情况，对其进行适当调整或细化，使其能够反映影响工程造价的主要因素。如 304-3-a"水泥稳定土基层厚…mm"，可根据拟建工程实际写成"水泥稳定土碎石基层厚 180mm（水泥 5%）"。

(3) 单位：按规范规定的计量单位确定。计量单位采用基本单位，除各章另有特殊规定外，均按以下单位计量：

以体积计算的项目——m^3。

以面积计算的项目——m^2。

以质量计算的项目——t、kg。

以长度计算的项目——m。

以自然体计算的项目——个、棵、根、台、套、块。

没有具体数量的项目——总额。

(4) 数量：按照《公路工程标准施工招标文件》（2018 版）中第八章工程量清单计量规则计算。清单工程量的计算一定要结合工程量清单和招标文件第八章计量与支付。

7.2 工程量计量规则说明

7.2.1 一般要求

1. 本计量规则各章节是按《公路工程标准施工招标文件》第七章"技术规范"的相应章节编号的，因此，各章节工程子目的工程量计量规则应与"技术规范"相应章节的施工规范结合起来理解、解释和应用。

2. 本规则所有工程项目，除个别注明者外，均采用我国法定的计量单位，即国际单位及国际单位制导出的辅助单位进行计量。

3. 本规则的计量与支付，应与合同条款、工程量清单以及图纸同时阅读，工程量清单中的支付项目号和本规则的章节编号是一致的。

4. 任何工程项目的计量，均应按本规则规定或监理人书面指示进行。

5. 按合同提供的材料数量和完成的工程数量所采用的测量与计算方法，应符合本规则规定。所有这些方法，应经监理人批准或指示。承包人应提供一切计量设备和条件，并保证其设备精度符合要求。

6. 除非监理人另有准许，一切计量工作都应在监理人在场情况下，由承包人测量、记录。有承包人签名的计量记录原本，应提交给监理人审查和保存。

7. 工程量应由承包人计算，由监理人审核。工程量计算的副本应提交给监理人并由监理人保存。

8. 除合同特殊约定单独计量之外，全部必需的模板、脚手架、装备、机具、螺栓、垫圈和钢制件等其他材料，应包括在工程量清单中所列的有关支付项目中，均不单独计量。

9. 除监理人另有批准外，凡超过图纸所示的面积或体积，都不予计量与支付。

10. 承包人应严格标准计量基础工作和材料采购检验工作。沥青混凝土、沥青碎石、水泥混凝土、高强度等级水泥砂浆的施工现场必须使用电子计量设备称重。因不符合计量规定引发质量问题，所发生的费用由承包人承担。

11. 第104节"承包人驻地建设"与第105节"施工标准化"属选择性工程子目，由发包人根据工程项目管理实际情况选择使用或同时使用。

7.2.2 质量

1. 凡以质量计量或以质量作为配合比设计的材料，都应在精确与批准的磅秤上，由称职合格的人员在监理人指定或批准的地点进行称重。

2. 称重计量时应满足以下条件：监理人在场；称重记录；载明包装材料、支撑装置、垫块、捆束物等质量的说明书在称重前提交给监理人作为依据。

3. 钢筋、钢板或型钢计量时，应按图纸或其他资料标示的尺寸和净长计算。搭接、接头套筒、焊接材料、下脚料和固定、定位架立钢筋等，则不予另行计量。钢筋、钢板或型钢应以千克计量，四舍五入，不计小数。钢筋、钢板或型钢由于理论单位质量与实际单位质量的差异而引起材料质量与数量不相匹配的情况，计量时不予考虑。

4. 金属材料的质量不得包括施工需要加放或使用的灰浆、楔块、填缝料、垫衬物、油料、接缝料、焊条、涂敷料等质量。

5. 承运按质量计量的材料的货车，应每天在监理人指定的时间和地点称出空车质量，每辆货车还应标示清晰易辨的标记。

6. 对有规定标准的项目，例如钢筋、金属线、钢板、型钢、管材等，均有规定的规格、质量、截面尺寸等指标，这类指标应视为通常的质量或尺寸；除非引用规范中的允许偏差值加以控制，否则可用制造商的允许偏差。

7.2.3 面积

除非另有规定，计算面积时，其长、宽应按图纸所示尺寸线或按监理人指示计量。对于面积在 1m² 以下的固定物（如检查井等）不予扣除。

7.2.4 结构物

1. 结构物应按图纸所示净尺寸线，或根据监理人指示修改的尺寸线计量。

2. 水泥混凝土的计量应按监理人认可的并已完工工程的净尺寸计算，钢筋的体积不扣除,倒角不超过 0.15m×0.15m 时不扣除,体积不超过 0.03m³ 的开孔及开口不扣除,面积不超过 0.15m×0.15m 的填角部分也不增加。

3. 所有以米计量的结构物(如管涵等),除非图纸另有表示,应按平行于该结构物位置的基面或基础的中心方向计量。

7.2.5　土方

1. 土方体积可采用平均断面积法计算,但与似棱体公式计算结果比较,如果误差超过±5%时,监理人可指示采用似棱体公式。

2. 各种不同类别的挖方与填方计量,应以图纸所示界线为限,而且应在批准的横断面图上标明。

3. 用于填方的土方量,应按压实后的纵断面高程和路床面为准来计量。承包人报价时,应考虑在挖方或运输过程中引起的体积差。

4. 在现场钉桩后 56d 内,承包人应将设计和进场复测的土方横断面图连同土方的面积与体积计算表一并提交监理人批准。所有横断面图都应标有图题框,其大小由监理人指定。一旦横断面图得到最后批准,承包人应交给监理人原版图及三份复制图。

7.2.6　运输车辆体积

1. 用体积计量的材料,应以经监理人批准的车辆装运,并在运到地点后进行计量。

2. 用于体积运输的车辆,其车厢的形状和尺寸应使其容量能够容易而准确地测定并应保证精确度。每辆车都应有明显标记。每车所运材料的体积应于事前由监理人与承包人相互达成书面协议。

3. 所有车辆都应装载成水平容积高度,车辆到达送货点时,监理人可以要求将其装载物重新整平,对超过定量运送的材料将不支付。运量达不到定量的车辆,应被拒绝或按监理人确定减少的体积接收。根据监理人的指示,承包人应在货物交付点,随机将一车材料刮平,在刮平后如发现货车运送的材料少于定量时,从前一车起所有运到的材料的计量都按同样比率减为目前的车载量。

7.2.7　质量与体积换算

1. 如承包人提出要求并得到监理人的书面批准,已规定要用立方米计量的材料可以称重,并将此质量换算为立方米计量。

2. 将质量计量换算为体积计量的换算系数应由监理人确定,并应在此种计量方法使用之前征得承包人的同意。

7.2.8　沥青和水泥

1. 沥青和水泥应以千克为单位计量。

2. 如用货车或其他运输工具装运沥青材料,可以按经过检定的质量或体积计算沥青材料的数量,但要对漏失量或泡沫进行校正。

3. 水泥可以以袋作为计量的依据,但一袋的标准应为 50kg。散装水泥应称重计量。

7.2.9 成套的结构单元

如规定的计量单位是一成套的结构物或结构单元(实际上就是按"总额"或称"一次支付"计的工程子目),该单元应包括了所有必需的设备、配件和附属物及相关作业。

7.2.10 标准制品项目

1. 如规定采用标准制品(如护栏、钢丝、钢板、轧制型材、管子等),而这类项目又是以标准规格(单位重、截面尺寸等)标识的,则这种标识可以作为计量的标准。

2. 除非所采用标准制品的允许误差比规范的允许误差要求更严格,否则,生产厂确立的制造允许误差不予认可。

7.3 公路工程总则计量规则

7.3.1 第100章总则工程量清单计量规则

1. 第101节 通则

本节工程量清单项目分项计量规则应按表7-1的规定执行。

表 7-1 通则

子目号	子目名称	单位	工程量计量	工程内容
101	通则			
101-1	保险费			
-a	按合同条款规定,提供建筑工程一切险	总额	1. 承包人按照合同条款约定的保险费率及保费计算方法办理建筑工程一切险,根据保险公司的保单金额以总额为单位计量; 2. 保险期为合同约定的施工期及缺陷责任期; 3. 承包人施工机械设备保险和雇用人员工伤事故保险费、人身意外伤害保险费由承包人承担	根据合同条款办理建筑工程一切险
-b	按合同条款规定,提供第三者责任险	总额	1. 承包人按照合同条款约定的保险费率及保费计算方法办理第三者责任险,根据保险公司的保单金额以总额为单位计量; 2. 保险期为合同约定的施工期及缺陷责任期	根据合同条款办理第三者责任险

2. 第 102 节 工程管理

本节工程量清单项目分项计量规则应按表 7-2 的规定执行。

表 7-2 工程管理

子目号	子目名称	单位	工程量计量	工程内容
102	工程管理			
102-1	竣工文件	总额	以总额为单位计量	按《公路工程竣（交）工验收办法》《公路工程竣（交）工验收办法实施细则》及合同条款规定进行编制
102-2	施工环保费	总额	以总额为单位计量	按招标文件技术规范 102.11 小节及合同条款规定落实环境保护
102-3	安全生产费	总额	按投标价的 1.5%（若招标人公布了最高投标限价时，按最高投标限价的 1.5%）以总额为单位计量	按招标文件技术规范 102.13 小节及合同条款规定落实安全生产
102-4	信息化系统（暂估价）	总额	以暂估价的形式按总额计量	1. 工程信息化系统的配置、维护、备份管理及网络构筑； 2. 系统操作人员培训、劳务

3. 第 103 节 临时工程与设施

本节工程量清单项目分项计量规则应按表 7-3 的规定执行。

表 7-3 临时工程与设施

子目号	子目名称	单位	工程量计量	工程内容
103	临时工程与设施			
103-1	临时道路修建、养护与拆除（包括原道路的养护）	总额	以总额为单位计量	按招标文件技术规范 103.03 小节及合同条款规定完成临时道路的修建、养护与拆除
103-2	临时占地	总额	1. 以总额为单位计量； 2. 取、弃土（渣）场的绿化、结构防护及排水在相应章节计量	1. 按招标文件技术规范 103.04 小节及合同条款规定办理及使用临时占地，并进行复垦； 2. 临时占地范围包括承包人驻地的办公室、食堂、宿舍、道路和机械设备停放场、材料堆放场地、弃土（渣）场、预制场、拌和场、仓库、进场临时道路、临时便道、便桥等
103-3	临时供电设施架设、维护与拆除	总额	以总额为单位计量	按招标文件技术规范 103.02 小节及合同条款规定完成临时供电设施架设、维护与拆除
103-4	电信设施的提供、维修与拆除	总额	以总额为单位计量	按招标文件技术规范 103.02 小节及合同条款规定完成电信设施的提供、维修与拆除
103-5	临时供水与排污设施	总额	以总额为单位计量	按招标文件技术规范 103.02 小节及合同条款规定完成临时供水与排污设施的修建、维修与拆除

4. 第 104 节 承包人驻地建设

本节工程量清单项目分项计量规则应按表 7-4 的规定执行。

表 7-4 承包人驻地建设

子目号	子目名称	单位	工程量计量	工程内容
104	承包人驻地建设			
104-1	承包人驻地建设	总额	以总额为单位计量	1. 承包人驻地建设包括：施工与管理所需的办公室、住房、工地试验室、车间、工作场地、预制场地、仓库与储料场、拌和场、医疗卫生与消防设施等； 2. 驻地的建设、管理与维护； 3. 工程交工时，按照合同或协议要求将驻地移走、清除、恢复原貌

5. 第 105 节 施工标准化

本节工程量清单项目分项计量规则应按表 7-5 的规定执行。

表 7-5 施工标准化

子目号	子目名称	单位	工程量计量	工程内容
105	施工标准化			
105-1	施工驻地	总额	以总额为单位计量	按招标文件技术规范第 105 节施工标准化的内容和要求执行
105-2	工地试验室	总额	以总额为单位计量	按招标文件技术规范第 105 节施工标准化的内容和要求执行
105-3	拌和站	总额	以总额为单位计量	按招标文件技术规范第 105 节施工标准化的内容和要求执行
105-4	钢筋加工场	总额	以总额为单位计量	按招标文件技术规范第 105 节施工标准化的内容和要求执行
105-5	预制场	总额	以总额为单位计量	按招标文件技术规范第 105 节施工标准化的内容和要求执行
105-6	仓储存放地	总额	以总额为单位计量	按招标文件技术规范第 105 节施工标准化的内容和要求执行
105-7	各场（厂）区、作业区连接道路及施工主便道	总额	以总额为单位计量	按招标文件技术规范第 105 节施工标准化的内容和要求执行

7.3.2 有关内容的说明及提示

第 100 章包括的主要工程内容有：保险；竣工文件；施工环保费；安全生产费；信息化系统（暂估价）；临时工程与设施（包括临时道路修建、养护与拆除；临时占地；临时供电设施架设、维护与拆除；电信设施的提供、维修与拆除；临时供水与排污设施）；承包人驻地建设；施工标准等。

第 100 章总则的计量特点是均以有关款项包干支付按总额为单位计量，具体计算参照技术规范包括的工程内容进行。其中安全生产费按投标价的1.5%（若招标人公布了最高投标限价时，按最高投标限价的1.5%）以总额为单位计量。

7.4　路基工程工程量计量

7.4.1　第200章路基工程工程量清单计量规则

1. 第201节　通则

本节包括材料标准、路基施工的一般要求。本节工作内容均不作计量，其所涉及的作业应包含在与其相关工程子目之中。

2. 第202节　场地清理

本节工程量清单项目分项计量规则应按表7-6的规定执行。

表7-6　场地清理

子目号	子目名称	单位	工程量计量	工程内容
202	场地清理			
202-1	清理与掘除			
-a	清理现场	m^2	依据图纸所示位置及范围（路基范围以外临时工程用地清场等除外），按路基开挖线或填筑边线之间的水平投影面积以平方米为单位计量	1. 灌木、竹林、胸径小于10cm树木的砍伐及挖根； 2. 清除场地表面0～30cm范围内的垃圾、废料、表土（腐殖土）、石头、草皮； 3. 与清理现场有关的一切挖方、坑穴的回填、整平、压实； 4. 适用材料的装卸、移运、堆放及非适用材料的移运处理； 5. 现场清理
-b	砍伐树木	棵	依据图纸所示路基范围内胸径10cm以上（含10cm）的树木，按实际砍伐数量以棵为单位计量	1. 砍伐； 2. 截锯； 3. 装卸、移运至指定地点堆放； 4. 现场清理
-c	挖除树根	棵	依据图纸所示路基范围内胸径10cm以上（含10cm）树木的树根，按实际挖除数量以棵为单位计量	1. 挖除树根； 2. 装卸、移运至指定地点堆放； 3. 现场清理
202-2	挖除旧路面	m^3	依据图纸所示位置，挖除路基范围内原有的旧路面，按不同的路面结构类型以立方米为单位计量	1. 挖除； 2. 装卸、移运处理； 3. 场地清理、平整
202-3	拆除结构物			
-a	钢筋混凝土结构	m^3	依据图纸所示位置，拆除路基范围内原有的钢筋混凝土结构以立方米为单位计量	1. 挖除； 2. 装卸、移运处理； 3. 场地清理、平整
-b	混凝土结构	m^3	依据图纸所示位置，拆除路基范围内原有的混凝土结构以立方米为单位计量	1. 挖除； 2. 装卸、移运处理； 3. 场地清理、平整

续表

子目号	子目名称	单位	工程量计量	工程内容
-c	砖、石及其他砌体结构	m³	依据图纸所示位置,拆除路基范围内原有的砖、石及其他砌体结构,以立方米为单位计量	1. 挖除; 2. 装卸、移运处理; 3. 场地清理、平整
-d	金属结构	kg	1. 依据图纸所示位置,拆除路基范围内原有的金属结构,以千克为单位计量; 2. 金属回收按合同有关规定办理	1. 切割、挖除; 2. 装卸、移运、堆放; 3. 场地清理、平整
202-4	植物移栽			
-a	移栽乔(灌)木	棵	依据图纸所示位置,起挖路基范围内原有的乔(灌)木并移栽,按成活的各类乔(灌)木数量,以棵为单位计量	1. 起挖; 2. 植物保护、装卸、运输; 3. 坑(穴)开挖; 4. 种植; 5. 支撑、养护; 6. 场地清理
-b	移栽草皮	m²	依据图纸所示位置,起挖路基范围内原有的草皮并移栽,按成活的草皮面积,以平方米为单位计量	1. 起挖; 2. 植物保护、装卸、运输; 3. 坑(穴)开挖; 4. 种植; 5. 养护; 6. 场地清理

3. 第 203 节 挖方路基

本节工程量清单项目分项计量规则应按表 7-7 的规定执行。

表 7-7 挖方路基

子目号	子目名称	单位	工程量计量	工程内容
203	挖方路基			
203-1	路基挖方			
-a	挖土方	m³	1. 依据图纸所示地面线、路基设计横断面图、路基土石比例,采用平均断面面积法计算,包括边沟、排水沟、截水沟的土方,按照天然密实体积以立方米为单位计量; 2. 路床顶面以下挖松深 300mm 再压实作为挖土方的附属工作,不另行计量; 3. 取弃土场的绿化、防护工程、排水设施在相应章节内计量	1. 挖、装、运输、卸车; 2. 填料分理、弃土整型、压实; 3. 施工排水处理; 4. 边坡整修、路床顶面以下挖松深 300mm 再压实、路床清理
-b	挖石方	m³	1. 依据图纸所示地面线、路基设计横断面图、路基土石比例,按平均断面积法计算,包括边沟、排水沟、截水沟的石方,按照天然体积以立方米为单位计量; 2. 弃土场绿化、防护工程、排水设施在相应章节内计量	1. 石方爆破; 2. 挖、装、运输、卸车; 3. 填料分理、弃土整型、压实; 4. 施工排水处理; 5. 边坡整修、路床顶面凿平或填平压实、路床清理

续表

子目号	子目名称	单位	工程量计量	工程内容
-c	挖除非适用材料（不含淤泥、岩盐、冻土）	m³	1. 依据图纸所示位置，挖除路基范围内非适用材料（不含淤泥、岩盐、冻土）以立方米为单位计量； 2. 弃土场绿化、防护工程、排水设施在相应章节内计量	1. 施工排水处理； 2. 挖除、装载、运输、卸车、堆放； 3. 现场清理
-d	挖淤泥	m³	1. 依据图纸所示位置，挖除路基范围内淤泥以立方米为单位计量； 2. 弃土场绿化、防护工程、排水设施在相应章节内计量	1. 施工排水处理； 2. 挖除、装载、运输、卸车、堆放； 3. 现场清理
-e	挖岩盐	m³	1. 依据图纸所示地面线、路基设计横断面图、路基土石比例，按平均断面积法计算，按照天然体积以立方米为单位计量； 2. 弃土场绿化、防护工程、排水设施在相应章节内计量	1. 石方爆破或机械开挖； 2. 挖、装、运输、卸车； 3. 填料分理； 4. 施工排水处理； 5. 路床顶面岩盐破碎、润洒饱和卤水、碾压整平、路床清理
-f	挖冻土	m³	1. 依据图纸所示地面线、路基设计横断面图、路基土石比例，按平均断面积法计算，按照天然体积以立方米为单位计量； 2. 弃土场绿化、防护工程、排水设施在相应章节内计量	1. 爆破或机械开挖； 2. 挖除、装载、运输、卸车、堆放； 3. 施工排水处理； 4. 现场清理
203-2	改河、改渠、改路挖方			
-a	挖土方	m³	1. 依据图纸所示地面线、设计横断面图、土石比例，按平均断面面积法计算，以立方米为单位计量； 2. 路床顶面以下挖松深300mm再压实作为挖土方的附属工作，不另行计量； 3. 取弃土场的绿化、防护工程、排水设施在相应章节内计量	1. 挖、装、运输、卸车； 2. 填料分理、弃土整型、压实； 3. 施工排水处理； 4. 边坡整修、路床顶面以下挖松深300mm再压实、路床清理
-b	挖石方	m³	1. 依据图纸所示地面线、设计横断面图、土石比例，按平均断面面积法计算，以立方米为单位计量； 2. 弃土场绿化、防护工程、排水设施在相应章节内计量	1. 石方爆破； 2. 挖、装、运输、卸车； 3. 填料分理、弃土整型、压实； 4. 施工排水处理； 5. 边坡整修、路床顶面凿平或填平压实、路床清理
-c	挖除非适用材料（不含淤泥、岩盐、冻土）	m³	1. 依据图纸所示位置，挖除非适用材料（不含淤泥、岩盐、冻土）以立方米为单位计量； 2. 弃土场绿化、防护工程、排水设施在相应章节内计量	1. 施工排水处理； 2. 挖除、装载、运输、卸车、堆放； 3. 现场清理
-d	挖淤泥	m³	1. 依据图纸所示位置，挖除淤泥以立方米为单位计量； 2. 弃土场绿化、防护工程、排水设施在相应章节内计量	1. 施工排水处理； 2. 挖除、装载、运输、卸车、堆放； 3. 现场清理

续表

子目号	子目名称	单位	工程量计量	工程内容
-e	挖岩盐	m³	1. 依据图纸所示位置，挖岩盐以立方米为单位计量； 2. 路床顶面岩盐破碎、润洒卤水、碾压整平等作为挖岩盐的附属工作，不另行计量	1. 石方爆破或机械开挖； 2. 挖、装、运输、卸车； 3. 填料分理； 4. 施工排水处理； 5. 路床顶面岩盐破碎、润洒饱和卤水、碾压整平、路床清理
-f	挖冻土	m³	1. 依据图纸所示位置，挖冻土以立方米为单位计量； 2. 弃土场绿化、防护工程、排水设施在相应章节内计量	1. 爆破或机械开挖； 2. 挖除、装载、运输、卸车、堆放； 3. 施工排水处理； 4. 现场清理

4. 第 204 节 填方路基

本节工程量清单项目分项计量规则应按表 7-8 的规定执行。

表 7-8 填方路基

子目号	子目名称	单位	工程量计量	工程内容
204	填方路基			
204-1	路基填筑（包括填前压实）			
-a	利用土方	m³	1. 依据图纸所示地面线、路基设计横断面图，按平均断面面积法计算压实的体积，以立方米为单位计量； 2. 当填料中石料含量小于 30% 时，适用于本条； 3. 满足施工需要，预留路基宽度宽填的填方量作为路基填筑的附属工作，不另行计量； 4. 填前压实、地面下沉增加的填方量按填料来源参照本条计量	1. 基底翻松、压实、挖台阶； 2. 临时排水、翻晒； 3. 分层摊铺； 4. 洒水、压实、刷坡； 5. 整型
-b	利用石方	m³	1. 依据图纸所示地面线、路基设计横断面图，按平均断面面积法计算压实的体积，以立方米为单位计量； 2. 当填料中石料含量大于 70% 时，适用于本条； 3. 地面下沉增加的填方量按填料来源参照本条计量	1. 基底翻松、压实，挖台阶； 2. 临时排水、翻晒； 3. 边坡码砌； 4. 分层摊铺； 5. 小石块（或石屑）填缝、找补。 6. 洒水、压实； 7. 整型
-c	利用土石混填	m³	1. 依据图纸所示地面线、路基设计横断面图，按平均断面面积法计算压实的体积，以立方米为单位计量； 2. 当填料中石料含量大于 30%、小于 70% 时，适用于本条； 3. 满足施工需要，预留路基宽度宽填的填方量作为路基填筑的附属工作，不另行计量； 4. 地面下沉增加的填方量按填料来源参照本条计量	1. 基底翻松、压实，挖台阶； 2. 临时排水、翻晒； 3. 边坡码砌； 4. 分层摊铺； 5. 洒水、压实、刷坡； 6. 整型

续表

子目号	子目名称	单位	工程量计量	工程内容
-d	借土填方	m³	1. 依据图纸所示地面线、路基设计横断面图，按平均断面面积法计算压实的体积，以立方米为单位计量； 2. 借土场绿化、防护工程、排水设施、临时用地在相应章节内计量； 3. 满足施工需要，预留路基宽度宽填的填方量作为路基填筑的附属工作，不另行计量； 4. 地面下沉增加的填方量按填料来源参照本条计量	1. 借土场场地清理、清除不适用材料； 2. 简易便道、基底翻松、压实、挖台阶； 3. 挖、装、运输、卸车； 4. 分层摊铺； 5. 洒水、压实、刷坡； 6. 施工排水处理； 7. 整型
-e	粉煤灰及矿渣路堤	m³	1. 依据图纸所示地面线、路基设计横断面图，按平均断面面积法计算压实的体积，以立方米为单位计量； 2. 满足施工需要，预留路基宽度宽填的填方量作为路基填筑的附属工作，不另行计量； 3. 地面下沉增加的填方量按填料来源参照本条计量	1. 材料选择； 2. 基底翻松、压实、挖台阶； 3. 挖、装、运输、卸车； 4. 分层摊铺； 5. 洒水、压实、土质护坡； 6. 施工排水处理； 7. 整型
-f	吹填砂路堤	m³	1. 依据图纸所示地面线、路基设计横断面图，按平均断面面积法计算压实的体积，以立方米为单位计量； 2. 满足施工需要，预留路基宽度宽填的填方量作为路基填筑的附属工作，不另行计量； 3. 地面下沉增加的填方量按填料来源参照本条计量	1. 吹砂设备安设； 2. 吹填； 3. 施工排水处理（排水沟、反滤层设置）； 4. 封闭及整形
-g	EPS路堤	m³	依据图纸所示，按铺筑的EPS体积以立方米为单位计量	1. 下承层处理； 2. 铺设垫层； 3. EPS块加工及铺装
-h	结构物台背回填	m³	1. 依据图纸所示结构物台背回填数量，按照压实的体积以立方米为单位计量； 2. 挡土墙墙背回填不另行计量	1. 基底翻松、压实、挖台阶； 2. 填料的选择； 3. 临时排水； 4. 分层摊铺； 5. 洒水、压实； 6. 整型
-i	锥坡及台前溜坡填土	m³	依据图纸所示锥坡及台前溜坡填土数量，按照压实的体积以立方米为单位计量	1. 基底翻松、压实、挖台阶； 2. 填料的选择； 3. 临时排水； 4. 分层摊铺； 5. 洒水、压实； 6. 整型
204-2	改河、改渠、改路填筑			
-a	利用土方	m³	1. 依据图纸所示地面线、设计横断面图，按平均断面面积法计算压实的体积，以立方米为单位计量； 2. 当填料中石料含量小于30%时，适用于本条； 3. 满足施工需要，预留路基宽度宽填的填方量作为路基填筑的附属工作，不另行计量	1. 基底翻松、压实、挖台阶； 2. 临时排水； 3. 分层摊铺； 4. 洒水、压实、刷坡； 5. 整型

续表

子目号	子目名称	单位	工程量计量	工程内容
-b	利用石方	m³	1. 依据图纸所示地面线、设计横断面图,按平均断面面积法计算压实的体积,以立方米为单位计量; 2. 当填料中石料含量大于70%时,适用于本条; 3. 满足施工需要,预留路基宽度宽填的填方量作为路基填筑的附属工作,不另行计量	1. 基底翻松、压实、挖台阶; 2. 临时排水; 3. 边坡码砌; 4. 分层摊铺; 5. 小石块(或石屑)填缝、找补; 6. 洒水、压实; 7. 整型
-c	利用土石混填	m³	1. 依据图纸所示地面线、设计横断面图,按平均断面面积法计算压实的体积,以立方米为单位计量; 2. 当填料中石料含量大于30%、小于70%时,适用于本条; 3. 满足施工需要,预留路基宽度宽填的填方量作为路基填筑的附属工作,不另行计量	1. 基底翻松、压实、挖台阶; 2. 临时排水; 3. 分层摊铺; 4. 洒水、压实、刷坡; 5. 整型
-d	借土填方	m³	1. 依据图纸所示借方填筑数量,按照压实的体积以立方米为单位计量; 2. 借土场绿化、防护工程、排水设施、临时用地在相应章节内计量; 3. 满足施工需要,预留路基宽度宽填的填方量作为路基填筑的附属工作,不另行计量	1. 借土场场地清理; 2. 基底翻松、压实、挖台阶; 3. 挖、装、运输、卸车; 4. 分层摊铺; 5. 洒水、压实、刷坡; 6. 施工排水处理; 7. 整型

5. 第205节 特殊地区路基处理

本节工程量清单项目分项计量规则应按表7-9的规定执行。

表7-9 特殊地区路基处理

子目号	子目名称	单位	工程量计量	工程内容
205	特殊地区路基处理			
205-1	软土路基处理			
-a	抛石挤淤	m³	依据图纸所示位置和范围,按照抛石体积的片石数量,以立方米为单位计量	1. 临时排水; 2. 抛填片石; 3. 小石块、石屑填塞垫平; 4. 重型压路机压实
-b	爆炸挤淤	m³	依据图纸所示位置和范围,按照设计的爆炸挤淤的淤泥体积,以立方米为单位计量	1. 超高填石; 2. 爆炸设计; 3. 布置炸药; 4. 爆破; 5. 填石; 6. 钻探(或物探)检查
-c	垫层			
-c-1	砂垫层	m³	1. 依据图纸所示位置和断面尺寸,按图示砂垫层密实体积以立方米为单位计量; 2. 因换填而挖除的非适用材料列入203-1相关子目计量	1. 基底清理; 2. 临时排水; 3. 分层铺筑; 4. 分层碾压

续表

子目号	子目名称	单位	工程量计量	工程内容
-c-2	砂砾垫层	m³	1. 依据图纸所示位置和断面尺寸，按图示砂砾垫层密实体积以立方米为单位计量； 2. 因换填而挖除的非适用材料列入 203-1 相关子目计量	1. 基底清理； 2. 临时排水； 3. 分层铺筑； 4. 分层碾压
-c-3	碎石垫层	m³	1. 依据图纸所示位置和断面尺寸，按图示碎石垫层密实体积以立方米为单位计量； 2. 因换填而挖除的非适用材料列入 203-1 相关子目计量	1. 基底清理； 2. 临时排水； 3. 分层铺筑； 4. 路基边部片石砌护； 5. 分层碾压
-c-4	碎石土垫层	m³	1. 依据图纸所示位置和断面尺寸，按图示碎石土垫层密实体积以立方米为单位计量； 2. 因换填而挖除的非适用材料列入 203-1 相关子目计量	1. 基底清理； 2. 临时排水； 3. 分层铺筑； 4. 分层碾压
-c-5	灰土垫层	m³	1. 依据图纸所示位置和断面尺寸，按图示石灰土垫层密实体积以立方米为单位计量； 2. 因换填而挖除的非适用材料列入 203-1 相关子目计量	1. 基底清理； 2. 临时排水； 3. 石灰购置、运输； 4. 消解、拌和； 5. 分层铺筑； 6. 分层碾压
-d	土工合成材料			
-d-1	反滤土工布	m²	1. 依据图纸所示位置和规格，按土层中分层铺设反滤土工布的累计净面积以平方米为单位计量； 2. 接缝的重叠面积和边缘的包裹面积不予计量	1. 清理下承层； 2. 铺设及固定； 3. 接缝处理（搭接、缝接、粘接）； 4. 边缘处理
-d-2	防渗土工膜	m²	1. 依据图纸所示位置和规格，按土层中分层铺设防渗土工膜的累计净面积以平方米为单位计量； 2. 接缝的重叠面积和边缘的包裹面积不予计量	1. 清理下承层； 2. 铺设及固定； 3. 接缝处理（搭接、缝接、粘接）； 4. 边缘处理
-d-3	土工格栅	m²	1. 依据图纸所示位置和规格、型号，按土层中分层铺设土工格栅的累计净面积以平方米为单位计量； 2. 接缝的重叠面积和边缘的包裹面积不予计量	1. 清理下承层； 2. 铺设及固定； 3. 接缝处理（搭接、缝接、粘接）； 4. 边缘处理

续表

子目号	子目名称	单位	工程量计量	工程内容
-d-4	土工格室	m²	1. 依据图纸所示位置和规格、型号，按设置土工格室的累计净面积以平方米为单位计量； 2. 接缝的重叠面积和边缘的包裹面积不予计量	1. 清理下承层； 2. 铺设及固定； 3. 接缝处理（搭接、缝接、粘接）； 4. 边缘处理
-e	预压与超载预压			
-e-1	真空预压	m²	1. 依据图纸所示的沿密封沟内缘线密封膜覆盖的路基面积以平方米为单位计量； 2. 真空联合堆载预压的堆载土方在 205-1-e-2 子目计量； 3. 砂垫层作为真空预压的附属工作不另行计量	1. 场地清理及埋设沉降观测设施； 2. 铺设砂垫层及密封薄膜； 3. 施工密封沟； 4. 安装真空设备； 5. 抽真空、沉降观测； 6. 拆除、清理场地； 7. 围堰与临时排水
-e-2	超载预压	m³	依据图纸所示预压范围（宽度、高度、长度）预压后体积以立方米为单位计量	1. 场地清理及埋设沉降观测设施； 2. 指标试验； 3. 围堰及临时排水； 4. 挖运、堆载、整型及碾压； 5. 沉降观测； 6. 卸载
-f	袋装砂井	m	依据图纸所示位置和断面尺寸，按不同直径袋装砂井的长度以米为单位计量	1. 场地清理； 2. （轨道铺、拆）装砂袋； 3. 桩机定位； 4. 打钢管； 5. 下砂袋； 6. 拔钢管； 7. 起重机（门架）、桩机移位
-g	塑料排水板	m	1. 依据图纸所示位置和断面尺寸，按图示不同类型的塑料排水板长度以米为单位计量； 2. 不计伸入垫层内的塑料排水板长度	1. 场地清理； 2. （轨道铺、拆）桩机定位； 3. 穿塑料排水板； 4. 安桩靴； 5. 打拔钢管； 6. 剪断排水板； 7. 起重机（门架）、桩机移位
-h	粒料桩			
-h-1	砂桩	m	依据图纸所示位置和断面尺寸，按图示不同桩径的砂桩长度以米为单位计量	1. 场地清理； 2. 成桩设备安装与就位； 3. 成孔； 4. 灌砂； 5. 桩机移位
-h-2	碎石桩	m	依据图纸所示位置和断面尺寸，按图示不同桩径的碎石桩长度以米为单位计量	1. 场地清理； 2. 成桩设备安装与就位； 3. 成孔； 4. 灌碎石； 5. 桩机移位

续表

子目号	子目名称	单位	工程量计量	工程内容
-i	加固土桩			
-i-1	粉喷桩	m	依据图纸所示位置和断面尺寸，按图示不同桩径的粉喷桩长度以米为单位计量	1. 场地清理； 2. 钻机安装与就位； 3. 钻孔； 4. 喷（水泥）粉，搅拌； 5. 复喷、二次搅拌； 6. 桩机移位
-i-2	浆喷桩	m	依据图纸所示位置和断面尺寸，按图示不同桩径的浆喷桩长度以米为单位计量	1. 场地清理； 2. 钻机定位； 3. 钻进； 4. 上提喷浆、强制搅拌； 5. 复搅； 6. 提杆出孔； 7. 钻机移位
-j	CFG 桩	m	依据图纸所示位置和断面尺寸，按图示不同桩径的 CFG 桩长度以米为单位计量	1. 场地清理； 2. 钻机定位； 3. 钻进成孔； 4. CFG 桩混合料拌制； 5. 灌注及拔管； 6. 桩头处理； 7. 钻机移位
-k	Y 形沉管灌注桩	m	依据图纸所示位置和断面尺寸，按图示不同规格的 Y 形沉管灌注桩长度以米为单位计量	1. 场地清理； 2. 打桩机定位； 3. 沉管； 4. 混合料拌制； 5. 灌注及拔管； 6. 桩头处理； 7. 打桩机移位
-l	薄壁筒型沉管灌注桩	m	依据图纸所示位置和断面尺寸，按图示不同规格的薄壁筒型沉管灌注桩长度以米为单位计量	1. 场地清理； 2. 打桩机定位； 3. 沉管； 4. 混合料拌制； 5. 灌注及拔管； 6. 桩头处理； 7. 打桩机移位
-m	静压管桩	m	依据图纸所示位置和断面尺寸，按图示不同规格的静压管桩长度以米为单位计量	1. 场地清理； 2. 管桩制作； 3. 静力压桩机定位； 4. 压桩； 5. 桩身连接； 6. 桩头处理； 7. 压桩机移位
-n	强夯及强夯置换			
-n-1	强夯	m²	依据图纸所示位置和处理面积，按图示路堤底面积以平方米为单位计量	1. 场地清理； 2. 拦截、排除地表水； 3. 防止地表水下渗等防渗措施； 4. 强夯处理； 5. 路基整型； 6. 压实； 7. 沉降观测

续表

子目号	子目名称	单位	工程量计量	工程内容
-n-2	强夯置换	m³	依据图纸所示位置，按图示置换的体积以立方米为单位计量	1. 场地清理； 2. 拦截、排除地表水； 3. 防止地表水下渗等防渗措施； 4. 挖除材料； 5. 铺设置换材料； 6. 强夯； 7. 路基整型； 8. 承载力检测
205-2	红黏土及膨胀土路基处理			
-a	石灰改良土	m³	1. 依据图纸所示位置和断面尺寸，对不良填料进行掺石灰改良处理，按不同掺灰量的压实体积，以立方米为单位计量； 2. 本条内容仅指石灰改良土作业，包括石灰的购置、运输、消解、拌和、洒水； 3. 土石方挖运、摊平、压实、整型在第204节计量； 4. 包边土方在第204节计量	1. 原状土开挖翻松及晾晒； 2. 石灰消解； 3. 掺灰拌和
-b	水泥改良土	m³	1. 依据图纸所示位置和断面尺寸，对不良填料进行掺水泥改良处理，按不同掺水泥量的压实体积，以立方米为单位计量； 2. 本条内容仅指水泥改良土作业，包括水泥的购置、运输、消解、拌和、洒水； 3. 土石方挖运、摊平、压实、整型在第204节计量； 4. 包边土方在第204节计量	1. 原状土开挖翻松及晾晒； 2. 水泥消解； 3. 掺水泥拌和
205-3	滑坡处理			
-a	清除滑坡体	m³	依据图纸所示位置，按照清除滑坡体土方与石方的天然体积分别以立方米为单位计量	1. 地表水引排、防渗、地下水疏导引离； 2. 挖除、装载； 3. 运输到指定地点堆放； 4. 现场清理
205-4	岩溶洞处理			
-a	回填	m³	依据图纸所示位置和范围，按照图纸要求的回填材料的密实体积以立方米为单位计量	1. 清除覆土； 2. 炸开顶板； 3. 地下水疏导引离； 4. 挖除充填物； 5. 分层回填； 6. 碾压、夯实
205-5	湿陷性黄土路基处理			
-a	陷穴处理			

续表

子目号	子目名称	单位	工程量计量	工程内容
-a-1	灌砂	m³	依据图纸所示位置，按照灌砂的体积，以立方米为单位计量	1. 施工排水处理； 2. 开挖； 3. 灌砂； 4. 压实
-a-2	灌水泥砂浆	m³	依据图纸所示位置，按照灌水泥砂浆的体积，以立方米为单位计量	1. 施工排水处理； 2. 开挖； 3. 水泥砂浆拌制； 4. 灌水泥砂浆
-b	强夯及强夯置换			
-b-1	强夯	m²	依据图纸所示位置和处理面积，按图示路堤底面积以平方米为单位计量	1. 场地清理； 2. 拦截、排除地表水； 3. 防止地表水下渗等防渗措施； 4. 强夯处理； 5. 路基整型； 6. 压实； 7. 沉降观测
-b-2	强夯置换	m³	依据图纸所示位置，按图示置换的体积以立方米为单位计量	1. 场地清理； 2. 拦截、排除地表水； 3. 防止地表水下渗等防渗措施； 4. 挖除材料； 5. 铺设置换材料； 6. 强夯； 7. 路基整型； 8. 承载力检测
-c	石灰改良土	m³	1. 依据图纸所示位置和断面尺寸，对不良填料进行掺石灰改良处理，按不同掺灰量的压实体积，以立方米为单位计量； 2. 本条内容仅指石灰改良土作业，包括石灰的购置、运输、消解、拌和、洒水； 3. 土石方挖运、摊平、压实、整型在第 204 节计量	1. 原状土开挖翻松及晾晒； 2. 石灰消解； 3. 掺灰拌和
-d	灰土桩	m	依据图纸所示位置和断面尺寸，按图示不同直径的灰土桩的长度以米为单位计量	1. 场地清理； 2. 钻机安装及就位； 3. 钻孔； 4. 喷（水泥）粉，搅拌； 5. 复喷、二次搅拌； 6. 桩机移位
205-6	盐渍土路基处理			
-a	垫层			
-a-1	砂垫层	m³	1. 依据图纸所示位置和断面尺寸，按图示砂垫层密实体积以立方米为单位计量； 2. 因换填而挖除的非适用材料列入 203-1 相关子目计量	1. 基底清理； 2. 临时排水； 3. 分层铺筑； 4. 分层碾压

续表

子目号	子目名称	单位	工程量计量	工程内容
-a-2	砂砾垫层	m³	1. 依据图纸所示位置和断面尺寸，按图示砂砾垫层密实体积以立方米为单位计量； 2. 因换填而挖除的非适用材料列入 203-1 相关子目计量	1. 基底清理； 2. 临时排水； 3. 分层铺筑； 4. 分层碾压
-b	土工合成材料			
-b-1	防渗土工膜	m²	1. 依据图纸所示位置和规格，按土层中分层铺设防渗土工膜的累计净面积以平方米为单位计量； 2. 接缝的重叠面积和边缘的包裹面积不予计量	1. 清理下承层； 2. 铺设及固定； 3. 接缝处理（搭接、缝接、粘接）； 4. 边缘处理
-b-2	土工格栅	m²	1. 依据图纸所示位置和规格、型号，按土层中分层铺设土工格栅的累计净面积以平方米为单位计量； 2. 接缝的重叠面积和边缘的包裹面积不予计量	1. 清理下承层； 2. 铺设及固定； 3. 接缝处理（搭接、缝接、粘接）； 4. 边缘处理
205-7	风积沙路基处理			
-a	土工合成材料			
-a-1	土工格栅	m²	1. 依据图纸所示位置和规格、型号，按土层中分层铺设土工格栅的累计净面积以平方米为单位计量； 2. 接缝的重叠面积和边缘的包裹面积不予计量	1. 清理下承层； 2. 铺设及固定； 3. 接缝处理（搭接、缝接、粘接）； 4. 边缘处理
-a-2	土工格室	m²	1. 依据图纸所示位置和规格、型号，按设置土工格室的累计净面积以平方米为单位计量； 2. 接缝的重叠面积和边缘的包裹面积不予计量	1. 清理下承层； 2. 铺设及固定； 3. 接缝处理（搭接、缝接、粘接）； 4. 边缘处理
-a-3	蜂窝式塑料网	m²	1. 依据图纸所示位置和规格、型号，按设置蜂窝式塑料的累计净面积以平方米为单位计量； 2. 接缝的重叠面积和边缘的包裹面积不予计量	1. 清理下承层； 2. 铺设及固定； 3. 接缝处理（搭接、缝接、粘接）； 4. 边缘处理
205-8	冻土路基处理			
-a	隔热层			
-a-1	XPS 保温板	m²	依据图纸所示位置和断面形状、尺寸，按图示粘贴的 XPS 保温板面积，以平方米为单位计量	1. 备保温板、运输； 2. 裁剪保温板； 3. 清理粘贴面； 4. 涂刷或批刮黏结胶浆； 5. 贴到图示墙面或地面

续表

子目号	子目名称	单位	工程量计量	工程内容
-b	通风管	m	依据图纸所示位置和断面形状、尺寸,按设置的通风管长度以米为单位计量	1. 基础开挖; 2. 通风管制作; 3. 通风管安装; 4. 回填砂砾; 5. 压实
-c	热棒	根	依据图纸所示位置和尺寸,按图示设置的热棒数量以根为单位计量	1. 场地清理; 2. 备水电、材料、机具设备; 3. 钻机定位; 4. 钻进、成孔; 5. 起吊安装热棒; 6. 热棒四周灌砂密实; 7. 钻机移位

6. 第206节 路基整修

本节包括路堤整修和路堑边坡的修整,达到符合图纸所示的线性、纵坡、边坡、边沟和路基断面的作业。本节工作内容均不作计量。

7. 第207节 坡面排水

本节工程量清单项目分项计量规则应按表7-10的规定执行。

表7-10 坡面排水

子目号	子目名称	单位	工程量计量	工程内容
207	坡面排水			
207-1	边沟			
-a	浆砌片石	m^3	依据图纸所示位置及断面尺寸,按浆砌片石的体积以立方米为单位计量	1. 场地清理; 2. 地基平整夯实,断面补挖; 3. 铺设垫层; 4. 砂浆拌制; 5. 浆砌片石、勾缝、抹面、养护; 6. 回填
-b	浆砌块石	m^3	依据图纸所示位置及断面尺寸,按照不同强度等级浆砌块石的体积以立方米为单位计量	1. 场地清理; 2. 地基平整夯实,断面补挖; 3. 铺设垫层; 4. 砂浆拌制; 5. 浆砌块石、勾缝、抹面、养护; 6. 回填
-c	现浇混凝土	m^3	依据图纸所示位置及断面尺寸,按照不同强度等级混凝土浇筑的边沟的体积以立方米为单位计量	1. 场地清理; 2. 地基平整夯实,断面补挖; 3. 铺设垫层; 4. 模板制作、安装、拆除; 5. 钢筋制作与安装; 6. 混凝土拌和、运输、浇筑、养护; 7. 回填

续表

子目号	子目名称	单位	工程量计量	工程内容
-d	预制安装混凝土	m³	依据图纸所示位置及断面尺寸，按照不同强度等级混凝土预制的边沟的体积以立方米为单位计量	1. 场地清理； 2. 地基平整夯实，断面补挖； 3. 铺设垫层； 4. 模板制作、安装、拆除； 5. 预制件预制、运输、装卸； 6. 预制件安装； 7. 回填
-e	预制安装混凝土盖板	m³	依据图纸所示位置及断面尺寸，按照不同强度等级混凝土预制的盖板体积以立方米为单位计量	1. 场地清理； 2. 模板制作、安装、拆除； 3. 钢筋制作与安装； 4. 预制件预制、运输、装卸； 5. 预制件安装
-f	干砌片石	m³	依据图纸所示位置及断面尺寸，按干砌片石的体积以立方米为单位计量	1. 场地清理； 2. 地基平整夯实，断面补挖； 3. 铺设垫层； 4. 铺砌片石； 5. 回填
207-2	排水沟			
-a	浆砌片石	m³	依据图纸所示位置及断面尺寸，按浆砌片石的体积以立方米为单位计量	1. 场地清理； 2. 地基平整夯实，断面补挖； 3. 铺设垫层； 4. 砂浆拌制； 5. 浆砌片石、勾缝、抹面、养护； 6. 回填
-b	浆砌块石	m³	依据图纸所示位置及断面尺寸，按照不同强度等级浆砌块石的体积以立方米为单位计量	1. 场地清理； 2. 地基平整夯实，断面补挖； 3. 铺设垫层； 4. 砂浆拌制； 5. 浆砌块石、勾缝、抹面、养护； 6. 回填
-c	现浇混凝土	m³	依据图纸所示位置及断面尺寸，按照不同强度等级混凝土浇筑的排水沟的体积以立方米为单位计量	1. 场地清理； 2. 地基平整夯实，断面补挖； 3. 铺设垫层； 4. 模板制作、安装、拆除； 5. 钢筋制作与安装； 6. 混凝土拌和、运输、浇筑、养护； 7. 回填
-d	预制安装混凝土	m³	依据图纸所示位置及断面尺寸，按照不同强度等级混凝土预制的排水沟的体积以立方米为单位计量	1. 场地清理； 2. 地基平整夯实，断面补挖； 3. 铺设垫层； 4. 模板制作、安装、拆除； 5. 预制件预制、运输、装卸； 6. 预制件安装； 7. 回填
-e	预制安装混凝土盖板	m³	依据图纸所示位置及断面尺寸，按照不同强度等级混凝土预制的盖板体积以立方米为单位计量	1. 场地清理； 2. 模板制作、安装、拆除； 3. 钢筋制作与安装； 4. 预制件预制、运输、装卸； 5. 预制件安装

续表

子目号	子目名称	单位	工程量计量	工程内容
-f	干砌片石	m³	依据图纸所示位置及断面尺寸，按干砌片石的体积以立方米为单位计量	1. 场地清理； 2. 地基平整夯实，断面补挖； 3. 铺设垫层； 4. 铺砌片石； 5. 回填
207-3	截水沟			
-a	浆砌片石	m³	依据图纸所示位置及断面尺寸，按浆砌片石的体积以立方米为单位计量	1. 场地清理； 2. 地基平整夯实，断面补挖； 3. 铺设垫层； 4. 砂浆拌制； 5. 浆砌片石、勾缝、抹面、养护； 6. 回填
-b	浆砌块石	m³	依据图纸所示位置及断面尺寸，按照不同强度等级浆砌块石的体积以立方米为单位计量	1. 场地清理； 2. 地基平整夯实，断面补挖； 3. 铺设垫层； 4. 砂浆拌制； 5. 浆砌块石、勾缝、抹面、养护； 6. 回填
-c	现浇混凝土	m³	依据图纸所示位置及断面尺寸，按照不同强度等级混凝土浇筑的截水沟的体积以立方米为单位计量	1. 场地清理； 2. 地基平整夯实，断面补挖； 3. 铺设垫层； 4. 模板制作、安装、拆除； 5. 混凝土拌和、运输、浇筑、养护； 6. 回填
-d	预制安装混凝土	m³	依据图纸所示位置及断面尺寸，按照不同强度等级混凝土预制的截水沟的体积以立方米为单位计量	1. 场地清理； 2. 地基平整夯实，断面补挖； 3. 铺设垫层； 4. 模板制作、安装、拆除； 5. 预制件预制、运输、装卸； 6. 预制件安装； 7. 回填
-e	干砌片石	m³	依据图纸所示位置及断面尺寸，按干砌片石的体积以立方米为单位计量	1. 场地清理； 2. 地基平整夯实，断面补挖； 3. 铺设垫层； 4. 铺砌片石； 5. 回填
207-4	跌水与急流槽			
-a	干砌片石	m³	依据图纸所示位置及断面尺寸，按干砌片石的体积以立方米为单位计量	1. 场地清理； 2. 基础开挖； 3. 铺设垫层； 4. 铺砌片石； 5. 回填
-b	浆砌片石	m³	依据图纸所示位置及断面尺寸，按照不同强度等级浆砌片石的体积以立方米为单位计量	1. 场地清理； 2. 基础开挖； 3. 铺设垫层； 4. 砂浆拌制； 5. 浆砌片石、勾缝、抹面、养护； 6. 回填

续表

子目号	子目名称	单位	工程量计量	工程内容
-c	现浇混凝土	m³	依据图纸所示位置及断面尺寸,按照不同强度等级混凝土浇筑的体积以立方米为单位计量	1. 场地清理; 2. 地基平整夯实,断面补挖; 3. 铺设垫层; 4. 模板制作、安装、拆除; 5. 混凝土拌和、运输、浇筑、养护; 6. 回填
-d	预制安装混凝土	m³	依据图纸所示位置及断面尺寸,按照不同强度等级混凝土预制的体积以立方米为单位计量	1. 场地清理; 2. 地基平整夯实,跌水与急流槽断面补挖; 3. 铺设垫层; 4. 模板制作、安装、拆除; 5. 预制件预制、运输、装卸; 6. 预制件安装; 7. 回填
207-5	渗沟	m	依据图纸所示位置及断面尺寸,分不同类型及规格的渗沟,按长度以米为单位计量	1. 基础开挖; 2. 进出水口处理; 3. 铺设防渗材料; 4. 铺设透水管及泄水管; 5. 填料填筑及夯实; 6. 设置反滤层; 7. 设置封闭层; 8. 现场清理
207-6	蒸发池			
-a	挖土(石)方	m³	依据图纸所示地面线、断面尺寸、土石比例,按开挖的天然密实体积以立方米为单位计量	1. 场地清理; 2. 开挖、集中、装运; 3. 施工排水处理; 4. 弃方处理
-b	圬工	m³	依据图纸所示位置及断面尺寸,分不同类型及强度等级,按圬工体积以立方米为单位计量	1. 场地清理及弃方处理; 2. 基坑开挖及弃方处理; 3. 地基平整夯实,断面补挖; 4. 浆砌片石、勾缝、抹面、养护; 5. 回填
207-7	涵洞上下游改沟、改渠铺砌			
-a	浆砌片石铺砌	m³	依据图纸所示位置及断面尺寸,按照不同强度等级水泥砂浆铺砌的片石体积以立方米为单位计量	1. 场地清理; 2. 地基平整夯实,沟、渠断面补挖; 3. 铺设垫层; 4. 砂浆拌制; 5. 浆砌片石、勾缝、抹面、养护; 6. 回填
-b	现浇混凝土铺砌	m³	依据图纸所示位置及断面尺寸,按照不同强度等级混凝土浇筑的沟、渠铺砌体积以立方米为单位计量	1. 场地清理; 2. 地基平整夯实,沟、渠断面补挖; 3. 铺设垫层; 4. 模板制作、安装、拆除; 5. 混凝土拌和、运输、浇筑、养护; 6. 回填

续表

子目号	子目名称	单位	工程量计量	工程内容
-c	预制混凝土铺砌	m³	依据图纸所示位置及断面尺寸，按照不同强度等级混凝土预制的沟、渠铺砌体积以立方米为单位计量	1. 场地清理； 2. 地基平整夯实，沟、渠断面补挖； 3. 铺设垫层； 4. 模板制作、安装、拆除； 5. 预制件预制、运输、装卸； 6. 预制件安装； 7. 回填
207-8	现浇混凝土坡面排水结构物	m³	依据图纸所示位置及断面尺寸，按照不同强度等级混凝土浇筑的坡面排水结构物体积以立方米为单位计量	1. 场地清理； 2. 地基平整夯实，坡面排水结构物断面补挖； 3. 铺设垫层； 4. 模板制作、安装、拆除； 5. 混凝土拌和、运输、浇筑、养护； 6. 回填
207-9	预制混凝土坡面排水结构物	m³	依据图纸所示位置及断面尺寸，按照不同强度等级混凝土预制的坡面排水结构物体积以立方米为单位计量	1. 场地清理； 2. 地基平整夯实，坡面排水结构物断面补挖； 3. 铺设垫层； 4. 模板制作、安装、拆除； 5. 预制件预制、运输、装卸； 6. 预制件安装； 7. 回填
207-10	仰斜式排水孔			
-a	钻孔	m	依据图纸所示位置及孔径，按照不同孔径排水孔长度以米为单位计量	1. 搭拆脚手架； 2. 安拆钻机； 3. 布眼、钻孔、清孔； 4. 现场清理
-b	排水管	m	依据图纸所示位置及排水管材质，按照不同管径排水管长度以米为单位计量	1. 搭拆脚手架； 2. 管体制作、包裹渗水土工布； 3. 安装排水管，排水口处理； 4. 现场清理
-c	软式透水管	m	依据图纸所示位置及排水管材质，按照不同管径排水管长度以米为单位计量	1. 搭拆脚手架； 2. 管体制作、包裹渗水土工布（反滤膜）； 3. 安装透水管，排水口处理； 4. 现场清理

8. 第208节 护坡、护面墙

本节工程量清单项目分项计量规则应按表7-11的规定执行。

表7-11 护坡、护面墙

子目号	子目名称	单位	工程量计量	工程内容
208	护坡、护面墙			
208-1	护坡垫层	m³	依据图纸所示位置和密实厚度，按照不同材料类别的垫层体积以立方米为单位计量	1. 坡面清理、修整； 2. 垫层材料铺筑； 3. 压实、捣固； 4. 弃渣处理

续表

子目号	子目名称	单位	工程量计量	工程内容
208-2	干砌片石护坡	m³	1. 依据图纸所示位置和铺砌厚度，扣除急流槽所占部分，以立方米为单位计量； 2. 含碎落台、护坡平台满铺干砌片石数量	1. 清理边坡，坡面夯实，基础开挖； 2. 铺砌片石； 3. 回填； 4. 清理现场
208-3	浆砌片石护坡			
-a	满铺浆砌片石护坡	m³	1. 依据图纸所示位置和铺砌厚度、水泥砂浆强度，按照铺砌体积以立方米为单位计量； 2. 含碎落台、护坡平台满铺浆砌片石数量； 3. 扣除急流槽所占体积	1. 清理边坡，坡面夯实，基础开挖； 2. 浆砌片石； 3. 勾缝、抹面、养护； 4. 回填； 5. 清理现场
-b	浆砌骨架护坡	m³	1. 依据图纸所示位置和铺砌厚度、骨架形式、水泥砂浆强度，按照护坡体体积以立方米为单位计量； 2. 含碎落台、护坡平台浆砌骨架数量； 3. 扣除急流槽所占体积	1. 清理边坡，坡面夯实，基础开挖； 2. 浆砌片石； 3. 勾缝、抹面、养护； 4. 回填； 5. 清理现场
-c	现浇混凝土	m³	依据图纸所示位置及断面尺寸，按照不同强度等级混凝土浇筑的现浇混凝土体积以立方米为单位计量	1. 清理边坡，坡面夯实，基坑开挖； 2. 模板制作、安装、拆除； 3. 混凝土拌和、运输、浇筑、养护； 4. 回填； 5. 清理现场
208-4	混凝土护坡			
-a	现浇混凝土满铺护坡	m³	1. 依据图纸所示位置及断面尺寸，按照不同强度等级混凝土浇筑的实体体积以立方米为单位计量； 2. 含碎落台、护坡平台满铺混凝土数量； 3. 扣除急流槽所占体积	1. 清理边坡，坡面夯实，基坑开挖； 2. 模板制作、安装、拆除； 3. 混凝土拌和、运输、浇筑、养护； 4. 回填； 5. 清理现场
-b	混凝土预制件满铺护坡	m³	1. 依据图纸所示位置和构造尺寸，按照不同强度等级混凝土预制件铺砌坡面的实体体积以立方米为单位计量； 2. 含碎落台、护坡平台满铺混凝土数量； 3. 扣除急流槽所占体积	1. 清理边坡，坡面夯实，基坑开挖； 2. 预制场建设； 3. 预制件预制、运输、装卸； 4. 预制件安装； 5. 回填； 6. 清理现场
-c	现浇混凝土骨架护坡	m³	依据图纸所示位置及断面尺寸，按照不同强度等级混凝土浇筑的骨架护坡体积以立方米为单位计量	1. 清理边坡，坡面夯实，基坑开挖； 2. 模板制作、安装、拆除； 3. 混凝土拌和、运输、浇筑、养护； 4. 回填； 5. 清理现场

续表

子目号	子目名称	单位	工程量计量	工程内容
-d	混凝土预制件骨架护坡	m³	依据图纸所示位置和构造尺寸，按照不同强度等级混凝土预制件骨架护坡的体积以立方米为单位计量	1. 清理边坡，坡面夯实，基坑开挖； 2. 预制场建设； 3. 预制件预制、运输、装卸； 4. 预制件安装； 5. 回填； 6. 清理现场
-e	浆砌片石	m³	依据图纸所示位置和铺砌厚度，按照不同强度等级水泥砂浆砌筑的浆砌片石护坡体积以立方米为单位计量	1. 清理边坡，坡面夯实，基础开挖； 2. 浆砌片石； 3. 勾缝、抹面、养护； 4. 回填； 5. 清理现场
208-5	护面墙			
-a	浆砌片（块）石护面墙	m³	1. 依据图纸所示位置和断面尺寸，按图示不同强度等级水泥砂浆砌片（块）石的体积以立方米为单位计量； 2. 不扣除沉降缝、泄水孔、预埋件所占体积	1. 基坑开挖、地基平整夯实、废方弃运； 2. 边坡清理夯实； 3. 浆砌片石，设泄水孔及其滤水层； 4. 接缝处理； 5. 勾缝、抹面、墙背排水设施设置、填料分层填筑； 6. 清理现场
-b	现浇混凝土护面墙	m³	1. 依据图纸所示位置和断面尺寸，按图示不同强度等级混凝土体积以立方米为单位计量； 2. 不扣除沉降缝、泄水孔、预埋件所占体积	1. 场地清理； 2. 基坑开挖，地基平整夯实，废方弃运； 3. 边坡清理夯实； 4. 模板制作、安装、拆除； 5. 混凝土拌和、运输、浇筑、养护； 6. 泄水孔及其滤水层、沉降缝设置； 7. 墙背排水设施设置、填料分层填筑； 8. 清理现场
-c	预制安装混凝土护面墙	m³	1. 依据图纸所示位置及断面尺寸，按照不同强度等级混凝土预制件体积以立方米为单位计量； 2. 不扣除沉降缝、泄水孔、预埋件所占体积	1. 预制场建设； 2. 预制件预制、运输、装卸； 3. 预制件安装； 4. 墙背排水设施设置、填料分层填筑； 5. 清理现场
208-6	封面			
-a	封面	m²	依据图纸所示位置及断面尺寸，按照不同厚度的封面面积以平方米为单位计量	1. 坡面清理； 2. 封面施工； 3. 清理现场
208-7	捶面			
-a	捶面	m²	依据图纸所示位置及断面尺寸，按照不同厚度的捶面面积以平方米为单位计量	1. 坡面清理； 2. 捶面施工； 3. 清理现场

续表

子目号	子目名称	单位	工程量计量	工程内容
208-8	坡面柔性防护			
-a	主动防护系统	m²	1. 依据图纸所示，按主动防护系统防护的坡面面积以平方米为单位计量； 2. 网片搭接部分作为附属工作，不另行计量	1. 坡面清理； 2. 脚手架安设、拆除、完工清理和保养； 3. 支撑绳穿绳、张拉、固定； 4. 挂网、网片连接、缝合、固定； 5. 钻孔、清孔、套管装拔，锚杆制作、安装、锚固、锚头处理； 6. 浆液制备、注浆、养护； 7. 网面调整
-b	被动防护系统	m²	1. 依据图纸所示，按动防护系统网面面积以平方米为单位计量； 2. 网片搭接部分作为附属工作，不另行计量	1. 坡面清理； 2. 基础及立柱施工； 3. 支撑绳穿绳、张拉、固定； 4. 挂网、网片连接、缝合、固定； 5. 钻孔、清孔、套管装拔，锚杆制作、安装、锚固、锚头处理； 6. 浆液制备、注浆、养护； 7. 网面调整

9. 第 209 节 挡土墙

本节工程量清单项目分项计量规则应按表 7-12 的规定执行。

表 7-12 挡土墙

子目号	子目名称	单位	工程量计量	工程内容
209	挡土墙			
209-1	垫层	m³	依据图纸所示位置及垫层密实厚度，按照不同材料的垫层体积以立方米为单位计量	1. 基底清理； 2. 临时排水； 3. 铺筑垫层； 4. 夯实
209-2	基础			
-a	浆砌片（块）石基础	m³	依据图纸所示位置和断面尺寸，按图示不同强度等级水泥砂浆砌石体积以立方米为单位计量	1. 基坑开挖、清理、平整、夯实，废方弃运； 2. 拌、运砂浆； 3. 砌筑、养护； 4. 回填
-b	混凝土基础	m³	依据图纸所示位置和断面尺寸，按图示不同强度等级混凝土体积以立方米为单位计量	1. 基坑开挖、清理、平整、夯实； 2. 混凝土制作、运输； 3. 浇筑、振捣； 4. 养护； 5. 回填； 6. 清理现场
209-3	砌体挡土墙			

续表

子目号	子目名称	单位	工程量计量	工程内容
-a	浆砌片（块）石	m³	1. 依据图纸所示位置和断面尺寸，按图示不同强度等级水泥砂浆砌石体积以立方米为单位计量； 2. 不扣除沉降缝、泄水孔、预埋件所占体积	1. 基坑开挖、清理、平整、夯实； 2. 浆砌片（块）石，设泄水孔及其滤水层； 3. 接缝处理； 4. 勾缝、抹面、墙背排水设施设置、墙背填料分层填筑； 5. 清理、废方弃运
209-4	干砌挡土墙	m³	1. 依据图纸所示位置和断面尺寸，按图示干砌体积以立方米为单位计量； 2. 不扣除沉降缝、泄水孔所占体积	1. 基坑开挖、清理、平整、夯实； 2. 砌筑片（块）石，设泄水孔及其滤水层； 3. 接缝处理； 4. 抹面； 5. 墙背排水设施设置、墙背填料分层填筑； 6. 清理、废方弃运
209-5	混凝土挡土墙			
-a	混凝土	m³	1. 依据图纸所示位置和断面尺寸，按图示不同强度等级混凝土体积以立方米为单位计量； 2. 不扣除沉降缝、泄水孔、预埋件所占体积	1. 基坑开挖、清理、平整、夯实； 2. 模板制作、安装、拆除； 3. 混凝土拌和、运输、浇筑、养护； 4. 泄水孔及其滤水层、沉降缝设置； 5. 墙背填料分层填筑； 6. 清理、弃方处理
-b	钢筋	kg	1. 依据图纸所示及钢筋表所列钢筋质量以千克为单位计量； 2. 固定钢筋的材料、定位架立钢筋、钢筋接头、吊装钢筋、钢板、铁丝作为钢筋作业的附属工作，不另行计量	1. 钢筋的保护、储存及除锈； 2. 钢筋整直、接头； 3. 钢筋截断、弯曲； 4. 钢筋安设、支承及固定

10. 第210节 锚杆、锚定板挡土墙

本节工程量清单项目分项计量规则应按表7-13的规定执行。

表7-13 锚杆、锚定板挡土墙

子目号	子目名称	单位	工程量计量	工程内容
210	锚杆、锚定板挡土墙			
210-1	锚杆挡土墙			
-a	现浇混凝土立柱	m³	依据图纸所示位置及断面尺寸，按照不同强度等级混凝土体积以立方米为单位计量	1. 基坑开挖、清理、平整、夯实； 2. 模板制作、安装、拆除； 3. 混凝土拌和、运输、浇筑、养护； 4. 锚头制作、防锈及防水封闭； 5. 清理现场

续表

子目号	子目名称	单位	工程量计量	工程内容
-b	预制安装混凝土立柱	m³	依据图纸所示位置及断面尺寸，按照不同强度等级混凝土立柱体积以立方米为单位计量	1. 基础开挖； 2. 预制场建设； 3. 预制件预制、运输、装卸； 4. 预制件安装； 5. 锚头制作、防锈及防水封闭； 6. 清理现场
-c	预制安装混凝土挡板	m³	依据图纸所示位置和断面尺寸，按图示不同强度等级混凝土体积以立方米为单位计量	1. 沟槽开挖； 2. 预制场建设； 3. 预制件预制、运输、装卸； 4. 预制件安装； 5. 墙背回填及墙背排水系统施工； 6. 清理，弃方处理
210-2	锚定板挡土墙			
-a	现浇混凝土肋柱	m³	依据图纸所示位置及断面尺寸，按照不同强度等级混凝土体积以立方米为单位计量	1. 基坑开挖、清理、平整、夯实； 2. 模板制作、安装、拆除； 3. 混凝土拌和、运输、浇筑、养护； 4. 锚头制作、防锈及防水封闭；清理现场
-b	预制安装混凝土肋柱	m³	依据图纸所示位置及断面尺寸，按照不同强度等级混凝土体积以立方米为单位计量	1. 基础开挖； 2. 预制场建设； 3. 预制件预制、运输、装卸； 4. 预制件安装； 5. 锚头制作、防锈及防水封闭； 6. 清理现场
-c	预制安装混凝土锚定板	m³	依据图纸所示位置及断面尺寸，按照不同强度等级混凝土体积以立方米为单位计量	1. 沟槽开挖； 2. 预制场建设； 3. 预制件预制、运输、装卸； 4. 预制件安装； 5. 墙背回填及墙背排水系统施工； 6. 清理现场
210-3	现浇墙身混凝土、附属部位混凝土			
-a	现浇混凝土墙身	m³	1. 依据图纸所示位置和断面尺寸，按图示不同强度等级混凝土体积以立方米为单位计量； 2. 不扣除沉降缝、泄水孔、预埋件所占体积	1. 模板制作、安装、拆除； 2. 混凝土拌和、运输、浇筑、养护； 3. 墙背回填及墙背排水系统施工； 4. 清理现场
-b	现浇附属部位混凝土	m³	依据图纸所示断面尺寸，按照不同强度等级混凝土体积以立方米为单位计量	1. 模板制作、安装、拆除； 2. 混凝土拌和、运输、浇筑、养护； 3. 清理现场

続表

子目号	子目名称	单位	工程量计量	工程内容
210-4	现浇桩基混凝土	m³	1. 依据图纸所示位置及断面尺寸，按照不同强度等级混凝土体积以立方米为单位计量； 2. 护壁混凝土为桩基混凝土的附属工作，不另行计量	1. 钻孔； 2. 模板制作、安装、拆除； 3. 护壁及桩身混凝土拌和、运输、浇筑、养护； 4. 墙背回填、压实、排水措施施工； 5. 清理现场
210-5	锚杆及拉杆			
-a	锚杆	kg	依据图纸所示位置，按照锚杆设计长度和规格计算质量以千克为单位计量	1. 坡面清理； 2. 钻孔； 3. 制作安放锚杆； 4. 灌浆； 5. 拉拔试验； 6. 锚固； 7. 锚头处理
-b	拉杆	kg	依据图纸所示位置，按照拉杆设计长度和规格计算质量以千克为单位计量	1. 拉杆沟槽开挖、废方弃运； 2. 拉杆制作、防锈处理、安装； 3. 拉杆与肋柱、锚定板连接处的防锈处理； 4. 锚头制作、防锈处理、防水封闭、养护
210-6	钢筋	kg	1. 依据图纸所示及钢筋表所列钢筋质量以千克为单位计量； 2. 固定钢筋的材料、定位架立钢筋、钢筋接头、吊装钢筋、钢板、铁丝作为钢筋作业的附属工作，不另行计量	1. 钢筋的保护、储存及除锈； 2. 钢筋整直、接头； 3. 钢筋截断、弯曲； 4. 钢筋安设、支承及固定

11. 第 211 节 加筋土挡土墙

本节工程量清单项目分项计量规则应按表 7-14 的规定执行。

表 7-14 加筋土挡土墙

子目号	子目名称	单位	工程量计量	工程内容
211	加筋土挡土墙			
211-1	基础			
-a	浆砌片石基础	m³	依据图纸所示位置和断面尺寸，按图示不同强度等级水泥砂浆砌石体积以立方米为单位计量	1. 基坑开挖、清理、平整、夯实，废方弃运； 2. 拌、运砂浆； 3. 砌筑； 4. 养护； 5. 回填
-b	混凝土基础	m³	依据图纸所示位置和断面尺寸，按图示不同强度等级混凝土体积以立方米为单位计量	1. 基坑开挖、清理、平整、夯实； 2. 混凝土制作、运输； 3. 浇筑、振捣； 4. 养护； 5. 回填； 6. 清理现场

续表

子目号	子目名称	单位	工程量计量	工程内容
211-2	混凝土帽石			
-a	现浇帽石混凝土	m³	依据图纸所示断面尺寸，按照不同强度等级混凝土体积以立方米为单位计量	1. 模板制作、安装、拆除； 2. 混凝土拌和、运输、浇筑、养护； 3. 清理现场
211-3	预制安装混凝土墙面板	m³	1. 依据图纸所示位置及断面尺寸，按照不同强度等级混凝土体积以立方米为单位计量； 2. 加筋土挡土墙的路堤填料在第204节计量	1. 沟槽开挖； 2. 预制场建设； 3. 预制件预制、运输、装卸； 4. 预制件安装； 5. 墙背回填（不含路堤填料的回填）及墙背排水系统施工； 6. 清理现场
211-4	加筋带			
-a	扁钢带	kg	依据图纸所示位置和断面尺寸，按铺设数量换算为质量以千克为单位计量	1. 场地清理； 2. 铺设加筋带； 3. 填料摊平； 4. 分层压实
-b	钢筋混凝土带	m³	1. 依据图纸所示位置和断面尺寸，按不同强度等级混凝土体积以立方米为单位计量； 2. 混凝土中的钢筋作为加筋带的附属工作，不另行计量	1. 场地清理； 2. 铺设加筋带； 3. 填料摊平； 4. 分层压实
-c	塑钢复合带	kg	依据图纸所示位置和断面尺寸，按铺设数量换算为质量以千克为单位计量	1. 场地清理； 2. 铺设加筋带； 3. 填料摊平； 4. 分层压实
-d	塑料土工格栅	m²	1. 依据图纸所示位置和规格、型号，按土层中分层铺设土工格栅的累计净面积以平方米为单位计量； 2. 接缝的重叠面积和边缘的包裹面积不予计量	1. 场地清理； 2. 铺设加筋带； 3. 填料摊平； 4. 分层压实
-e	聚丙烯土工带	kg	依据图纸所示位置和断面尺寸，按铺设数量换算为质量以千克为单位计量	1. 场地清理； 2. 铺设加筋带； 3. 填料摊平； 4. 分层压实
211-5	钢筋	kg	1. 依据图纸所示及钢筋表所列钢筋质量以千克为单位计量； 2. 固定钢筋的材料、定位架立钢筋、钢筋接头、吊装钢筋、钢板、铁丝作为钢筋作业的附属工作，不另行计量； 3. 加筋带中的钢筋不另行计量	1. 钢筋的保护、储存及除锈； 2. 钢筋整直、接头； 3. 钢筋截断、弯曲； 4. 钢筋安设、支承及固定

12. 第212节 喷射混凝土和喷浆边坡防护

本节工程量清单项目分项计量规则应按表7-15的规定执行。

表7-15 喷射混凝土和喷浆边坡防护

子目号	子目名称	单位	工程量计量	工程内容
212	喷射混凝土和喷浆边坡防护			
212-1	挂网土工格栅喷浆防护边坡			
-a	喷浆防护边坡	m²	依据图纸所示位置及砂浆强度等级,按照不同厚度喷浆防护面积以平方米为单位计量	1. 岩面清理; 2. 设备安装与拆除; 3. 水泥砂浆拌制; 4. 喷射; 5. 养护
-b	铁丝网	kg	1. 依据图纸所示位置,按照设计数量以千克为单位计量; 2. 因搭接而增加的铁丝网不予计量	1. 清理坡面; 2. 铁丝网安设、支承及固定
-c	土工格栅	m²	1. 依据图纸所示位置和规格、型号,按分层铺设土工格栅的累计净面积以平方米为单位计量; 2. 接缝的重叠面积和边缘的包裹面积不予计量	1. 清理坡面; 2. 铺设; 3. 接缝处理(搭接、缝接、粘接)
-d	锚杆	kg	依据图纸所示位置,按照锚杆设计长度和规格计算质量以千克为单位计量	1. 清理坡面; 2. 钻孔; 3. 制作安放锚杆; 4. 灌浆
212-2	挂网锚喷混凝土防护边坡(全坡面)			
-a	喷射混凝土防护边坡	m²	依据图纸所示位置及混凝土浆强度等级,按照不同厚度喷射混凝土防护面积以平方米为单位计量	1. 岩面清理; 2. 设备安装与拆除; 3. 混凝土拌制; 4. 喷射; 5. 沉降缝设置; 6. 养护
-b	钢筋网	kg	1. 依据图纸所示位置,按照设计数量以千克为单位计量; 2. 因搭接而增加的钢筋网不予计量	1. 清理坡面; 2. 钢筋网安设、支承及固定
-c	铁丝网	kg	1. 依据图纸所示位置,按照设计数量以千克为单位计量; 2. 因搭接而增加的铁丝网不予计量	1. 清理坡面; 2. 铁丝网安设、支承及固定

续表

子目号	子目名称	单位	工程量计量	工程内容
-d	土工格栅	m²	1. 依据图纸所示位置和规格、型号，按分层铺设土工格栅的累计净面积以平方米为单位计量； 2. 接缝的重叠面积和边缘的包裹面积不予计量	1. 清理坡面； 2. 铺设； 3. 接缝处理（搭接、缝接、粘接）
-e	锚杆	kg	依据图纸所示位置，按照锚杆设计长度和规格计算质量以千克为单位计量	1. 清理坡面； 2. 钻孔； 3. 制作安放锚杆； 4. 灌浆
212-3	坡面防护			
-a	喷浆边坡防护	m²	依据图纸所示位置及砂浆强度等级，按照不同厚度喷浆防护面积以平方米为单位计量	1. 岩面清理； 2. 设备安装与拆除； 3. 水泥砂浆拌制； 4. 喷射； 5. 养护
-b	喷射混凝土边坡防护	m²	依据图纸所示位置及混凝土强度等级，按照不同厚度喷射混凝土面积以平方米为单位计量	1. 岩面清理； 2. 设备安装与拆除； 3. 混凝土拌制； 4. 喷射； 5. 养护
212-4	土钉支护			
-a	钻孔注浆钉	m	依据图纸所示位置，按图示不同直径的土钉钻孔桩长度以米为单位计量	1. 清理坡面； 2. 钻孔； 3. 制作安放土钉钢筋； 4. 浆体配置、运输、注浆
-b	击入钉	kg	依据图纸所示位置，按图示击入金属钉的质量以千克为单位计量	1. 清理坡面； 2. 土钉制作； 3. 土钉击入
-c	喷射混凝土	m²	依据图纸所示位置及混凝土强度等级，按照不同厚度喷射混凝土面积以平方米为单位计量	1. 清理坡面； 2. 混凝土拌制； 3. 喷射混凝土； 4. 沉降缝设置； 5. 养护
-d	钢筋	kg	1. 依据图纸所示及钢筋表所列钢筋质量以千克为单位计量； 2. 固定钢筋的材料、定位架立钢筋、钢筋接头、铁丝作为钢筋作业的附属工作，不另行计量； 3. 土钉用钢材不予计量	1. 钢筋的保护、储存及除锈； 2. 钢筋整直、接头； 3. 钢筋截断、弯曲； 4. 钢筋安设、支承及固定
-e	钢筋网	kg	1. 依据图纸所示位置，按照设计数量以千克为单位计量； 2. 因搭接而增加的钢筋网不予计量	1. 清理坡面； 2. 钢筋网安设、支承及固定

续表

子目号	子目名称	单位	工程量计量	工程内容
-f	网格梁、立柱、挡土板	m³	依据图纸所示位置及断面尺寸,按照混凝土体积以立方米为单位计量	1. 边坡清理及土槽开挖; 2. 模板制作、安装、拆除; 3. 混凝土制作、运输、浇筑、养护; 4. 清理现场
-g	土工格栅	m²	1. 依据图纸所示位置和规格、型号,按分层铺设土工格栅的累计净面积以平方米为单位计量; 2. 接缝的重叠面积和边缘的包裹面积不予计量	1. 清理坡面; 2. 铺设; 3. 接缝处理(搭接、缝接、粘接)

13. 第 213 节 预应力锚索边坡加固

本节工程量清单项目分项计量规则应按表 7-16 的规定执行。

表 7-16 预应力锚索边坡加固

子目号	子目名称	单位	工程量计量	工程内容
213	预应力锚索边坡加固			
213-1	预应力钢绞线	m	依据图纸所示位置和钢绞线规格,按照各类锚索锚固端底至锚具外侧的长度,以米为单位计量	1. 坡面清理; 2. 脚手架安设、拆除、完工清理和保养; 3. 钻孔、清孔; 4. 锚索成束、支架及导向头制作安装、锚固; 5. 浆液制备、注浆、养护; 6. 锚头防腐处理、封锚
213-2	无黏结预应力钢绞线	m	依据图纸所示位置和钢绞线规格,按照各类锚索锚固端底至锚具外侧的长度,以米为单位计量	1. 坡面清理; 2. 脚手架安设、拆除、完工清理和保养; 3. 钻孔、清孔; 4. 锚索成束、支架及导向头制作安装、锚固; 5. 浆液制备、注浆、养护; 6. 锚头防腐处理、封锚
213-3	锚杆			
-a	钢筋锚杆	kg	依据图纸所示位置和规格、型号,按照安装的锚杆质量以千克为单位计量	1. 坡面清理; 2. 脚手架安设、拆除、完工清理和保养; 3. 钻孔、清孔、套管装拔; 4. 锚杆制作、安装、锚固、锚头处理; 5. 浆液制备、注浆、养护
-b	预应力钢筋锚杆	kg	依据图纸所示位置和规格、型号,按照安装的锚杆质量以千克为单位计量	1. 坡面清理; 2. 脚手架安设、拆除、完工清理和保养; 3. 钻孔、清孔、套管装拔; 4. 锚杆制作、安装; 5. 浆液制备、一次注浆、锚固; 6. 张拉、二次注浆

续表

子目号	子目名称	单位	工程量计量	工程内容
213-4	混凝土框格梁	m³	依据图纸所示位置及断面尺寸，按照不同强度等级混凝土浇筑体积以立方米为单位计量	1. 边坡清理； 2. 模板制作、安装、拆除； 3. 混凝土制作、运输、浇筑、养护； 4. 清理现场
213-5	混凝土锚固板	m³	依据图纸所示位置及断面尺寸，按照不同强度等级混凝土浇筑体积以立方米为单位计量	1. 边坡清理； 2. 模板制作、安装、拆除； 3. 混凝土制作、运输、浇筑、养护； 4. 清理现场
213-6	钢筋	kg	1. 依据图纸所示及钢筋表所列钢筋质量以千克为单位计量； 2. 固定钢筋的材料、定位架立钢筋、钢筋接头、吊装钢筋、钢板、铁丝作为钢筋作业的附属工作，不另行计量	1. 钢筋的保护、储存及除锈； 2. 钢筋整直、接头； 3. 钢筋截断、弯曲； 4. 钢筋安设、支承及固定

14. 第214节 抗滑桩

本节工程量清单项目分项计量规则应按表7-17的规定执行。

表7-17 抗滑桩

子目号	子目名称	单位	工程量计量	工程内容
214	抗滑桩			
214-1	现浇混凝土桩			
-a	混凝土	m³	1. 依据图纸所示位置及断面尺寸，按照不同强度等级混凝土体积以立方米为单位计量； 2. 护壁混凝土及护壁钢筋为桩基混凝土的附属工作，不另行计量； 3. 声测管为现浇混凝土桩的附属工作，不另行计量	1. 场地清理； 2. 成孔； 3. 模板制作、安装、拆除； 4. 护壁及桩身混凝土制作、运输、浇筑、养护； 5. 桩的无损检测； 6. 清理现场
214-2	桩板式抗滑挡墙			
-a	挡土板	m³	依据图纸所示位置及断面尺寸，按照不同强度等级混凝土体积以立方米为单位计量	1. 沟槽开挖； 2. 预制场建设； 3. 预制件预制、运输、装卸； 4. 预制件安装； 5. 墙背回填及墙背排水系统施工； 6. 清理现场
214-3	钢筋	kg	1. 依据图纸所示及钢筋表所列钢筋质量以千克为单位计量； 2. 固定钢筋的材料、定位架立钢筋、钢筋接头、吊装钢筋、钢板、铁丝作为钢筋作业的附属工作，不另行计量； 3. 抗滑桩的护壁钢筋不予计量	1. 钢筋的保护、储存及除锈； 2. 钢筋整直、接头； 3. 钢筋截断、弯曲； 4. 钢筋安设、支承及固定

15. 第 215 节 河道防护

本节工程量清单项目分项计量规则应按表 7-18 的规定执行。

表 7-18 河道防护

子目号	子目名称	单位	工程量计量	工程内容
215	河道防护			
215-1	河床铺砌			
-a	浆砌片石铺砌	m^3	依据图纸所示位置和断面尺寸，按图示不同强度等级水泥砂浆铺砌体积以立方米为单位计量	1. 临时排水； 2. 基坑开挖； 3. 拌、运砂浆； 4. 砌筑； 5. 养护； 6. 清理现场
-b	混凝土铺砌	m^3	依据图纸所示位置及断面尺寸，按照不同强度等级混凝土铺筑体积以立方米为单位计量	1. 临时排水； 2. 基坑开挖； 3. 模板制作、安装、拆除； 4. 混凝土拌和、运输、浇筑、养护； 5. 清理现场
215-2	导流设施（护岸墙、顺坝、丁坝、调水坝、锥坡）			
-a	浆砌片石	m^3	图纸所示位置和断面尺寸，按图示不同强度等级水泥砂浆砌石体积以立方米为单位计量	1. 围堰、临时排水工程施工； 2. 基坑修整、清理夯实，废方弃运； 3. 拌、运砂浆； 4. 砌筑、勾缝、抹面、养护； 5. 墙背回填、夯实
-b	混凝土	m^3	依据图纸所示位置及断面尺寸，按照不同强度等级混凝土浇筑体积以立方米为单位计量	1. 围堰、临时排水工程施工； 2. 基坑修整、清理夯实，废方弃运； 3. 模板制作、安装、拆除、修理及保养； 4. 混凝土制作、运输、浇筑、振捣、养护； 5. 墙背回填、夯实
-c	石笼	m^3	1. 依据图纸所示位置和构造类型、结构尺寸，按照实际铺筑的石笼防护体积以立方米为单位计量； 2. 石笼钢筋（铁丝）网片不另行计量，含在石笼报价之中	1. 备材料及补助设施； 2. 编织网片、装入块石、封闭成石笼； 3. 抛到图纸指定处； 4. 石笼间连接牢固
215-3	抛石防护	m^3	依据图纸所示位置和断面尺寸，按照抛填石料体积以立方米为单位计量	1. 移船定位； 2. 抛填； 3. 测量检查

7.4.2 有关内容的说明及提示

路基工程包括：场地清理、挖方路基、填方路基、特殊地区路基处理、路基整修、坡面排水、护坡及护面墙、挡土墙、锚杆及锚定板挡土墙、加筋土挡土墙、喷射混凝土和喷浆边坡防护、预应力锚索边坡加固、抗滑桩、河道防护。

7.4.3 案例

[**例 7.1**]　某条道路全长 2220m，路面宽度为 15m，两侧路肩宽为 1.5m，路基加宽值为 30cm，快车道均为 4m，慢车道均为 3.5m；其抛石挤淤断面示意图、道路横断面示意图、道路结构图如图 7-2～图 7-4 所示。试计算道路的清单工程量与定额工程量。

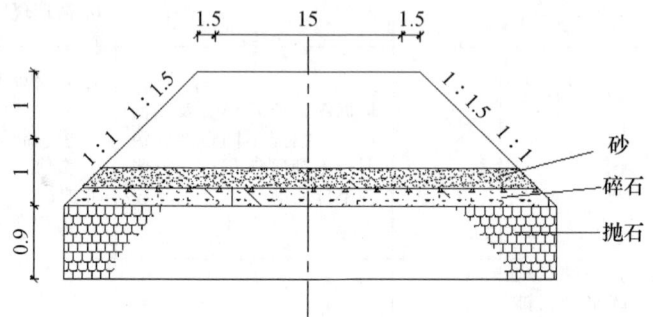

图 7-2　抛石挤淤断面示意图（m）

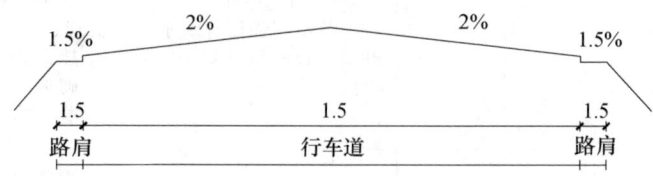

图 7-3　道路横断面示意图（m）

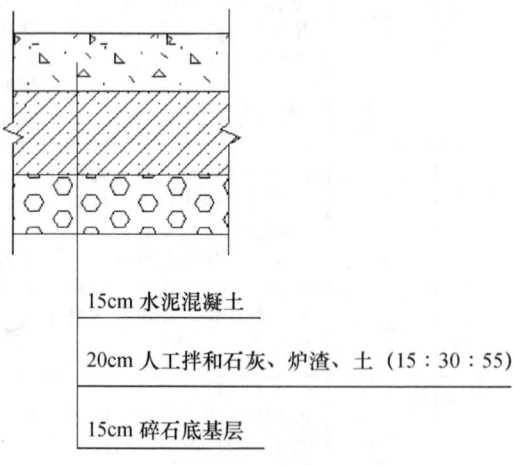

图 7-4　道路结构图

解：① 清单工程量计算。

碎石底基层的面积：2220×15＝33300（m²）

人工拌和石灰、炉渣、土基层面积：2220×15＝33300（m²）

水泥混凝土面层面积：2220×15＝33300（m²）

抛石挤淤的体积：(1.5+1+1.5+7.5)×2×0.9×2220＝45954（m³）

② 定额工程量计算。

碎石底基层的面积：2220×(15+2×1.5+2×0.3)＝41292（m²）

定额直接费：41292÷1000×6003＝247875.88（元）

人工拌和石灰、炉渣、土基层面积：2220×(15+2×1.5+2×0.3)＝41292（m²）

水泥混凝土面层面积：2220×15＝33300（m²）

抛石挤淤的体积：(1.5+1+1.5+7.5+0.3)×2×0.9×2220＝47152.8（m³）

7.5 路面工程工程量计量

7.5.1 路面工程工程量清单计量规则

1. 第 301 节 通则

本节包括材料标准、路面施工的一般要求、材料取样与试验、试验路段、料场作业、拌和场地硬化及遮雨棚、雨季施工。本节工作内容均不作计量，其所涉及的作业应包含在与其相关工程子目之中。

2. 第 302 节 垫层

本节工程量清单项目分项计量规则应按表 7-19 的规定执行。

表 7-19 垫层

子目号	子目名称	单位	工程量计量	工程内容
302	垫层			
302-1	碎石垫层	m²	依据图纸所示压实厚度，按照铺筑的顶面面积以平方米为单位计量	1. 检查、清除路基上的浮土、杂物，并洒水湿润； 2. 摊铺； 3. 整平、整型； 4. 洒水、碾压、整修
302-2	砂砾垫层	m²	依据图纸所示压实厚度，按照铺筑的顶面面积以平方米为单位计量	1. 检查、清除路基上的浮土、杂物，并洒水湿润； 2. 摊铺； 3. 整平、整型； 4. 洒水、碾压、整修

续表

子目号	子目名称	单位	工程量计量	工程内容
302-3	水泥稳定土垫层	m²	依据图纸所示压实厚度，按照铺筑的顶面面积以平方米为单位计量	1. 检查、清除路基上的浮土、杂物，并洒水湿润； 2. 拌和、运输、摊铺； 3. 整平、整型； 4. 洒水、碾压、整修、初期养护
302-4	石灰稳定土垫层	m²	依据图纸所示压实厚度，按照铺筑的顶面面积以平方米为单位计量	1. 检查、清除路基上的浮土、杂物，并洒水湿润； 2. 拌和、运输、摊铺； 3. 整平、整型； 4. 洒水、碾压、整修、初期养护

3. 第303节 石灰稳定土底基层、基层

本节工程量清单项目分项计量规则应按表7-20的规定执行。

表7-20 石灰稳定土底基层、基层

子目号	子目名称	单位	工程量计量	工程内容
303	石灰稳定土底基层、基层			
303-1	石灰稳定土底基层	m²	依据图纸所示压实厚度，按照铺筑的顶面面积以平方米为单位计量	1. 检查、清理下承层、洒水； 2. 拌和、运输、摊铺； 3. 整平、整型； 4. 洒水、碾压、初期养护
303-2	搭板、埋板下石灰稳定土底基层	m³	依据图纸所示尺寸、范围，按照铺筑体积以立方米为单位计量	1. 检查、清理下承层、洒水； 2. 拌和、运输、摊铺； 3. 整平、整型； 4. 洒水、碾压、初期养护
303-3	石灰稳定土基层	m²	依据图纸所示压实厚度，按照铺筑的顶面面积以平方米为单位计量	1. 检查、清理下承层、洒水； 2. 拌和、运输、摊铺； 3. 整平、整型； 4. 洒水、碾压、初期养护

4. 第304节 水泥稳定土底基层、基层

本节工程量清单项目分项计量规则应按表7-21的规定执行。

表7-21 水泥稳定土底基层、基层

子目号	子目名称	单位	工程量计量	工程内容
304	水泥稳定土底基层、基层			
304-1	水泥稳定土底基层	m²	依据图纸所示压实厚度，按照铺筑的顶面面积以平方米为单位计量	1. 检查、清理下承层、洒水； 2. 拌和、运输、摊铺； 3. 整平、整型； 4. 洒水、碾压、初期养护

续表

子目号	子目名称	单位	工程量计量	工程内容
304-2	搭板、埋板下水泥稳定土底基层	m³	依据图纸所示尺寸、范围，按照铺筑体积以立方米为单位计量	1. 检查、清理下承层、洒水； 2. 拌和、运输、摊铺； 3. 整平、整型； 4. 洒水、碾压、初期养护
304-3	水泥稳定土基层	m²	依据图纸所示压实厚度，按照铺筑的顶面面积以平方米为单位计量	1. 检查、清理下承层、洒水； 2. 拌和、运输、摊铺； 3. 整平、整型； 4. 洒水、碾压、初期养护

5. 第305节 石灰粉煤灰稳定土底基层、基层

本节工程量清单项目分项计量规则应按表7-22的规定执行。

表7-22 石灰粉煤灰稳定土底基层、基层

子目号	子目名称	单位	工程量计量	工程内容
305	石灰粉煤灰稳定土底基层、基层			
305-1	石灰粉煤灰稳定土底基层	m²	依据图纸所示压实厚度，按照铺筑的顶面面积以平方米为单位计量	1. 检查、清理下承层、洒水； 2. 拌和、运输、摊铺； 3. 整平、整型； 4. 洒水、碾压、初期养护
305-2	搭板、埋板下石灰粉煤灰稳定土底基层	m³	依据图纸所示尺寸、范围，按照铺筑体积以立方米为单位计量	1. 检查、清理下承层、洒水； 2. 铺筑材料拌和、运输、摊铺； 3. 整平、整型； 4. 洒水、碾压、初期养护
305-3	石灰粉煤灰稳定土基层	m²	依据图纸所示压实厚度，按照铺筑的顶面面积以平方米为单位计量	1. 检查、清理下承层、洒水； 2. 铺筑材料拌和、运输、摊铺； 3. 整平、整型； 4. 洒水、碾压、初期养护
305-4	石灰煤渣稳定土基层	m²	依据图纸所示压实厚度，按照铺筑的顶面面积以平方米为单位计量	1. 检查、清理下承层、洒水； 2. 铺筑材料拌和、运输、摊铺； 3. 整平、整型； 4. 洒水、碾压、初期养护

6. 第306节 级配碎（砾）石底基层、基层

本节工程量清单项目分项计量规则应按表7-23的规定执行。

表7-23 级配碎（砾）石底基层、基层

子目号	子目名称	单位	工程量计量	工程内容
306	级配碎（砾）石底基层、基层			
306-1	级配碎石底基层	m²	依据图纸所示压实厚度，按照铺筑的顶面面积以平方米为单位计量	1. 检查、清理下承层、洒水； 2. 铺筑材料拌和、运输、摊铺； 3. 整平、整型； 4. 洒水、碾压
306-2	搭板、埋板下级配碎石底基层	m³	依据图纸所示尺寸、范围，按照铺筑体积以立方米为单位计量	1. 检查、清理下承层、洒水； 2. 铺筑材料拌和、摊铺； 3. 整平、整型； 4. 洒水、碾压

续表

子目号	子目名称	单位	工程量计量	工程内容
306-3	级配碎石基层	m²	依据图纸所示压实厚度，按照铺筑的顶面面积以平方米为单位计量	1. 检查、清理下承层、洒水； 2. 铺筑材料拌和、运输、摊铺； 3. 整平、整型； 4. 洒水、碾压
306-4	级配砾石底基层	m²	依据图纸所示压实厚度，按照铺筑的顶面面积以平方米为单位计量	1. 检查、清理下承层、洒水； 2. 铺筑材料拌和、运输、摊铺； 3. 整平、整型； 4. 洒水、碾压
306-5	搭板、埋板下级配砾石底基层	m³	依据图纸所示尺寸、范围，按照铺筑体积以立方米为单位计量	1. 检查、清理下承层、洒水； 2. 铺筑材料拌和、运输、摊铺； 3. 整平、整型； 4. 洒水、碾压
306-6	级配砾石基层	m²	依据图纸所示压实厚度，按照铺筑的顶面面积以平方米为单位计量	1. 检查、清理下承层、洒水； 2. 铺筑材料拌和、运输、摊铺； 3. 整平、整型； 4. 洒水、碾压

7. 第 307 节 沥青稳定碎石基层（ATB）

本节工程量清单项目分项计量规则应按表 7-24 的规定执行。

表 7-24　沥青稳定碎石基层（ATB）

子目号	子目名称	单位	工程量计量	工程内容
307	沥青稳定碎石基层（ATB）			
307-1	沥青稳定碎石基层（ATB）	m²	依据图纸所示级配类型、铺筑压实厚度，按照铺筑的顶面面积以平方米为单位计量	1. 检查和清理下承层； 2. 拌和设备安装、调试、拆除； 3. 沥青铺筑材料加热、保温、输送，配运料，矿料加热烘干，拌和、出料； 4. 运输、摊铺、压实、成型； 5. 接缝； 6. 初期养护

8. 第 308 节 透层和黏层

本节工程量清单项目分项计量规则应按表 7-25 的规定执行。

表 7-25　透层和黏层

子目号	子目名称	单位	工程量计量	工程内容
308	透层和黏层			
308-1	透层	m²	依据图纸所示沥青品种、规格、喷油量，按照洒布面积以平方米为单位计量	1. 检查和清扫下承层； 2. 材料制备、运输； 3. 试洒； 4. 沥青洒布车均匀喷洒并检测洒布用量； 5. 初期养护
308-2	黏层	m²	依据图纸所示沥青品种、规格、喷油量，按照洒布面积以平方米为单位计量	1. 检查和清下承层； 2. 材料制备、运输； 3. 试洒； 4. 沥青洒布车均匀喷洒并检测洒布用量； 5. 初期养护

9. 第 309 节 热拌沥青混合料面层

本节工程量清单项目分项计量规则应按表 7-26 的规定执行。

表 7-26　热拌沥青混合料面层

子目号	子目名称	单位	工程量计量	工程内容
309	热拌沥青混合料面层			
309-1	细粒式沥青混凝土	m²	依据图纸所示级配类型及铺筑压实厚度，按照铺筑的顶面面积以平方米为单位计量	1. 检查和清理下承层； 2. 拌和设备安装、调试、拆除； 3. 沥青加热、保温、输送，配运料，矿料加热烘干、拌和、出料； 4. 运输、摊铺、碾压、成型； 5. 接缝； 6. 初期养护
309-2	中粒式沥青混凝土	m²	依据图纸所示级配类型及铺筑压实厚度，按照铺筑的顶面面积以平方米为单位计量	1. 检查和清理下承层； 2. 拌和设备安装、调试、拆除； 3. 沥青加热、保温、输送，配运料，矿料加热烘干、拌和、出料； 4. 运输、摊铺、碾压、成型； 5. 接缝； 6. 初期养护
309-3	粗粒式沥青混凝土	m²	依据图纸所示级配类型及铺筑压实厚度，按照铺筑的顶面面积以平方米为单位计量	1. 检查和清理下承层； 2. 拌和设备安装、调试、拆除； 3. 沥青加热、保温、输送，配运料，矿料加热烘干、拌和、出料； 4. 运输、摊铺、碾压、成型； 5. 接缝； 6. 初期养护

10. 第 310 节 沥青表面处置与封层

本节工程量清单项目分项计量规则应按表 7-27 的规定执行。

表 7-27　沥青表面处置与封层

子目号	子目名称	单位	工程量计量	工程内容
310	沥青表面处置与封层			
310-1	沥青表面处置	m²	依据图纸所示沥青种类、厚度、喷油量，按照沥青表面处置面积以平方米为单位计量	1. 检查和清理下承层； 2. 安拆除熬油设备； 3. 熬油、运油； 4. 沥青洒布车洒油； 5. 整型、碾压、找补； 6. 初期养护
310-2	封层	m²	依据图纸所示沥青种类、厚度，按照封层面积以平方米为单位计量	1. 检查和清扫下承层； 2. 试验段施工； 3. 专用设备洒布或施工封层； 4. 整型、碾压、找补； 5. 初期养护

11. 第 311 节 改性沥青及改性沥青混合料

本节工程量清单项目分项计量规则应按表 7-28 的规定执行。

表 7-28 改性沥青及改性沥青混合料

子目号	子目名称	单位	工程量计量	工程内容
311	改性沥青及改性沥青混合料			
311-1	细粒式改性沥青混合料路面	m²	依据图纸所示级配类型及压实厚度，按照铺筑的顶面面积以平方米为单位计量	1. 检查和清理下承层； 2. 拌和设备安装、调试、拆除； 3. 改性沥青混合料生产； 4. 混合料运输、摊铺、碾压、成型； 5. 接缝； 6. 初期养护
311-2	中粒式改性沥青混合料路面	m²	依据图纸所示级配类型及压实厚度，按照铺筑的顶面面积以平方米为单位计量	1. 检查和清理下承层； 2. 拌和设备安装、调试、拆除； 3. 改性沥青混合料生产； 4. 混合料运输、摊铺、碾压、成型； 5. 接缝； 6. 初期养护
311-3	SMA 路面	m²	依据图纸所示级配类型及压实厚度，按照铺筑的顶面面积以平方米为单位计量	1. 检查和清理下承层； 2. 拌和设备安装、调试、拆除； 3. 改性沥青混合料生产； 4. 混合料运输、摊铺、碾压、成型； 5. 接缝； 6. 初期养护

12. 第 312 节 水泥混凝土面板

本节工程量清单项目分项计量规则应按表 7-29 的规定执行。

表 7-29 水泥混凝土面板

子目号	子目名称	单位	工程量计量	工程内容
312	水泥混凝土面板			
312-1	水泥混凝土面板	m³	依据图纸所示厚度和混凝土强度等级，按照铺筑体积以立方米为单位计量	1. 检查和清理下承层、洒水湿润； 2. 模板制作、架设、安装、修理、拆除； 3. 混凝土拌和物配合比设计、配料、拌和、运输、浇筑、振捣、真空吸水、抹平、压（刻）纹、养护； 4. 切缝、灌缝； 5. 初期养护
312-2	钢筋	kg	1. 依据图纸所示水泥混凝土路面钢筋按图示质量以千克为单位计量； 2. 因搭接而增加的钢筋作为附属工作，不另行计量	1. 钢筋的保护、储存及除锈； 2. 钢筋整直、连接； 3. 钢筋截断、弯曲； 4. 钢筋安设、支承及固定

13. 第 313 节 路肩培土、中央分隔带回填土、土路肩加固及路缘石

本节工程量清单项目分项计量规则应按表 7-30 的规定执行。

表 7-30　路肩培土、中央分隔带回填土、土路肩加固及路缘石

子目号	子目名称	单位	工程量计量	工程内容
313	路肩培土、中央分隔带回填土、土路肩加固及路缘石			
313-1	路肩培土	m³	依据图纸所示断面尺寸，按照压实体积以立方米为单位计量	1. 挖运土； 2. 路基整修、培土、整型； 3. 分层填筑、压实； 4. 修整路肩横坡
313-2	中央分隔带回填土	m³	依据图纸所示断面尺寸，按照压实体积以立方米为单位计量	1. 挖运土； 2. 路基整修、培土、整型； 3. 分层填筑、压实
313-3	现浇混凝土加固土路肩	m³	依据图纸所示断面尺寸和混凝土强度等级，按照浇筑体积以立方米为单位计量	1. 路基整修； 2. 模板制作、安装、拆除、修理、涂脱模剂； 3. 混凝土拌和、制备、运输、摊铺、振捣、养护
313-4	混凝土预制块加固土路肩	m³	依据图纸所示断面尺寸和混凝土强度等级，按照预制安装体积以立方米为单位计量	1. 预制场地平整、硬化处理； 2. 预制块预制、装运； 3. 路基整修； 4. 预制块铺砌、勾缝
313-5	混凝土预制块路缘石	m³	依据图纸所示断面尺寸和混凝土强度等级，按照预制安装体积以立方米为单位计量	1. 预制场地平整、硬化处理； 2. 路缘石预制、装运； 3. 路基整修、基槽开挖与回填，废方弃运； 4. 基槽夯实； 5. 路缘石铺砌、勾缝； 6. 路缘石后背回填夯实

14. 第 314 节 路面及中央分隔带排水

本节工程量清单项目分项计量规则应按表 7-31 的规定执行。

表 7-31　路面及中央分隔带排水

子目号	子目名称	单位	工程量计量	工程内容
314	路面及中央分隔带排水			
314-1	排水管	m	依据图纸所示位置，分不同类型及规格，按埋设管长以米为单位计量	1. 基槽开挖填筑、废方弃运； 2. 垫层（基础）铺筑； 3. 排水管制作； 4. 安放排水管； 5. 接头处理； 6. 回填、压实； 7. 出水口处理

续表

子目号	子目名称	单位	工程量计量	工程内容
314-2	纵向雨水沟（管）	m	依据图纸所示位置，分不同类型及规格，按埋设长度以米为单位计量	1. 基槽开挖、废方弃运； 2. 垫层（基础）铺筑； 3. 模板制作、安装、拆除、修理； 4. 钢筋制作与安装； 5. 盖板预制及安装； 6. 混凝土拌和、运输、浇筑； 7. 养护； 8. 安放排水管； 9. 接头处理； 10. 回填、压实； 11. 出水口处理
314-3	集水井	座	依据图纸所示位置，分不同类型及规格，按设置的集水井数量，以座为单位计量	1. 基坑开挖及废方弃运； 2. 地基平整夯实，垫层及基础施工； 3. 模板制作、安装、拆除、修理； 4. 钢筋制作与安装； 5. 混凝土拌和、运输、浇筑、养护； 6. 井壁外围回填，夯实
314-4	中央分隔带渗沟	m	依据图纸所示位置，分不同类型，按埋设长度以米为单位计量	1. 基槽开挖、废方弃运； 2. 垫层（基础）铺筑； 3. 制管、打孔； 4. 安放排水管； 5. 接头处理； 6. 填碎石、铺设土工布； 7. 回填、压实
314-5	沥青油毡防水层	m²	依据图纸所示位置，按铺设的防水层面积以平方米为单位计量	1. 下承层清理； 2. 喷涂黏结层； 3. 铺油毡； 4. 接缝处理
314-6	路肩排水沟	m	依据图纸所示位置及断面尺寸，按照不同类型的路肩排水沟的长度，以米为单位计量	1. 场地清理； 2. 地基平整夯实，排水沟断面补挖；铺设垫层； 3. 模板制作、安装、拆除； 4. 钢筋制作、安装； 5. 混凝土拌和、运输、浇筑、养护； 6. 预制件预制（现浇）、运输、装卸、安装； 7. 回填、清理
314-7	拦水带	m	依据图纸所示位置及断面尺寸，分不同类型，按照拦水带长度，以米为单位计量	1. 混凝土制作、运输、浇筑、振捣、养护、拆模、刷漆； 2. 开槽； 3. 预制块装运，安装、接缝防漏处理； 4. 沥青混凝土配运料、拌和、运输、摊铺、压实、成型、初期养护； 5. 清理

7.5.2 有关内容的说明及提示

路面工程包括垫层、底基层、基层、透层和黏层、沥青混合料面层、沥青表面处置与封层、沥青混凝土面层、水泥混凝土面板、其他面层、路肩培土、中央分隔带回填土、土路肩加固及路缘石、路面及中央分隔带排水。

7.5.3 案例

[**例 7.2**] 某道路全长 1800m，道路宽度为 21m，其中每条车道均为 4m，中央分隔带宽为 5m，中央分隔带下面设有盲沟，以便排除路基水。路基每侧加宽 0.4m。另外，为了引导驾驶员的视线，每 60m 设置一个标杆，道路平面图、道路结构图如图 7-5 和图 7-6 所示，试计算道路工程定额工程量。

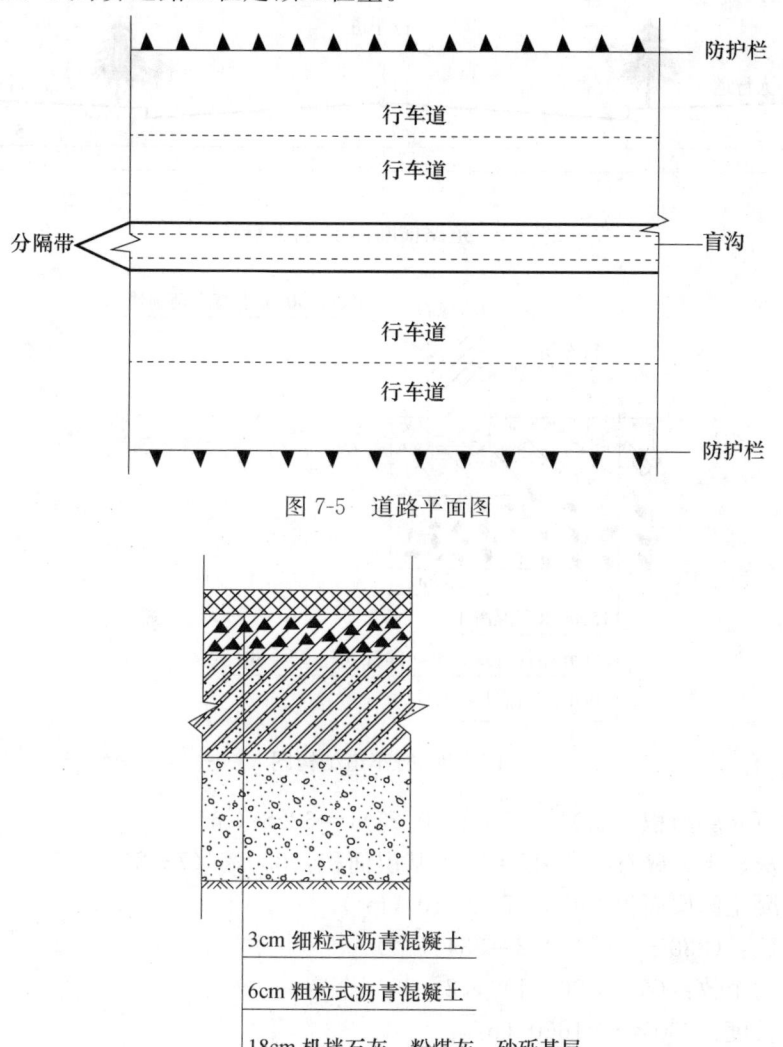

图 7-5 道路平面图

图 7-6 道路结构图

解：① 砂砾石底层面积：（21＋0.4×2）×1800＝39240（m²）
② 机拌石灰、粉煤灰、砂砾基层的面积：（21＋0.4×2）×1800＝39240（m²）
③ 沥青混凝土面层（6cm 厚，粗粒式）体积：21×1800×0.06＝2268（m³）
④ 沥青混凝土面层（3cm 厚，细粒式）体积：21×1800×0.03＝1134（m³）
⑤ 中央分隔带的长度：1800（m）
⑥ 盲沟的长度：1800（m）
⑦ 标杆的个数：1800÷60＝30（个）

[例 7.3]　某城市次干道长 830m，路面宽度为 17m，车道宽度为 7m，人行道各宽 5m，每隔 5m 设一树池，设有缘石。由于输电线路的搭建，每隔 50m 设一立电杆。其道路横断面示意图如图 7-7 所示，行车道结构图如图 7-8 所示。试计算该道路的清单工程量与定额工程量。

图 7-7　道路横断面示意图（m）

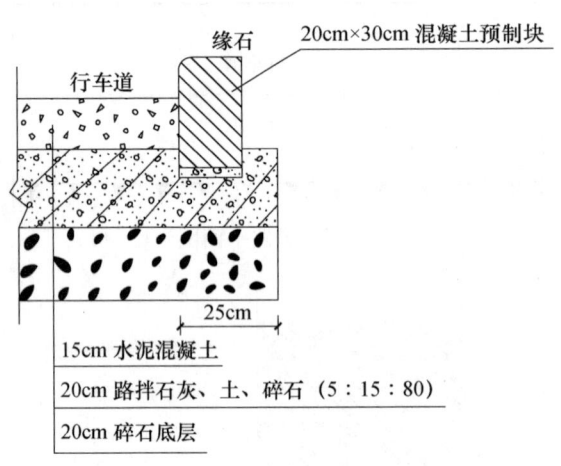

图 7-8　行车道结构图

解：卵石底层面积：830×（7＋2×0.25）＝6225（m²）
路拌石灰、土、碎石（5∶15∶80）基层面积：830×（7＋2×0.25）＝6225（m²）
水泥混凝土面层面积：830×7＝5810（m²）
树池个数：（830÷5＋1）×2＝334（个）
立电杆的个数：（830÷50＋1）×2＝35（个）
缘石的长度：830×2＝1660（m）
缘石的体积：0.2×0.3×1660＝99.6（m³）
定额工程量计算同清单工程量计算。

7.6 桥梁、涵洞工程工程量计量

7.6.1 桥梁、涵洞工程工程量清单计量规则

1. 第 401 节 通则

本节工程量清单项目分项计量规则应按表 7-32 的规定执行。

表 7-32 通则

子目号	子目名称	单位	工程量计量	工程内容
401-1	桥梁荷载试验（暂估价）	总额	依据图纸及桥梁荷载试验委托合同中约定的试验项目以暂估价形式按总额为单位计量	1. 选择有资质的单位签订桥梁荷载试验委托合同； 2. 按图纸所示及合同约定的测试项目现场试验； 3. 数据采集、分析、编写提交试验报告
401-2	桥梁施工监控（暂估价）	总额	依据图纸及桥梁施工监控委托合同中约定的监控量测项目以暂估价形式按总额为单位计量	1. 选择有资质的单位签订桥梁施工监控委托合同； 2. 按图纸所示及合同约定的测试项目及量测频率对现场实施监控量测； 3. 数据采集、分析、编写提交监控量测报告
401-3	地质钻探及取样试验（暂定工程量）	m	按实际发生的地质钻探及取样试验分不同钻径以米为单位计量	1. 场地清理； 2. 钻机安拆、钻探； 3. 取样、试验

2. 第 402 节 模板、拱架和支架

本节包括模板、拱架和支架的设计制作、安装、拆卸施工等有关作业。本节工作作为有关工程的附属工作，均不作计量。

3. 第 403 节 钢筋

本节工程量清单项目分项计量规则应按表 7-33 的规定执行。

表 7-33 钢筋

子目号	子目名称	单位	工程量计量	工程内容
403	钢筋			
403-1	基础钢筋（含灌注桩、承台、桩系梁、沉桩、沉井等）	kg	1. 依据图纸所示及钢筋表所列钢筋质量以千克为单位计量； 2. 固定钢筋的材料、定位架立钢筋、钢筋接头、吊装钢筋、钢板、铁丝作为钢筋作业的附属工作，不另行计量	1. 钢筋的保护、储存及除锈； 2. 钢筋整直、接头； 3. 钢筋截断、弯曲； 4. 钢筋安设、支承及固定

续表

子目号	子目名称	单位	工程量计量	工程内容
403-2	下部结构钢筋	kg	1. 依据图纸所示及钢筋表所列钢筋质量以千克为单位计量； 2. 固定钢筋的材料、定位架立钢筋、钢筋接头、吊装钢筋、钢板、铁丝作为钢筋作业的附属工作，不另行计量	1. 钢筋的保护、储存及除锈； 2. 钢筋整直、接头； 3. 钢筋截断、弯曲； 4. 钢筋安设、支承及固定
403-3	上部结构钢筋	kg	1. 依据图纸所示及钢筋表所列钢筋质量以千克为单位计量； 2. 固定钢筋的材料、定位架立钢筋、钢筋接头、吊装钢筋、钢板、铁丝作为钢筋作业的附属工作，不另行计量	1. 钢筋的保护、储存及除锈； 2. 钢筋整直、接头； 3. 钢筋截断、弯曲； 4. 钢筋安设、支承及固定
403-4	附属结构钢筋	kg	1. 依据图纸所示及钢筋表所列钢筋质量以千克为单位计量； 2. 缘石、人行道、防撞墙、栏杆、桥头搭板、枕梁、抗震挡块、支座垫块等构造物，其所用钢筋以及伸缩缝预埋的钢筋，均列入本子目计量； 3. 固定钢筋的材料、定位架立钢筋、钢筋接头、吊装钢筋、钢板、铁丝作为钢筋作业的附属工作，不另行计量	1. 钢筋的保护、储存及除锈； 2. 钢筋整直、接头； 3. 钢筋截断、弯曲； 4. 钢筋安设、支承及固定

4. 第 404 节 基坑开挖及回填

本节工程量清单项目分项计量规则应按表 7-34 的规定执行。

表 7-34 基坑开挖及回填

子目号	子目名称	单位	工程量计量	工程内容
404	基坑开挖及回填			
404-1	干处挖土方	m³	1. 根据图示，取用底、顶面间平均高度的棱柱体体积，分别按干处、水下及土、石，以立方米为单位计量； 2. 在地下水位以上开挖的为干处挖方；在地下水位以下开挖的为水下挖方； 3. 基坑底面、顶面及侧面的确定应符合下列规定： （1）基坑开挖底面：按图纸所示的基底高程线计算。 （2）基坑开挖顶面：按设计图纸横断面上所标示的原地面线计算。 （3）基坑开挖侧面：按顶面到底面，以超出基底周边 0.5m 的竖直面为界	1. 场地清理； 2. 围堰、排水； 3. 基坑开挖； 4. 基坑支护； 5. 基坑检查、修整； 6. 基坑回填、压实； 7. 弃方清运
404-2	水下挖土方	m³		
404-3	干处挖石方	m³		1. 场地清理； 2. 围堰、排水； 3. 钻爆； 4. 出渣； 5. 基坑支护； 6. 基坑检查、修整； 7. 基坑回填、压实； 8. 弃方清运
404-4	水下挖石方	m³		

5. 第 405 节 钻孔灌注桩

本节工程量清单项目分项计量规则应按表 7-35 的规定执行。

表 7-35 钻孔灌注桩

子目号	子目名称	单位	工程量计量	工程内容
405	钻孔灌注桩			
405-1	钻孔灌注桩			
-a	陆上钻孔灌注桩	m	1. 依据图纸所示桩长及混凝土强度等级，按照不同桩径的桩长以米为单位计量； 2. 施工图设计水深小于 2m（含 2m）的为陆上钻孔灌注桩； 3. 桩长为桩底高程至承台底面或系梁底面。对于与桩连为一体的柱式墩台，如无承台或系梁时，则以桩位处原始地面线为分界线，地面线以下部分为灌注桩桩长。若图纸有标示的，按图纸标示为准	1. 安设护筒及设置钻孔平台； 2. 钻机安拆、就位； 3. 钻孔、成孔、成孔检查； 4. 安装声测管； 5. 混凝土制拌、运输、浇筑； 6. 破桩头； 7. 按招标文件技术规范 405.11 的规定进行桩基检测
-b	水中钻孔灌注桩	m	1. 依据图纸所示长及混凝土强度等级，按照不同桩径的桩长以米为单位计量； 2. 施工图设计水深大于 2 米的为水中钻孔灌注桩； 3. 桩长为桩底高程至承台底面或系梁底面。对于与桩连为一体的柱式墩台，如无承台或系梁时，则以桩位处原始地面线为分界线，地面线以下部分为灌注桩桩长。若图纸有标示的，按图纸标示为准	1. 搭设水中钻孔平台、筑岛或围堰、横向便道； 2. 钻机安拆、就位； 3. 钻孔、成孔、成孔检查； 4. 安装声测管； 5. 混凝土制拌、运输、浇筑； 6. 破桩头； 7. 按招标文件技术规范 405.11 的规定进行桩基检测
405-2	钻取混凝土芯样检测（暂定工程量）	m	1. 按实际钻取的混凝土芯样长度，分不同钻径以米为单位计量； 2. 如混凝土质量合格，钻取的芯样给予计量，否则，不予计量	1. 场地清理； 2. 钻机安拆、钻芯； 3. 取样、试验
405-3	破坏荷载试验用桩（暂定工程量）	m	依据图纸所示桩长及混凝土强度等级，按照不同桩径的桩长以米为单位计量	1. 钻孔平台搭设、筑岛或围堰； 2. 钻机安拆、就位； 3. 钻孔、成孔、成孔检查； 4. 安装声测管； 5. 混凝土制拌、运输、浇筑； 6. 破桩头

6. 第 406 节 沉桩

本节工程量清单项目分项计量规则应按表 7-36 的规定执行。

表 7-36 沉桩

子目号	子目名称	单位	工程量计量	工程内容
406	沉桩			
406-1	钢筋混凝土沉桩	m	依据图纸所示桩长及混凝土强度等级，按照不同桩径的桩长以米为单位计量	1. 钢筋混凝土桩预制、养护、移运、沉入、桩头处理； 2. 锤击、射水、接桩
406-2	预应力混凝土沉桩	m	依据图纸所示桩长及混凝土强度等级，按照不同桩径的桩长以米为单位计量	1. 预应力混凝土桩预制、养护、移运、沉入、桩头处理； 2. 锤击、射水、接桩
406-3	试桩（暂定工程量）	m	依据图纸所示桩长及混凝土强度等级，按照不同桩径的桩长以米为单位计量	1. 钢筋混凝土或预应力混凝土桩预制、养护、移运、沉入、桩头处理； 2. 锤击、射水、接桩

7. 第 407 节 挖孔灌注桩

本节工程量清单项目分项计量规则应按表 7-37 的规定执行。

表 7-37 挖孔灌注桩

子目号	子目名称	单位	工程量计量	工程内容
407	挖孔灌注桩			
407-1	挖孔灌注桩	m	1. 依据图纸所示桩长及混凝土强度等级，按照不同桩径的桩长以米为单位计量； 2. 桩长为桩底高程至承台底面或系梁底面。对于与桩连为一体的柱式墩台，如无承台或系梁时，则以桩位处原始地面线为分界线，地面线以下部分为灌注桩桩长，若图纸有标示的，按图纸标示为准	1. 设置支撑与护壁； 2. 挖孔、清孔、通风、钎探、排水； 3. 安装声测管； 4. 混凝土制拌、运输、浇筑； 5. 破桩头； 6. 按招标文件技术规范 405.11 的规定进行桩基检测
407-2	钻取混凝土芯样检测（暂定工程量）	m	1. 按实际钻取的混凝土芯样长度，分不同钻径以米为单位计量； 2. 如混凝土质量合格，钻取的芯样给予计量，否则，不予计量	1. 场地清理； 2. 钻机安拆、钻芯； 3. 取样、试验
407-3	破坏荷载试验用桩（暂定工程量）	m	依据图纸所示桩长及混凝土强度等级，按照不同桩径的桩长以米为单位计量	1. 设置支撑与护壁； 2. 挖孔、清孔、通风、钎探、排水； 3. 安装声测管； 4. 混凝土制拌、运输、浇筑；破桩头

8. 第 408 节 桩的垂直静荷载试验

本节工程量清单项目分项计量规则应按表 7-38 的规定执行。

表 7-38 桩的垂直静荷载试验

子目号	子目名称	单位	工程量计量	工程内容
408	桩的垂直静荷载试验			
408-1	桩的检验荷载试验（暂定工程量）	每一试桩	1. 依据图纸及桩的检验荷载试验委托合同，在图纸所示位置现场进行桩的检验荷载试验，按实际进行检验荷载试验的桩数，分不同的桩径、桩长、混凝土强度等级、检验荷载等级以每一试桩为单位计量； 2. 桩的检验荷载试验仅指荷载试验工作；桩的工程量在对应工程结构中计量	1. 选择有资质的单位签订桩的检验荷载试验委托合同； 2. 按图纸所示及合同约定的内容现场进行桩的检验荷载试验（包括清理场地、搭设试桩工作台、埋设观测设备、加载、卸载、观测）； 3. 数据采集、分析、编写提交桩的检验荷载试验报告
408-2	桩的破坏荷载试验（暂定工程量）	每一试桩	1. 依据图纸及桩的破坏荷载试验委托合同，在图纸所示位置现场进行桩的破坏荷载试验，按实际进行破坏荷载试验的桩数，分不同的桩径、桩长、混凝土强度等级、破坏荷载等级以每一试桩为单位计量； 2. 桩的破坏荷载试验仅指荷载试验工作；桩的工程量在对应工程结构中计量	1. 选择有资质的单位签订桩的破坏荷载试验委托合同； 2. 按图纸所示及合同约定的内容现场进行桩的破坏荷载试验（包括清理场地、搭设试桩工作台、埋设观测设备、加载、卸载、观测）； 3. 数据采集、分析、编写提交桩的破坏荷载试验报告

9. 第 409 节 沉井

本节工程量清单项目分项计量规则应按表 7-39 的规定执行。

表 7-39 沉井

子目号	子目名称	单位	工程量计量	工程内容
409	沉井			
409-1	钢筋混凝土沉井			
-a	井壁混凝土	m³	依据图纸所示位置及尺寸，按图示混凝土体积分不同强度等级以立方米为单位计量	1. 制作场地建设； 2. 配、拌、运混凝土； 3. 刃脚制作，浇筑、振捣、养护井壁混凝土； 4. 浮运、定位、下沉、助沉、接高、拼装； 5. 井内土石开挖、弃运
-b	封底混凝土	m³	依据图纸所示位置及尺寸，按图示混凝土体积分不同强度等级以立方米为单位计量	1. 场地清理； 2. 搭拆作业平台； 3. 配、拌、运混凝土； 4. 浇筑、养护
-c	填芯混凝土	m³		
-d	顶板混凝土	m³		

10. 第 410 节 结构混凝土工程

本节工程量清单项目分项计量规则应按表 7-40 的规定执行。

表 7-40　结构混凝土工程

子目号	子目名称	单位	工程量计量	工程内容
410	结构混凝土工程			
410-1	混凝土基础（包括支撑梁、桩基承台、桩系梁，但不包括桩基）	m³	依据图纸所示体积分不同强度等级以立方米为单位计量	1. 场地清理； 2. 搭拆作业平台； 3. 安拆套箱或模板；安设预埋件； 4. 混凝土配运料、拌和、运输、浇筑、振捣、养护； 5. 施工缝、沉降缝设置处理； 6. 混凝土的冷却管制作安装，通水、降温； 7. 防水、防冻、防腐措施
410-2	混凝土下部结构			
-a	桥台混凝土	m³	1. 依据图纸所示体积分不同强度等级以立方米为单位计量； 2. 直径小于 200mm 的管子、钢筋、锚固件、管道、泄水孔或桩所占混凝土体积不予扣除	1. 场地清理； 2. 搭拆作业平台、支架； 3. 安拆模板；安设预埋件（包括支座预埋件、防震锚栓及套筒等）； 4. 混凝土配运料、拌和、运输、浇筑、振捣、养护； 5. 施工缝、沉降缝设置处理； 6. 防水、防冻、防腐措施
-b	桥墩混凝土	m³	1. 依据图纸所示体积分不同强度等级以立方米为单位计量； 2. 直径小于 200mm 的管子、钢筋、锚固件、管道、泄水孔或桩所占混凝土体积不予扣除	1. 场地清理； 2. 搭拆作业平台、支架； 3. 安拆模板；安设预埋件（包括支座预埋件、防震锚栓及套筒等）； 4. 混凝土配运料、拌和、运输、浇筑、振捣、养护； 5. 防水、防冻、防腐措施
-c	盖梁混凝土	m³	1. 依据图纸所示体积分不同强度等级以立方米为单位计量； 2. 直径小于 200mm 的管子、钢筋、锚固件、管道、泄水孔或桩所占混凝土体积不予扣除； 3. 墩梁固结混凝土计入本子目，桥墩上的支座垫石、防震挡块混凝土计入附属结构混凝土	1. 场地清理； 2. 搭拆作业平台、支架； 3. 安拆模板；安设预埋件（包括支座预埋件、防震锚栓及套筒等）； 4. 混凝土配运料、拌和、运输、浇筑、振捣、养护
-d	台帽混凝土	m³	1. 依据图纸所示体积分不同强度等级以立方米为单位计量； 2. 直径小于 200mm 的管子、钢筋、锚固件、管道、泄水孔或桩所占混凝土体积不予扣除； 3. 耳背墙混凝土计入本子目，桥台上的支座垫石、防震挡块混凝土计入附属结构混凝土	1. 场地清理； 2. 搭拆作业平台、支架； 3. 安拆模板；安设预埋件（包括支座预埋件、防震锚栓及套筒等）； 4. 混凝土配运料、拌和、运输、浇筑、振捣、养护

续表

子目号	子目名称	单位	工程量计量	工程内容
410-3	现浇混凝土上部结构	m³	1. 依据图纸所示体积分不同强度等级以立方米为单位计量; 2. 直径小于200mm的管子、钢筋、锚固件、管道、泄水孔或桩所占混凝土体积不予扣除	1. 平整场地; 2. 搭拆工作平台; 3. 支架搭设、预压与拆除; 4. 安拆模板;安设预埋件; 5. 混凝土配运料、拌和、运输、浇筑、养护; 6. 施工缝、伸缩缝设置处理
410-4	预制混凝土上部结构	m³	1. 依据图纸所示体积分不同强度等级以立方米为单位计量; 2. 直径小于200mm的管子、钢筋、锚固件、管道、泄水孔或桩所占混凝土体积不予扣除	1. 搭拆工作平台; 2. 安拆模板;安设预埋件(吊环、预埋连接件); 3. 混凝土配运料、拌和、运输、浇筑、养护; 4. 构件预制、运输、安装
410-5	桥梁上部结构现浇整体化混凝土	m³	1. 依据图纸所示体积分不同强度等级以立方米为单位计量; 2. 直径小于200mm的管子、钢筋、锚固件、管道、泄水孔或桩所占混凝土体积不予扣除; 3. 绞缝、湿接缝、先简支后连续现浇接头混凝土计入本子目	1. 工作面清理; 2. 搭拆作业平台; 3. 安拆支架、模板; 4. 混凝土配运料、拌和、运输、浇筑、养护
410-6	现浇混凝土附属结构	m³	1. 依据图纸所示体积分不同强度等级以立方米为单位计量; 2. 直径小于200mm的管子、钢筋、锚固件、管道、泄水孔或桩所占混凝土体积不予扣除; 3. 现浇缘石、人行道、防撞墙、栏杆、护栏、桥头搭板、枕梁、抗震挡块、支座垫石等列入本子目	1. 工作面清理; 2. 搭拆作业平台; 3. 安拆支架、模板; 4. 混凝土配运料、拌和、运输、浇筑、养护
410-7	预制混凝土附属结构	m³	1. 依据图纸所示体积分不同强度等级以立方米为单位计量; 2. 直径小于200mm的管子、钢筋、锚固件、管道、泄水孔或桩所占混凝土体积不予扣除; 3. 预制安装缘石、人行道、防撞墙、栏杆、护栏、桥头搭板、枕梁、抗震挡块、支座垫石等列入本子目	1. 预制场地建设、拆除; 2. 搭拆工作平台; 3. 安拆模板; 4. 混凝土配运料、拌和、运输、浇筑、养护; 5. 构件预制、运输、安装

11. 第411节 预应力混凝土工程

本节工程量清单项目分项计量规则应按表7-41的规定执行。

表 7-41 预应力混凝土工程

子目号	子目名称	单位	工程量计量	工程内容
411	预应力混凝土工程			
411-1	先张法预应力钢丝	kg	1. 依据图纸所示构件长度计算的预应力钢材质量,分不同材质以千克为单位计量; 2. 除上述计算长度以外的锚固长度及工作长度的预应力钢材含入相应预应力钢材报价之中,不另行计量	1. 制作安装预应力钢材; 2. 制作安装管道; 3. 安装锚具、锚板; 4. 张拉; 5. 放张; 6. 封锚头
411-2	先张法预应力钢绞线	kg		
411-3	先张法预应力钢筋	kg		
411-4	后张法预应力钢丝	kg	1. 按图示两端锚具间的理论长度计算的预应力钢材质量,分不同材质以千克为单位计量; 2. 除上述计算长度以外的锚固长度及工作长度的预应力钢材含入相应预应力钢材报价之中,不另行计量	1. 制作安装预应力钢材; 2. 制作安装管道; 3. 安装锚具、锚板; 4. 张拉; 5. 压浆; 6. 封锚头
411-5	后张法预应力钢绞线	kg		
411-6	后张法预应力钢筋	kg		
411-7	现浇预应力混凝土上部结构	m³	1. 依据图纸所示体积分不同强度等级以立方米为单位计量; 2. 钢筋、钢材所占体积及单个面积在 0.03m² 以内的孔洞不予扣除	1. 平整场地; 2. 搭拆工作平台;支架搭设、预压与拆除; 3. 安拆模板; 4. 混凝土配运料、拌和、运输、浇筑、养护; 5. 施工缝、伸缩缝设置处理
411-8	预制预应力混凝土上部结构	m³	1. 依据图纸所示体积分不同强度等级以立方米为单位计量; 2. 钢筋、钢材所占体积及单个面积在 0.03m² 以内的孔洞不予扣除; 3. 后张法预应力混凝土梁封端混凝土工程量列入本子目	1. 搭拆工作平台; 2. 安拆模板; 3. 混凝土配运料、拌和、运输、浇筑、养护; 4. 构件预制、运输、安装

12. 第 412 节 预制构件的安装

本节包括预制构件的起吊、运输、装卸、储存和安装,其工作量在第 410 节及第 411 节计量,本节不另行计量。

13. 第 413 节 砌石工程

本节工程量清单项目分项计量规则应按表 7-42 的规定执行。

表 7-42 砌石工程

子目号	子目名称	单位	工程量计量	工程内容
413	砌石工程			
413-1	浆砌片石	m³	依据图纸所示位置及尺寸砌筑体积分不同砂浆强度等级以立方米为单位计量	1. 基础清理; 2. 基底检查; 3. 选修石料; 4. 铺筑基础垫层; 5. 搭、拆脚手架; 6. 配、拌、运砂浆; 7. 砌筑、勾缝、抹面、养护; 8. 沉降缝设置
413-2	浆砌块石	m³		
413-3	浆砌料石	m³		
413-4	浆砌预制混凝土块	m³		

14. 第 414 节 小型钢构件

本节包括桥梁及其他公路构造物,除钢筋及预应力钢筋以外的小型钢构件的供应、制造、保护和安装。除另有说明外，本节工作内容均不作计量。

15. 第 415 节 桥面铺装

本节工程量清单项目分项计量规则应按表 7-43 的规定执行。

表 7-43 桥面铺装

子目号	子目名称	单位	工程量计量	工程内容
415	桥面铺装			
415-1	沥青混凝土桥面铺装	m³	依据图纸所示位置、尺寸，按照铺筑体积以立方米为单位计量	1. 清理下承层； 2. 拌和设备安装、调试、拆除； 3. 沥青混合料拌和、运输、摊铺、压实、成型； 4. 接缝； 5. 初期养护
415-2	水泥混凝土桥面铺装	m³	依据图纸所示位置、尺寸，分不同强度等级，按铺筑体积以立方米为单位计量	1. 场地清理； 2. 混凝土配料、拌和、运输、浇筑、振捣、养护； 3. 施工缝、沉降缝设置处理
415-3	防水层			
-a	桥面混凝土表面处理	m²	按图示处理的桥面混凝土表面净面积以平方米为单位计量	1. 场地清理； 2. 混凝土面板铣刨（喷砂）拉毛； 3. 铣刨（喷砂）拉毛后清理、平整
-b	铺设防水层	m²	依据图纸所示位置及尺寸，在桥面铺装前铺设防水材料，按图示铺装净面积分不同材质以平方米为单位计量	1. 场地清理； 2. 桥面清洁； 3. 铺装防水材料； 4. 安拆作业平台； 5. 安设排水设施
415-4	桥面排水			
-a	竖、横向集中排水管	kg 或 m	1. 依据图纸所示位置及尺寸，在桥面安设泄水孔，按图示数量分不同材质、管径计量；铸铁管、钢管以千克为单位计量；PVC 管以米为单位计量； 2. 接头、固定泄水管的金属构件不予计量，铸铁泄水孔作为附属工作，不另行计量	1. 场地清理； 2. 安拆作业平台； 3. 钻孔安设排水管锚固件； 4. 安设排水设施
-b	桥面边部碎石盲沟	m³	依据图纸所示位置、尺寸，按照盲沟体积以立方米为单位计量	1. 边部切割； 2. 清理； 3. 盲沟设置

16. 表 416 节 桥梁支座

本节工程量清单项目分项计量规则应按表 7-44 的规定执行。

表 7-44 桥梁支座

子目号	子目名称	单位	工程量计量	工程内容
416	桥梁支座			

续表

子目号	子目名称	单位	工程量计量	工程内容
416-1	板式橡胶支座	dm³	依据图纸所示位置及尺寸，安装图纸所示类型及规格板式橡胶支座就位，按图示体积，分不同的材质及形状以立方分米为单位计量	1. 清洁整平混凝土表面； 2. 砂浆配运料、拌和，接触面抹平； 3. 钢板制作与安装； 4. 支座定位安装
416-2	盆式支座	个	依据图纸所示位置及尺寸，安装图纸所示类型及规格盆式支座就位，按图示数量分不同型号、支座反力以个为单位计量	1. 清洁整平混凝土表面； 2. 砂浆配运料、拌和，接触面抹平； 3. 钢板制作与安装； 4. 吊装设备安拆； 5. 支座定位安装； 6. 支座焊接固定
416-3	隔震橡胶支座	个	依据图纸所示位置及尺寸，安装图纸所示类型及规格隔震橡胶支座就位，按图示数量分不同型号、支座反力以个为单位计量	1. 清洁整平混凝土表面； 2. 砂浆配运料、拌和，接触面抹平； 3. 钢板制作与安装； 4. 支座定位安装
416-4	球形支座	个	依据图纸所示位置及尺寸，安装图纸所示类型及规格球形支座就位，按图示数量分不同型号、支座反力以个为单位计量	1. 清洁整平混凝土表面； 2. 砂浆配运料、拌和，接触面抹平； 3. 钢板制作与安装； 4. 吊装设备安拆； 5. 支座定位安装； 6. 支座焊接固定

17. 第 417 节 桥梁接缝和伸缩装置

本节工程量清单项目分项计量规则应按表 7-45 的规定执行。

表 7-45 桥梁接缝和伸缩装置

子目号	子目名称	单位	工程量计量	工程内容
417	桥梁接缝和伸缩装置			
417-1	橡胶伸缩装置	m	依据图纸所示位置及尺寸，按图示的橡胶条伸缩装置长度（包括人行道、缘石、护栏底座与行车道等全部长度）以米为单位计量	1. 切割清理伸缩装置范围内混凝土；设置预埋件； 2. 伸缩装置定位、安装
417-2	模数式伸缩装置	m	依据图纸所示位置及尺寸，安装图示类型和规格的模数式伸缩装置，按图示长度（包括人行道、缘石、护栏底座与行车道等全部长度），分不同伸缩量以米为单位计量	1. 切割清理伸缩装置范围内混凝土；设置预埋件； 2. 伸缩装置定位、安装； 3. 混凝土拌和、运输、浇筑、压纹、养护

续表

子目号	子目名称	单位	工程量计量	工程内容
417-3	梳齿板式伸缩装置	m	依据图纸所示位置及尺寸，按图示的梳齿板式伸缩装置长度（包括人行道、缘石、护栏底座与行车道等全部长度），分不同伸缩量以米为单位计量	1. 切割清理伸缩装置范围内混凝土；设置预埋件； 2. 伸缩装置定位、安装； 3. 混凝土拌和、运输、浇筑、压纹、养护
417-4	填充式材料伸缩装置	m	依据图纸所示位置及尺寸，按图示的填充式材料伸缩装置长度（包括人行道、缘石、护栏底座与行车道等全部长度），分不同材质以米为单位计量	1. 切割清理伸缩装置范围内混凝土； 2. 跨缝板安装； 3. 材料填充、养护

18. 第418节 防水处理

本节包括混凝土和砌体表面的沥青或油毛毡防水层。本节工作内容均不作计量。

19. 第419节 圆管涵及倒虹吸管涵

本节工程量清单项目分项计量规则应按表 7-46 的规定执行。

表 7-46 圆管涵及倒虹吸管涵

子目号	子目名称	单位	工程量计量	工程内容
419	圆管涵及倒虹吸管涵			
419-1	单孔钢筋混凝土圆管涵	m	1. 依据图纸所示，按不同孔径的涵身长度（进出口端墙外侧间距离）计算，以米为单位计量； 2. 基底软基处理参照第 205 节的相关规定计量，并列入第 205 节相应子目	1. 基坑排水； 2. 挖基、基底清理； 3. 基座砌筑或浇筑； 4. 垫层材料铺筑； 5. 钢筋制作安装； 6. 预制或现浇钢筋混凝土管； 7. 铺涂防水层； 8. 安装、接缝； 9. 砌筑进出口（端墙、翼墙、八字墙井口）； 10. 防水、防冻、防腐措施； 11. 回填
419-2	双孔钢筋混凝土圆管涵	m		
419-3	钢筋混凝土圆管倒虹吸管涵	m	1. 依据图纸所示，按不同孔径的涵身长度（进出口端墙外侧间距离）计算，以米为单位计量； 2. 基底软基处理参照第 205 节的相关规定计量，并列入第 205 节相应子目	1. 基坑排水； 2. 挖基、基底清理； 3. 基座砌筑或浇筑； 4. 垫层材料铺筑； 5. 钢筋制作安装； 6. 预制或现浇钢筋混凝土管； 7. 铺涂防水层； 8. 安装、接缝； 9. 砌筑进出口（端墙、翼墙、八字墙井口）； 10. 防水、防冻、防腐措施； 11. 回填

20. 第 420 节 盖板涵、箱涵

本节工程量清单项目分项计量规则应按表 7-47 的规定执行。

表 7-47 盖板涵、箱涵

子目号	子目名称	单位	工程量计量	工程内容
420	盖板涵、箱涵			
420-1	钢筋混凝土盖板涵	m	1. 依据图纸所示，按不同跨径的盖板涵长度以米为单位计量； 2. 基底软基处理参照第 205 节的相关规定计量，并列入第 205 节相应子目	1. 场地清理； 2. 围堰、排水，基坑开挖，基坑支护； 3. 基础及涵台施工； 4. 施工缝设置、处理； 5. 盖板预制、运输、安装； 6. 砂浆制作、填缝； 7. 防水、防冻、防腐措施； 8. 回填
420-2	钢筋混凝土箱涵	m	1. 依据图纸所示，按不同跨径的箱涵长度以米为单位计量； 2. 基底软基处理参照第 205 节的相关规定计量，并列入第 205 节相应子目	1. 围堰、排水，基坑开挖； 2. 垫层、基础施工； 3. 搭拆作业平台； 4. 模板安设、加固、检查； 5. 钢筋安设、支承及固定； 6. 混凝土配运料、拌和、运输、浇筑、养护； 7. 施工缝设置、处理； 8. 防水、防冻、防腐措施； 9. 回填
420-3	钢筋混凝土盖板通道涵	m	1. 依据图纸所示，按不同跨径的盖板通道涵长度以米为单位计量； 2. 基底软基处理参照第 205 节的相关规定计量，并列入第 205 节相应子目	1. 场地清理； 2. 围堰、排水，基坑开挖，基坑支护； 3. 基础及涵台施工； 4. 施工缝设置、处理； 5. 盖板预制、运输、安装； 6. 砂浆制作、填缝； 7. 铺设通道路面；砌筑边沟； 8. 防水、防冻、防腐措施； 9. 回填
420-4	钢筋混凝土箱型通道涵	m	1. 依据图纸所示，按不同跨径的箱型通道涵长度计算以米为单位计量； 2. 基底软基处理参照第 205 节的相关规定计量，并列入第 205 节相应子目	1. 围堰、排水，基坑开挖； 2. 垫层、基础施工； 3. 搭拆作业平台； 4. 模板安设、加固、检查； 5. 钢筋安设、支承及固定； 6. 混凝土配运料、拌和、运输、浇筑、养护； 7. 施工缝设置、处理； 8. 铺设通道路面，砌筑边沟； 9. 防水、防冻、防腐措施； 10. 回填

21. 第 421 节 拱涵

本节工程量清单项目分项计量规则应按表 7-48 的规定执行。

表 7-48 拱涵

子目号	子目名称	单位	工程量计量	工程内容
421	拱涵			
421-1	拱涵			
-a	石拱涵	m	1. 依据图纸所示，按不同跨径的石拱涵长度以米为单位计量； 2. 基底软基处理参照第 205 节的相关规定计量，并列入第 205 节相应子目	1. 场地清理； 2. 围堰、排水，基坑开挖，基坑支护； 3. 基础及涵施工； 4. 搭拆作业平台； 5. 安拆支架、拱盔； 6. 选修石料，配砂浆； 7. 砌筑； 8. 勾缝、抹面、养护； 9. 防水、防冻、防腐措施
-b	混凝土拱涵	m	1. 依据图纸所示，按不同跨径的混凝土拱涵长度以米为单位计量； 2. 基底软基处理参照第 205 节的相关规定计量，并列入第 205 节相应子目	1. 场地清理； 2. 围堰、排水，基坑开挖，基坑支护； 3. 基础及涵施工； 4. 搭拆作业平台； 5. 安拆支架、拱盔； 6. 配、拌、运混凝土、浇筑、养护； 7. 防水、防冻、防腐措施
421-2	拱形通道涵			
-a	石拱通道涵	m	1. 依据图纸所示，按不同跨径的石拱通道涵长度以米为单位计量； 2. 基底软基处理参照第 205 节的相关规定计量，并列入第 205 节相应子目	1. 场地清理； 2. 围堰、排水，基坑开挖，基坑支护； 3. 基础及涵台施工； 4. 搭拆作业平台； 5. 安拆支架、拱盔； 6. 选修石料，配砂浆； 7. 砌筑； 8. 勾缝、抹面、养护； 9. 铺设通道路面，砌筑边沟； 10. 防水、防冻、防腐措施
-b	混凝土拱通道涵	m	1. 依据图纸所示，按不同跨径的混凝土拱通道涵长度以米为单位计量； 2. 基底软基处理参照第 205 节的相关规定计量，并列入第 205 节相应子目	1. 场地清理； 2. 围堰、排水，基坑开挖，基坑支护； 3. 基础及涵台施工； 4. 搭拆作业平台； 5. 安拆支架、拱盔； 6. 配、拌、运混凝土、浇筑、养护； 7. 铺设通道路面，砌筑边沟； 8. 防水、防冻、防腐措施

7.6.2 有关内容的说明及提示

桥梁涵洞工程包括：模板及拱架和支架、钢筋、基坑开挖及回填、钻孔灌注桩、沉桩、挖孔灌注桩、桩的垂直静荷载试验、沉井、结构混凝土工程、预应力混凝土工程、预制构件的安装、砌石工程、小型钢构件、桥面铺装、桥梁支座、桥梁接缝和伸缩装置、圆管涵及倒虹吸管涵、盖板涵及箱涵、拱涵。

其中，预制构件的安装包括预制构件的起吊、运输、装卸、储存和安装，其工作量在第 410 节及第 411 节计量，在此不另行计量。小型钢构件包括桥梁及其他公路构造物，除钢筋及预应力钢筋以外的小型钢构件的供应、制造、保护和安装，除另有说明外，工作内容在此均不作计量。防水处理包括混凝土和砌体表面的沥青或油毛毡防水层，工作内容在此均不作计量。

7.6.3 案例

[例 7.4] 如图 7-9 所示为目前常用的板式橡胶支座，某桥梁采用 24 个这种支座，试计算该支座的清单工程量。

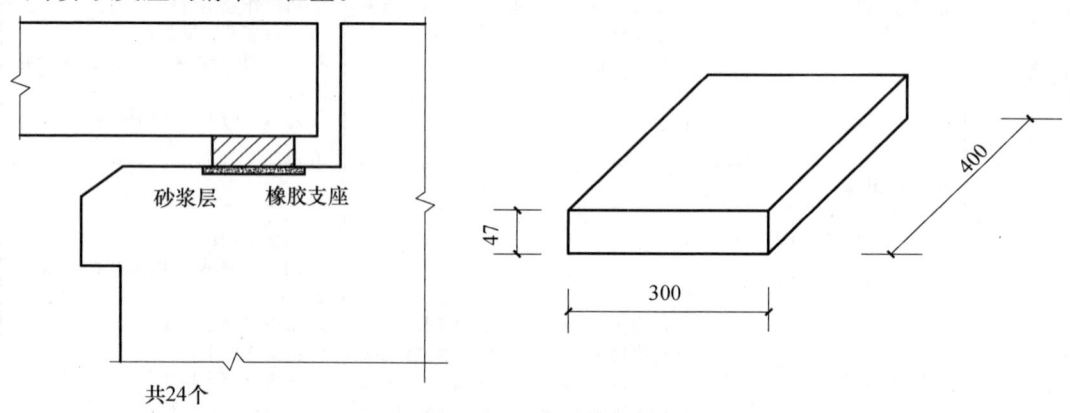

图 7-9 板上式橡胶支座（cm）

解：根据清单工程量计算规则，得

$$4 \times 3 \times 0.47 \times 24 = 135.36 \text{ (m}^3\text{)}$$

[例 7.5] 如图 7-10 所示，为某桥梁的盆式橡胶支座图，某桥梁工程中共用该种支座 25 个，求支座的工程量。

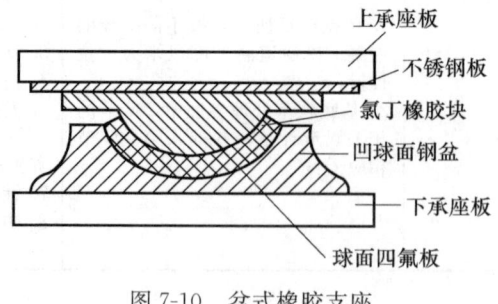

图 7-10 盆式橡胶支座

解：根据清单工程量计算规则，解得支座工程量为 25 个。

[**例 7.6**] 某梁桥重力式桥墩各部尺寸如图 7-11 所示。试计算墩帽、墩身及基础的清单工程量与定额工程量。

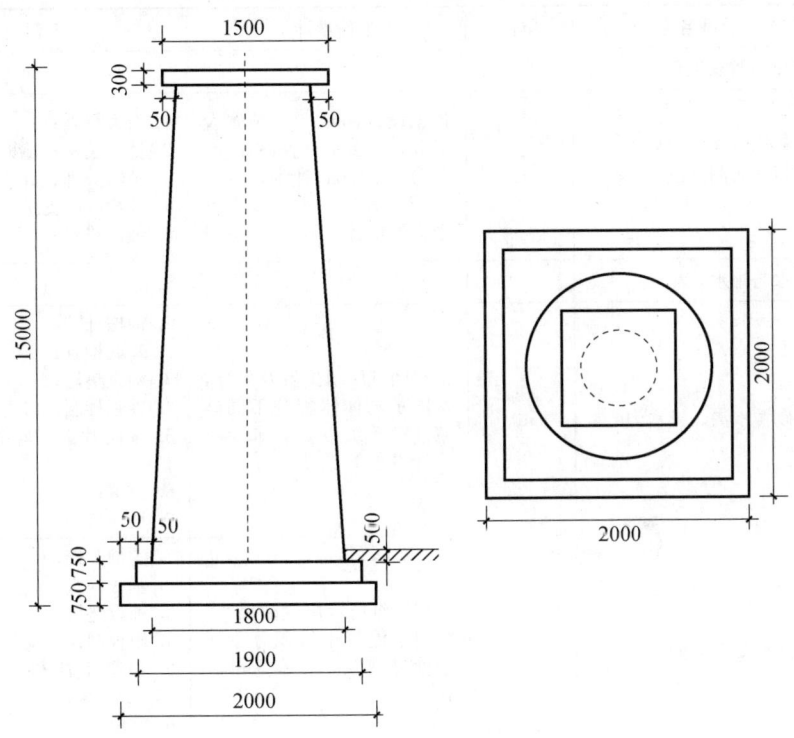

图 7-11 重力式桥墩（mm）

解：
①墩帽：$V_1 = 1.5 \times 1.5 \times 0.3 = 0.675$（m³）
②墩身：$V_2 = 1/3 \times \pi \times (15 - 0.3 - 0.75 \times 2) \times$
$\left[\left(\dfrac{1.5 - 0.05 \times 2}{2} \right)^2 + \left(\dfrac{2.0 - 0.1 \times 2}{2} \right)^2 + \dfrac{1.5 - 0.05 \times 2}{2} \times \dfrac{2.0 - 0.1 \times 2}{2} \right]$
$= 26.68$（m³）
③基础：$V_3 = (1.9 \times 1.9 + 2.0 \times 2.0) \times 0.75 = 5.71$（m³）
定额工程量计算同清单工程量计算。

7.7 隧道工程工程量计量

7.7.1 隧道工程工程量清单计量规则

1. 第 501 节 通则

本节为隧道施工的材料、施工准备及施工的一般规定。本节工作内容均不作计量，其所涉及的作业应包含在与其相关工程子目之中。

2. 第502节 洞口与明洞工程

本节工程量清单项目分项计量规则应按表7-49的规定执行。

表7-49 洞口与明洞工程

子目号	子目名称	单位	工程量计量	工程内容
502	洞口与明洞工程			
502-1	洞口、明洞开挖	m³	依据设计图纸所示位置及尺寸,按图示开挖的体积,不分土、石的种类,只区分为土方和石方,以立方米为单位计量	1. 石方爆破; 2. 挖、装、运输、卸车; 3. 填料分理、弃土整型、压实; 4. 坡面临时支护及排水; 5. 坡面修整
502-2	防水与排水			
-a	石砌截水沟、排水沟	m³	依据图纸所示位置及尺寸,按图示砌体体积分不同砂浆强度等级以立方米为单位计量	1. 沟槽开挖; 2. 基底检查; 3. 铺设垫层; 4. 砂浆拌制; 5. 浆砌片石、勾缝、抹面、养护; 6. 回填; 7. 场地清理
-b	现浇混凝土沟槽	m³	依据图纸所示位置及尺寸,按图示混凝土体积分不同强度等级以立方米为单位计量	1. 沟槽开挖; 2. 基底检查; 3. 铺设垫层; 4. 模板制作、安装、拆除; 5. 混凝土拌和、运输、浇筑、养护; 6. 回填; 7. 场地清理
-c	预制安装混凝土沟槽	m³	依据图纸所示位置及尺寸,按图示预制安装混凝土体积分不同强度等级以立方米为单位计量	1. 沟槽开挖; 2. 基底检查; 3. 铺设垫层; 4. 预制场建设; 5. 混凝土沟槽预制、安装; 6. 回填; 7. 场地清理
-d	预制安装混凝土沟槽盖板	m³	依据图纸所示位置及尺寸,按图示预制安装混凝土体积分不同强度等级以立方米为单位计量	1. 预制场建设; 2. 混凝土沟槽盖板预制、安装; 3. 回填
-e	土工合成材料	m²	1. 依据图纸所示的位置及规格,按图示铺设的土工合成材料面积,分不同材质以平方米为单位计量; 2. 接缝的重叠面积和边缘的包裹面积不予计量	1. 场地清理; 2. 土工合成材料铺设、固定; 3. 接缝处理(搭接、缝接、粘接); 4. 边缘处理
-f	渗沟	m³	依据设计图纸所示位置及尺寸,按图示渗沟体积以立方米为单位计量	1. 开挖渗沟槽; 2. 铺设土工材料; 3. 铺设渗沟填料; 4. 沟槽回填; 5. 场地清理

续表

子目号	子目名称	单位	工程量计量	工程内容
-g	钢筋	kg	1. 依据图纸所示及钢筋表所列钢筋质量以千克为单位计量； 2. 固定钢筋的材料、定位架立钢筋、钢筋接头、吊装钢筋、钢板、铁丝作为钢筋作业的附属工作，不另行计量	1. 钢筋的保护、储存及除锈； 2. 钢筋整直、接头； 3. 钢筋截断、弯曲； 4. 钢筋安设、支承及固定
502-3	洞口坡面防护			
-a	浆砌片石护坡	m³	依据图纸所示位置及尺寸，按图示砌体体积分不同砂浆强度等级以立方米为单位计量	1. 清理边坡、坡面夯实，基础开挖； 2. 铺设垫层； 3. 砌筑片石； 4. 勾缝、抹面、养护； 5. 回填
-b	现浇混凝土护坡	m³	依据图纸所示位置及尺寸，按图示混凝土体积分不同强度等级以立方米为单位计量	1. 清理边坡、坡面夯实，基坑开挖； 2. 模板制作、安装、拆除； 3. 混凝土拌和、运输、浇筑、养护； 4. 泄水孔及其滤水层、沉降缝设置； 5. 回填
-c	预制安装混凝土护坡	m³	依据图纸所示位置及尺寸，按图示预制安装混凝土体积分不同强度等级以立方米为单位计量	1. 清理边坡、坡面夯实，基坑开挖； 2. 预制件的预制； 3. 预制件安装； 4. 回填； 5. 清理现场
-d	喷射混凝土护坡	m³	依据图纸所示位置及尺寸，按图示喷射混凝土体积分不同强度等级以立方米为单位计量	1. 岩面清理； 2. 设备安装与拆除； 3. 混凝土拌制； 4. 喷射； 5. 沉降缝设置； 6. 养护
-e	浆砌护面墙	m³	1. 依据图纸所示位置及尺寸，按图示砌体体积分不同砂浆强度等级以立方米为单位计量； 2. 不扣除沉降缝、泄水孔、预埋件所占体积	1. 基坑开挖、清理、平整、夯实； 2. 浆砌片（块）石，泄水孔及其滤水层； 3. 接缝处理； 4. 勾缝、抹面； 5. 墙背排水设施设置、填料分层填筑； 6. 清理、废方弃运

续表

子目号	子目名称	单位	工程量计量	工程内容
-f	现浇混凝土护面墙	m³	1. 依据图纸所示位置和断面尺寸,按图示不同强度等级混凝土体积以立方米为单位计量; 2. 不扣除沉降缝、泄水孔、预埋件所占体积	1. 场地清理; 2. 基坑开挖,地基平整夯实,废方弃运; 3. 边坡清理夯实; 4. 模板制作、安装、拆除; 5. 混凝土拌和、运输、浇筑、养护; 6. 泄水孔及其滤水层、沉降缝设置; 7. 墙背排水设施设置、填料分层填筑; 8. 清理现场
-g	混凝土挡土墙	m³	1. 依据图纸所示位置及尺寸,按图示混凝土体积分不同强度等级以立方米为单位计量; 2. 不扣除沉降缝、泄水孔、预埋件所占体积	1. 基坑开挖、清理、平整、夯实; 2. 模板制作、安装、拆除; 3. 混凝土拌和、运输、浇筑、养护; 4. 泄水孔及其滤水层、沉降缝设置; 5. 填料分层填筑; 6. 清理,弃方处理
-h	地表注浆	m³	依据设计图纸所示注浆量,按浆液体积分不同强度等级及材质以立方米为单位计量	1. 场地清理; 2. 钻孔; 3. 安装注浆管; 4. 安拆注浆机; 5. 浆液制备; 6. 注浆
-i	钢筋	kg	1. 依据图纸所示及钢筋表所列钢筋质量以千克为单位计量; 2. 固定钢筋的材料、定位架立钢筋、钢筋接头、吊装钢筋、钢板、铁丝作为钢筋作业的附属工作,不另行计量	1. 钢筋的保护、储存及除锈; 2. 钢筋整直、接头; 3. 钢筋截断、弯曲; 4. 钢筋安设、支承及固定
-j	锚杆	m	依据设计图纸所示位置及尺寸,按锚杆长度分不同直径以米为单位计量	1. 搭、拆、移作业平台; 2. 锚杆及附件制作、运输; 3. 布眼、钻孔、清孔; 4. 浆液制作、注浆; 5. 锚杆就位、顶进、锚固
-k	主动防护系统	m²	1. 依据图纸所示,按主动防护系统防护的坡面面积以平方米为单位计量; 2. 网片搭接部分作为附属工作,不另行计量	1. 坡面清理; 2. 脚手架安设、拆除、完工清理和保养; 3. 支撑绳穿绳、张拉、固定; 4. 挂网、网片连接、缝合、固定; 5. 钻孔、清孔、套管装拔,锚杆制作、安装、锚固、锚头处理; 6. 浆液制备、注浆、养护; 7. 网面调整

续表

子目号	子目名称	单位	工程量计量	工程内容
-l	被动防护系统	m²	1. 依据图纸所示,按被动防护系统网面面积以平方米为单位计量; 2. 网片搭接部分作为附属工作,不另行计量	1. 坡面清理; 2. 基础及立柱施工; 3. 支撑绳穿绳、张拉、固定; 4. 挂网、网片连接、缝合、固定; 5. 钻孔、清孔、套管装拔,锚杆制作、安装、锚固、锚头处理; 6. 浆液制备、注浆、养护; 7. 网面调整
502-4	洞门建筑			
-a	现浇混凝土	m³	依据图纸所示位置及尺寸,按图示混凝土体积分不同强度等级以立方米为单位计量	1. 基坑开挖、清理、平整、夯实; 2. 模板制作、安装、拆除; 3. 混凝土拌和、运输、浇筑、养护; 4. 清理现场
-b	预制安装混凝土块	m³	依据图纸所示位置及尺寸,按图示预制安装混凝土体积分不同强度等级以立方米为单位计量	1. 基坑开挖、清理、平整、夯实; 2. 构件预制; 3. 预制件安装,设置泄水孔及其滤水层; 4. 接缝处理; 5. 勾缝、抹面; 6. 场地清理
-c	浆砌片粗料石（块石）	m³	依据图纸所示位置及尺寸,按图示砌体体积分不同砂浆强度等级以立方米为单位计量	1. 基坑开挖、清理、平整、夯实; 2. 砌筑,设置泄水孔及其滤水层; 3. 接缝处理; 4. 勾缝、抹面; 5. 场地清理
-d	洞门墙装修	m²	依据设计图纸所示位置及尺寸,按图示装修面积分不同的材质以平方米为单位计量	1. 搭拆作业平台; 2. 墙面拉毛、清洁、润湿; 3. 装修材料加工制作; 4. 配、拌、运砂浆及涂料; 5. 装修、养护; 6. 制作安装隧道铭牌; 7. 清理现场
-e	钢筋	kg	1. 依据图纸所示及钢筋表所列钢筋质量以千克为单位计量; 2. 固定钢筋的材料、定位架立钢筋、钢筋接头、吊装钢筋、钢板、铁丝作为钢筋作业的附属工作,不另行计量	1. 钢筋的保护、储存及除锈; 2. 钢筋整直、接头; 3. 钢筋截断、弯曲; 4. 钢筋安设、支承及固定
-f	隧道铭牌	处	依据设计图纸所示位置及规格,按图示每一洞口以处为单位计量	1. 搭拆作业平台; 2. 铭牌制作; 3. 铭牌安装

续表

子目号	子目名称	单位	工程量计量	工程内容
502-5	明洞衬砌			
-a	现浇混凝土	m³	依据图纸所示位置及尺寸，按图示混凝土体积分不同强度等级以立方米为单位计量	1. 搭拆作业平台； 2. 模板制作、安装、拆除； 3. 混凝土拌和、运输、浇筑、养护； 4. 接缝处理； 5. 场地清理
-b	钢筋	kg	1. 依据图纸所示及钢筋表所列钢筋质量以千克为单位计量； 2. 固定钢筋的材料、定位架立钢筋、钢筋接头、吊装钢筋、钢板、铁丝作为钢筋作业的附属工作，不另行计量	1. 钢筋的保护、储存及除锈； 2. 钢筋整直、接头； 3. 钢筋截断、弯曲； 4. 钢筋安设、支承及固定
502-6	遮光棚（板）	m²	依据图纸所示位置及规格，按照不同材质棚（板）的面积以平方米为单位计量	1. 安装、拆除工作平台； 2. 支架设置； 3. 遮光棚（板）制作； 4. 遮光棚（板）安装
502-7	洞顶回填			
-a	防水层			
-a-1	黏土防水层	m³	依据图纸所示的位置及规格，按图示铺设的防水层体积，以立方米为单位计量	1. 场地清理； 2. 填筑； 3. 平整、夯实
-a-2	土工合成材料	m²	1. 依据图纸所示的位置及规格，按图示铺设的防水材料面积，分不同材质以平方米为单位计量； 2. 接缝的重叠面积和边缘的包裹面积不予计量	1. 场地清理； 2. 防水材料铺设、固定； 3. 接缝处理（搭接、缝接、粘结）； 4. 边缘处理
-b	回填	m³	依据设计图纸所示的位置及尺寸，按图示回填体积，分不同材质以立方米为单位计量	1. 场地清理； 2. 填筑； 3. 平整、夯实

注：洞口坡面植物防护在《公路工程标准施工招标文件》（2018年版）的第700章计量。

3. 第503节 洞身开挖

本节工程量清单项目分项计量规则应按表7-50的规定执行。

表7-50 洞身开挖

子目号	子目名称	单位	工程量计量	工程内容
503	洞身开挖			
503-1	洞身开挖			

续表

子目号	子目名称	单位	工程量计量	工程内容
-a	洞身开挖（不含竖井、斜井）	m³	1. 依据图纸所示成洞断面（不计允许超挖值及预留变形量的设计净断面）计算开挖体积，不分围岩级别，只区分为土方和石方，以立方米为单位计量； 2. 含紧急停车带、车行横洞、人行横洞以及设备洞室的开挖	1. 钻孔爆破； 2. 风、水、电作业及通风防尘； 3. 粉尘、有害气体、可燃气体量测监控及防护； 4. 临时支护及临时防排水； 5. 装渣、运输、卸车； 6. 填料分理、弃土整型、压实
-b	竖井洞身开挖	m³	依据图纸所示成洞断面（不计允许超挖值及预留变形量的设计净断面）计算开挖体积，不分围岩级别，只区分为土方和石方，以立方米为单位计量	1. 钻孔爆破； 2. 风、水、电作业及通风防尘； 3. 粉尘、有害气体、可燃气体量测监控及防护； 4. 临时支护及临时防排水； 5. 装渣、运输、卸车； 6. 填料分理、弃土整型、压实
-c	斜井洞身开挖	m³	依据图纸所示成洞断面（不计允许超挖值及预留变形量的设计净断面）计算开挖体积，不分围岩级别，只区分为土方和石方，以立方米为单位计量	1. 钻孔爆破； 2. 风、水、电作业及通风防尘； 3. 粉尘、有害气体、可燃气体量测监控及防护； 4. 临时支护及临时防排水； 5. 装渣、运输、卸车； 6. 填料分理、弃土整型、压实
503-2	洞身支护			
-a	管棚支护			
-a-1	基础钢管桩	m	依据图纸所示位置和断面尺寸，按图示不同规格的钢管桩长度以米为单位计量	1. 场地清理； 2. 打桩机定位； 3. 沉管； 4. 混凝土（水泥浆）拌制； 5. 灌注混凝土（水泥浆）； 6. 打桩机移位
-a-2	套拱混凝土	m³	依据图纸所示位置及尺寸，按图示混凝土体积分不同强度等级以立方米为单位计量	1. 场地清理； 2. 模板制作、安装、拆除； 3. 混凝土拌和、运输、浇筑、养护
-a-3	孔口管	m	依据设计图纸所示位置及尺寸，按钢管长度分不同的规格以米为单位计量	1. 场地清理； 2. 搭拆工作平台； 3. 布眼、钻孔、清孔； 4. 钢管制作、运输、就位、顶进
-a-4	套拱钢架	kg	1. 依据设计图纸所示位置及尺寸，按钢材质量以千克为单位计量； 2. 钢架纵向连接钢筋作为附属工作，不另行计量； 3. 连接钢板、螺栓、螺帽、拉杆、垫圈为套拱钢架的附属工作，均不另行计量	1. 场地清理； 2. 搭拆工作平台； 3. 钢架加工及安装； 4. 钢架安装； 5. 钢架固定

续表

子目号	子目名称	单位	工程量计量	工程内容
-a-5	钢筋	kg	1. 依据图纸所示及钢筋表所列钢筋质量以千克为单位计量； 2. 固定钢筋的材料、定位架立钢筋、钢筋接头、吊装钢筋、钢板、铁丝作为钢筋作业的附属工作，不另行计量	1. 钢筋的保护、储存及除锈； 2. 钢筋整直、接头； 3. 钢筋截断、弯曲； 4. 钢筋安设、支承及固定
-a-6	管棚	m	依据设计图纸所示位置及尺寸，按钢管长度分不同的规格以米为单位计量	1. 场地清理； 2. 搭拆工作平台； 3. 布眼、钻孔、清孔； 4. 钢管制作、运输、就位、顶进； 5. 浆液制作、注浆、检查、堵孔
-b	注浆小导管	m	依据设计图纸所示位置及尺寸，按钢管长度分不同的规格以米为单位计量	1. 场地清理； 2. 搭拆工作平台； 3. 布眼、钻孔、清孔； 4. 钢管制作、就位、顶进； 5. 浆液制作、注浆、检查、堵孔
-c	锚杆支护			
-c-1	砂浆锚杆	m	依据设计图纸所示位置及尺寸，按锚杆长度分不同直径以米为单位计量	1. 搭、拆、移作业平台； 2. 锚杆及附件制作、运输； 3. 布眼、钻孔、清孔； 4. 浆液制作、注浆； 5. 锚杆就位、顶进、锚固
-c-2	药包锚杆	m	依据设计图纸所示位置及尺寸，按锚杆长度分不同直径以米为单位计量	1. 搭、拆、移作业平台； 2. 锚杆及附件制作、运输； 3. 布眼、钻孔、清孔； 4. 药包浸泡及安装入孔； 5. 锚杆就位、顶进、锚固
-c-3	中空注浆锚杆	m	依据设计图纸所示位置及尺寸，按锚杆长度分不同直径以米为单位计量	1. 搭、拆、移作业平台； 2. 锚杆及附件制作、运输； 3. 布眼、钻孔、清孔； 4. 锚杆就位、顶进； 5. 浆液制作、注浆、锚固
-c-4	自进式锚杆	m	依据设计图纸所示位置及尺寸，按锚杆长度分不同直径以米为单位计量	1. 搭、拆、移作业平台； 2. 锚杆及附件制作、运输； 3. 锚杆就位、布眼、钻进； 4. 浆液制作、注浆、锚固
-c-5	预应力锚杆	m	依据设计图纸所示位置及尺寸，按锚杆长度分不同直径以米为单位计量	1. 搭、拆、移作业平台； 2. 锚杆及附件制作、运输； 3. 布眼、钻孔、清孔； 4. 锚杆安装、就位； 5. 浆液制作、注浆； 6. 预应力张拉、锚固； 7. 二次注浆； 8. 封锚

续表

子目号	子目名称	单位	工程量计量	工程内容
-d	喷射混凝土支护			
-d-1	钢筋网	kg	1. 依据设计图纸所示位置及尺寸，按图示钢筋网质量以千克为单位计量； 2. 钢筋网锚固件为钢筋网的附属工作，不另行计量	1. 搭、拆、移作业平台； 2. 布眼、钻孔、清孔、安设锚固件； 3. 挂网、绑扎、焊接、加固
-d-2	喷射混凝土	m³	依据设计图纸所示位置及尺寸，按图示喷射混凝土体积，分不同强度等级以立方米为单位计量	1. 冲洗岩面； 2. 安、拆、移喷射设备； 3. 搭、拆、移作业平台； 4. 配、拌、运混凝土； 5. 上料、喷射、养护
-e	钢支架支护			
-e-1	型钢支架	kg	1. 依据设计图纸所示位置及尺寸，按型钢质量以千克为单位计量； 2. 型钢支架纵向连接钢筋作为附属工作，不另行计量； 3. 连接钢板、螺栓、螺帽、拉杆、垫圈为型钢支架的附属工作，均不另行计量	1. 场地清理； 2. 搭拆工作平台； 3. 型钢支架加工； 4. 型钢支架成型； 5. 型钢支架修整、焊接； 6. 安装就位、紧固螺栓； 7. 型钢支架纵向连接
-e-2	钢筋格栅	kg	1. 依据设计图纸所示位置及尺寸，按钢筋质量以千克为单位计量； 2. 钢筋格栅纵向连接钢筋作为附属工作，不另行计量； 3. 连接钢板、螺栓、螺帽、拉杆、垫圈为钢筋格栅的附属工作，均不另行计量	1. 场地清理； 2. 搭拆工作平台； 3. 钢筋格栅加工； 4. 钢筋格栅成型； 5. 钢筋格栅修整、焊接； 6. 安装就位、紧固螺栓； 7. 钢筋格栅纵向连接

4. 第 504 节 洞身衬砌

本节工程量清单项目分项计量规则应按表 7-51 的规定执行。

表 7-51　洞身衬砌

子目号	子目名称	单位	工程量计量	工程内容
504	洞身衬砌			
504-1	洞身衬砌			
-a	钢筋	kg	1. 依据图纸所示及钢筋表所列钢筋质量以千克为单位计量； 2. 固定钢筋的材料、定位架立钢筋、钢筋接头、吊装钢筋、钢板、铁丝作为钢筋作业的附属工作，不另行计量	1. 钢筋的保护、储存及除锈； 2. 钢筋整直、接头； 3. 钢筋截断、弯曲； 4. 钢筋安设、支承及固定

续表

子目号	子目名称	单位	工程量计量	工程内容
-b	现浇混凝土	m³	依据图纸所示位置及尺寸，按图示混凝土体积分不同强度等级以立方米为单位计量	1. 场地清理； 2. 基底检查； 3. 模板制作、安装、拆除； 4. 混凝土拌和、运输、浇筑、养护； 5. 设置施工缝、沉降缝
504-2	仰拱、铺底混凝土			
-a	现浇混凝土仰拱	m³	依据图纸所示位置及尺寸，按图示混凝土体积分不同强度等级以立方米为单位计量	1. 场地清理； 2. 基底检查； 3. 模板制作、安装、拆除； 4. 混凝土拌和、运输、浇筑、养护； 5. 设置施工缝、沉降缝
-b	现浇混凝土仰拱回填	m³	依据图纸所示位置及尺寸，按图示混凝土体积分不同强度等级以立方米为单位计量	1. 场地清理； 2. 基底检查； 3. 混凝土拌和、运输、浇筑、养护
504-3	边沟、电缆沟混凝土			
-a	现浇混凝土沟槽	m³	依据图纸所示位置及尺寸，按图示混凝土体积分不同强度等级以立方米为单位计量	1. 沟槽开挖； 2. 基底检查； 3. 模板制作、安装、拆除； 4. 混凝土拌和、运输、浇筑、养护； 5. 设置施工缝、沉降缝
-b	预制安装混凝土沟槽	m³	依据图纸所示位置及尺寸，按图示预制安装混凝土体积分不同强度等级以立方米为单位计量	1. 沟槽开挖； 2. 预制场地建设； 3. 模板制作、安装、拆除； 4. 构件预制； 5. 构件安装； 6. 设置施工缝、沉降缝
-c	预制安装混凝土沟槽盖板	m³	依据图纸所示位置及尺寸，按图示预制安装混凝土体积分不同强度等级以立方米为单位计量	1. 预制场地建设； 2. 模板制作、安装、拆除； 3. 构件预制、安装
-d	钢筋	kg	1. 依据图纸所示及钢筋表所列钢筋质量以千克为单位计量； 2. 固定钢筋的材料、定位架立钢筋、钢筋接头、吊装钢筋、钢板、铁丝作为钢筋作业的附属工作，不另行计量	1. 钢筋的保护、储存及除锈； 2. 钢筋整直、接头； 3. 钢筋截断、弯曲； 4. 钢筋安设、支承及固定
-e	铸铁盖板	kg	按设计图纸所示位置及尺寸，按制作安设铸铁盖板的质量以千克为单位计量	1. 盖板的加工制作及防腐处理； 2. 盖板安装

续表

子目号	子目名称	单位	工程量计量	工程内容
504-4	洞室门	个	按设计图纸所示位置及尺寸,按安装就位的洞室门数量以个为单位计量	1. 洞室门制作; 2. 洞室门安装
504-5	洞内路面			
-a	钢筋	kg	1. 依据图纸所示及钢筋表所列钢筋质量以千克为单位计量; 2. 含拉杆、补强钢筋、传力杆; 3. 钢筋接头、铁丝作为钢筋作业的附属工作,不另行计量	1. 钢筋的保护、储存及除锈; 2. 钢筋整直、接头; 3. 钢筋截断、弯曲; 4. 钢筋安设、支承及固定
-b	现浇混凝土	m³	依据图纸所示位置及尺寸,按图示混凝土体积分不同强度等级以立方米为单位计量	1. 基底检查; 2. 模板制作、安装、拆除; 3. 混凝土拌和、运输、浇筑、养护; 4. 接缝处理

5. 第 505 节 防水与排水

本节工程量清单项目分项计量规则应按表 7-52 的规定执行。

表 7-52　防水与排水

子目号	子目名称	单位	工程量计量	工程内容
505	防水与排水			
505-1	防水与排水			
-a	金属材料	kg	1. 依据图纸所示位置及规格,按金属材料的质量,分不同材质以千克为单位计量; 2. 接头、固定、定位材料作为附属工作,均不另行计量	1. 金属材料的保护、储存及除锈; 2. 材料加工,整直、截断、弯曲; 3. 接头; 4. 安设、支承及固定; 5. 盖板安设
-b	排水管			
-b-1	钢筋混凝土排水管	m	依据设计图纸所示位置,按图示排水管的长度,分不同管径以米为单位计量	1. 管材预制、运输; 2. 布管、接缝; 3. 回填; 4. 现场清理
-b-2	PVC 排水管	m	依据设计图纸所示位置,按图示排水管的长度,分不同管径以米为单位计量	1. 场地清理; 2. 搭、拆、移作业平台; 3. 排水管制作; 4. 土工布包裹、绑扎; 5. 水管布设、连接; 6. 水管定位锚固

续表

子目号	子目名称	单位	工程量计量	工程内容
-b-3	U形排水管	m	依据设计图纸所示位置,按图示排水管的长度,分不同规格以米为单位计量	1. 场地清理; 2. 搭、拆、移作业平台; 3. 排水管制作; 4. 土工布包裹、绑扎; 5. 水管布设、连接; 6. 水管定位锚固
-b-3	Ω形排水管	m	依据设计图纸所示位置,按图示排水管的长度,分不同规格以米为单位计量	1. 场地清理; 2. 搭、拆、移作业平台; 3. 排水管制作; 4. 土工布包裹、绑扎; 5. 水管布设、连接; 6. 水管定位锚固
-c	防水板	m^2	依据图纸所示位置及规格,按照铺设的不同材质防水板面积以平方米为单位计量	1. 场地清理; 2. 搭、拆、移作业平台; 3. 基面处理; 4. 下料、拼接就位、焊接拉紧、锚固
-d	止水带	m	依据图纸所示位置及规格,按照铺设的不同材质止水带长度以米为单位计量	1. 缝隙设置; 2. 固定架安装; 3. 止水带安装、拉紧、固定; 4. 接头粘结
-e	止水条	m	依据图纸所示位置及规格,按照铺设的不同型号止水条长度以米为单位计量	1. 预留槽设置; 2. 止水条安装; 3. 固定止水条; 4. 注浆
-f	涂料防水层	m^2	依据图纸所示位置及涂料类型,按照不同厚度以平方米为单位计量	1. 场地清理; 2. 搭、拆、移作业平台; 3. 基面拉毛、清洗; 4. 涂料制作、运输; 5. 喷涂; 6. 移动作业平台
-g	注浆			
-g-1	水泥	t	依据设计图纸位置,按图示掺加的水泥质量,分不同强度等级以吨为单位计量	1. 场地清理; 2. 搭、拆、移作业平台; 3. 钻孔; 4. 顶进注浆钢管; 5. 配、拌、运浆液; 6. 压浆、堵孔
-g-2	水玻璃原液	m^3	依据设计图纸位置,按图示掺加的水玻璃原液体积以立方米为单位计量。	1. 场地清理; 2. 搭、拆、移作业平台; 3. 钻孔; 4. 顶进注浆钢管; 5. 配、拌、运浆液; 6. 压浆、堵孔。
505-2	保温			

续表

子目号	子目名称	单位	工程量计量	工程内容
-a	保温层	m²	1. 依据图纸所示位置、尺寸及保温材料类型，按图示保温层面积以平方米为单位计量； 2. 保温板的重叠面积不予计量	1. 选备保温板材（聚氨酯板等） 2. 保温板下料、拼接、就位、焊接、拉紧、锚固
-b	洞口排水保温			
-b-1	洞口排水沟保温层	m²	1. 依据图纸所示位置、尺寸及保温材料类型，按图示保温层面积以平方米为单位计量； 2. 保温板的重叠面积不予计量	1. 选备保温板材（聚氨酯板等） 2. 保温板下料、拼接、就位、焊接、拉紧、锚固
-b-2	保温出水口暗管	m	依据图纸所示位置、材料、尺寸及埋设深度，按图示不同材料的保温出水口暗管长度以米为单位计量	1. 场地清理； 2. 开挖管沟； 3. 边坡临时防护； 4. 铺设垫层； 5. 敷设排水管、连接、固定； 6. 砌（浇）筑检查井； 7. 回填土、覆盖表土护坡
-b-3	保温出水口	处	依据图纸所示位置、结构、尺寸，分不同类型，按图示出水口形式以处为单位计量	1. 铲除地表腐殖质及植物； 2. 换填渗水性好的土壤； 3. 铺设碎石垫层； 4. 干砌、堆砌片石； 5. 做流水陡坡； 6. 出水口覆盖层护坡

6. 第506节 洞内防火涂料和装饰工程

本节工程量清单项目分项计量规则应按表 7-53 的规定执行。

表 7-53 洞内防火涂料和装饰工程

子目号	子目名称	单位	工程量计量	工程内容
506	洞内防火涂料和装饰工程			
506-1	洞内防火涂料	m²	依据设计图纸所示位置及尺寸，按图示面积分不同喷涂厚度以平方米为单位计量	1. 场地清理； 2. 搭、拆、移作业平台； 3. 基面拉毛、清洗； 4. 涂料制作； 5. 喷涂
506-2	洞内装饰工程			
-a	墙面装饰	m²	依据设计图纸所示位置及尺寸，按图示装饰面积分不同材质以平方米为单位计量	1. 场地清理； 2. 搭、拆、移作业平台； 3. 墙面拉毛、清洗； 4. 砂浆制作； 5. 镶贴装饰材料； 6. 抹平、养护

续表

子目号	子目名称	单位	工程量计量	工程内容
-b	喷涂混凝土专用漆	m²	依据设计图纸所示位置及尺寸,按图示面积以平方米为单位计量	1. 场地清理; 2. 搭、拆、移作业平台; 3. 基面拉毛、清洗; 4. 涂料制作; 5. 喷涂
-c	吊顶	m²	依据设计图纸所示位置及尺寸,按图示面积分不同材质以平方米为单位计量	1. 场地清理; 2. 搭、拆、移作业平台; 3. 吊顶骨架安设; 4. 吊顶板面安装

7. 第 507 节 风水电作业及通风防尘

本节包括隧道施工中的供风、供水、供电、照明以及施工中的通风、防尘的作业。本节工作内容均不作计量。

8. 第 508 节 监控量测

本节工程量清单项目分项计量规则应按表 7-54 的规定执行。

表 7-54 监控量测

子目号	子目名称	单位	工程量计量	工程内容
508	监控量测			
508-1	监控量测			
-a	必测项目	总额	依据图纸所示及《公路隧道施工技术规范》JTG F60—2009 规定的必测项目进行监控量测,以总额为单位计量	1. 选择量测仪器和元件; 2. 埋设测试元件; 3. 数据采集; 4. 数据分析; 5. 后续数据分析、处理
-b	选测项目	总额	依据图纸所示及《公路隧道施工技术规范》JTG F60—2009 规定的选测项目进行监控量测,以总额为单位计量	1. 选择量测仪器和元件; 2. 埋设测试元件; 3. 数据采集; 4. 数据分析; 5. 后续数据分析、处理

9. 第 509 节 特殊地质地段的施工与地质预报

本节工程量清单项目分项计量规则应按表 7-55 的规定执行。

表 7-55 特殊地质地段的施工与地质预报

子目号	子目名称	单位	工程量计量	工程内容
509	特殊地质地段的施工与地质预报			
509-1	地质预报	总额	依据需要预报的距离和内容,分不同的探测手段,以总额为单位计量	1. 按地质预报需要采用合适的探测手段进行探测; 2. 地质分析与推断; 3. 预报结果及施工建议

10. 第510节 洞内机电设施预埋件和消防设施

本节工程量清单项目分项计量规则应按表7-56的规定执行。

表7-56 洞内机电设施预埋件和消防设施

子目号	子目名称	单位	工程量计量	工程内容
510	洞内机电设施预埋件和消防设施			
510-1	预埋件	kg	1. 依据图纸所示位置和断面尺寸，按照材料表所列的金属结构预埋件质量以千克为单位计量； 2. 金属结构接头、螺栓、螺母、垫片、固定及定位材料作为金属结构预埋件的附属工作，不另行计量； 3. 非金属结构预埋件作为预埋件的附属工作，不另行计量	1. 预埋件加工与涂装； 2. 预埋件安装、固定； 3. 工地涂装
510-2	消防设施			
-a	供水钢管（ϕ, mm）	m	1. 依据图示要求材料、尺寸，按供水管管道中心线长度以米为单位计量； 2. 不扣除阀门、管件及各种组件所占长度	1. 管道定位，沟槽开挖、回填； 2. 钢管制作加工、防腐、运输、装卸； 3. 安装、就位、除锈、刷油、防腐； 4. 接头接续，定位，固定； 5. 管道吹扫，水压试验
-b	消防洞室防火门	套	1. 依据图示要求，按满足设计功能要求的隧道消防洞室防火门数量以套为单位计量； 2. 包含帘板、导轨、底座、电机，控制器、手动装置	1. 按配置要求提交隧道消防洞室防火门（含附件）； 2. 防火门及附件搬运、就位； 3. 钻孔、螺栓固定，电机测试，安装固定，校位； 4. 电缆保护套安装固定； 5. 电力电缆连接，控制电缆引出至电缆沟； 6. 调试，指标测试
-c	集水池	座	1. 依据图示结构、尺寸，按钢筋混凝土集水池数量以座计量； 2. 包含池内检查梯，池顶棚，人孔盖	1. 水池基础土、石方开挖； 2. 基坑临时支护，临时排水； 3. 垫层铺筑、碾压； 4. 模板、支架架设、拆除； 5. 钢筋加工、安装； 6. 混凝土制作浇筑； 7. 检查梯制作安装，各管道、管件、仪表的安装配合； 8. 堵洞，水池防渗处理； 9. 基坑回填，现场清理，弃方处理。

续表

子目号	子目名称	单位	工程量计量	工程内容
-d	蓄水池	座	依据图示结构、尺寸,按蓄水池数量以座为单位计量	1. 基坑开挖,混凝土或砂浆制作; 2. 基底垫层铺筑,施工排水; 3. 模板安设浇筑混凝土或池体砌筑; 4. 清理场地,基坑回填,弃方处理
-e	泵房	座	1. 依据图示规格、功能,按水泵房建筑以座为单位计量; 2. 包含泵房防雷接地	1. 配置泵房全部结构、装饰; 2. 配电、排水、各种预埋件; 3. 场地硬化

7.7.2 有关内容的说明及提示

隧道工程包括:洞口与明洞工程、洞身开挖、洞身衬砌、防水与排水、洞内防火涂料和装饰工程、风水电作业及通风防尘、监控测量、特殊地质地段的施工与地质预报、洞内机电设施预埋件和消防设施。

其中,风水电作业及通风防尘包括隧道施工中的供风、供水、供电、照明以及施工中的通风、防尘的作业。在此工作内容均不作计量。

7.7.3 案例

[例 7.7] 某市隧道工程在 K2+150～K2+200 段设有竖井开挖,该段无地下水,采用一般爆破开挖,围岩级别 IV,采用机械开挖轨斗车运输,将废渣运至距洞口 30m 处的废弃场,竖井布置图如图 7-12 所示。试计算清单工程量与定额工程量。

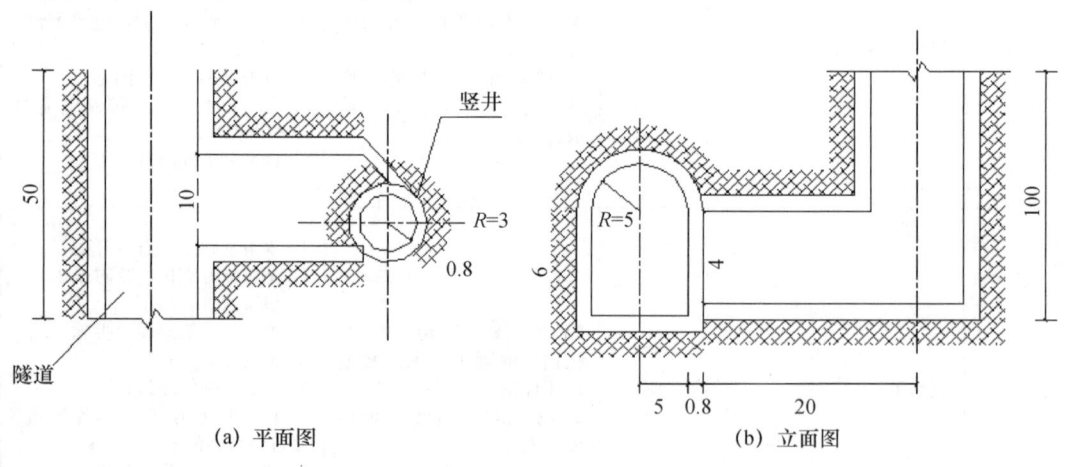

图 7-12 竖井平面及立面图(m)

解：清单工程量计算

① 隧道工程量＝［(5+0.8)×6×2+(5+0.8)×2π×1/2］×50＝4390.6（m³）

② 通道工程量＝10×4×(20－3.8)＝648（m³）

③ 竖井工程量＝π(3+0.8)×2×100＝2386.4（m³）

定额工程量计算

① 隧道工程量＝［(5+0.8)×2×6+(5+0.8)×2π×1/2］×50＝4390.6（m³）

② 通道工程量：10×4×(20－3.8)＝648（m³）

③ 竖井工程量：π(3+0.8)×2×100×0.935＝2231.3（m³）

附　录

附录1　概算预算项目表

概算预算项目表如下：
(1) 概算预算项目表见表 F1-1。
(2) 路基工程项目分表 (LJ) 见表 F1-2。
(3) 路面工程项目分表 (LM) 见表 F1-3。
(4) 涵洞工程项目分表 (HD) 见表 F1-4。
(5) 桥梁工程项目分表 (QL) 见表 F1-5。
(6) 隧道工程项目分表 (SD) 见表 F1-6。
(7) 交通安全设施工程项目分表 (JA) 见表 F1-7。
(8) 隧道机电工程项目分表 (SJ) 见表 F1-8。
(9) 绿化及环境保护工程项目分表 (LH) 见表 F1-9。

表 F1-1　概算预算项目表

分项编号	工程或费用名称	单位	主要工作内容	备注
1	第一部分建筑安装工程费	公路公里		建设项目路线总长度（主线长度）
101	临时工程	公路公里		
10101	临时道路	km		新建施工便道与利用原有道路的总长
1010101	临时便道（修建、拆除与维护）	km		新建施工便道长度
1010102	原有道路的维护与恢复	km		利用原有道路长度
1010103	保通便道	km		
101010301	保通便道（修建、拆除与维护）	km		修建、拆除与维护
101010302	保通临时安全设施	km		临时安全设施修建、拆除与维护
10102	临时便桥、便涵	m/座		
1010201	临时便桥	m/座	修建、拆除与维护	临时施工汽车便桥
1010202	临时涵洞	m/座		
10103	临时码头	座		按不同的形式分级
10104	临时供电设施	总额		包括临时电力线路、变压器摊销等，不包括场外高压供电线路

续表

分项编号	工程或费用名称	单位	主要工作内容	备注
10105	临时电信设施	总额		不包括广播线
	……			
102	路基工程	km		扣除主线桥梁、隧道和互通立交的主线长度,独立桥梁或隧道为引道或接线长度,下挂路基工程项目分表
	……			
103	路面工程	km		扣除主线桥梁、隧道和互通立交的主线长度,独立桥梁或隧道为引道或接线长度,下挂路面工程项目分表
	……			
104	桥梁涵洞工程	km		指桥梁长度
10401	涵洞工程	m/道		下挂涵洞工程项目分表
	……			
10402	小桥工程	m/座		
1040201	拱桥	m²/m		下挂桥梁工程项目分表
1040202	矩形板桥	m²/m		下挂桥梁工程项目分表
1040203	空心板桥	m²/m		下挂桥梁工程项目分表
1040204	小箱梁桥	m²/m		下挂桥梁工程项目分表
1040205	T梁桥	m²/m		下挂桥梁工程项目分表
	……			
10403	中桥工程	m/座		
1040301	拱桥	m²/m		下挂桥梁工程项目分表,不分基础、上(下)部
1040302	预制矩形板桥	m²/m		下挂桥梁工程项目分表,不分基础、上(下)部
1040303	预制空心板桥	m²/m		下挂桥梁工程项目分表,不分基础、上(下)部
1040304	预制小箱梁桥	m²/m		
1040305	预制T梁桥	m²/m		
1040306	现浇箱梁桥	m²/m		
	……			
10404	大桥工程	m/座		
1040401	×××桥(桥型、跨径)	m²/m		下挂桥梁工程项目分表
	……			

续表

分项编号	工程或费用名称	单位	主要工作内容	备注
10405	特大桥工程	m/座		
1040501	××特大桥工程	m²/m		按桥名分级；技术复杂大桥先按主桥和引桥分级再按工程部位分级
104050101	引桥工程（桥型、跨径）	m²/m	不含桥面铺装及附属工程内容	标注跨径、桥型，下挂桥梁工程项目分表
104050102	主桥工程（桥型、跨径）	m²/m	不含桥面铺装及附属工程内容	标注跨径、桥型，下挂桥梁工程项目分表
104050103	桥面铺装	m³		下挂桥梁工程项目分表相应部分
104050104	附属工程	m		下挂桥梁工程项目分表相应部分
10406	桥梁维修加固工程	m²/m		下挂桥梁工程项目分表相应部分
	……			
105	隧道工程	km/座		按隧道名称分级，并注明其形式
10501	连拱隧道	km/座		
1050101	××隧道	m		下挂隧道工程项目分表
	……			
10502	小净距隧道	km/座		
1050201	××隧道	m		下挂隧道工程项目分表
	……			
10503	分离式隧道	km/座		
1050301	××隧道	m		下挂隧道工程项目分表
	……			
10504	下沉式隧道	km/座		
1050401	××隧道	m		下挂隧道工程项目分表
	……			
10505	沉管隧道	km/座		
1050501	××隧道	m		下挂隧道工程项目分表
	……			
10506	盾构隧道	km/座		
1050601	××隧道	m		下挂隧道工程项目分表
	……			
10507	其他形式隧道	km/座		
1050701	××隧道	m		下挂隧道工程项目分表
	……			
106	交叉工程	处		按不同的交叉形式分目

续表

分项编号	工程或费用名称	单位	主要工作内容	备注
10601	平面交叉	处		按不同的类型分级
1060101	公路与等级公路平面交叉	处		下挂路基和路面等工程项目分表
1060102	公路与等外公路平面交叉	处		下挂路基和路面等工程项目分表
	……			
10602	通道	m/处		按结构类型分级
1060201	箱式通道	m/处		
1060202	板式通道	m/处		
1060203	拱形通道	m/处		
	……			
10603	大桥	m/座		按不同的结构类型分级,若有连接线,下挂路基和路面等工程项目分表
1060301	钢结构桥	m/处		
1060302	钢筋混凝土拱桥	m/处		
1060303	钢筋混凝土梁桥	m/处		
1060304	钢筋混凝土板桥	m/处		
	……			
10604	渡槽	m/处		按不同的结构类型分级
10605	分离式立体交叉	km/处		主线下穿时,上跨主线的才计入分离立交,按交叉名称分级
1060501	××分离式立体交叉	处		
106050101	××分离立交桥梁	m		下挂桥梁模块
106050102	××分离立交连接线	km		下挂路基、路面、涵洞工程项目分表
	……			
10606	互通式立体交叉	km/处		按互通名称分级
1060601	××互通式立体交叉	km		注明类型,如单喇叭,再按主线和匝道分级
106060101	主线工程	km		下挂路基、路面、涵洞、桥梁等工程项目分表
106060102	匝道工程	km		下挂路基、路面、涵洞、桥梁等工程项目分表
	……			
107	交通工程	公路公里		

续表

分项编号	工程或费用名称	单位	主要工作内容	备注
10701	交通安全设施	公路公里		下挂交通安全设施工程项目分表
	……			
10702	收费系统	车道/处		收费车道数/收费站数
1070201	收费中心设备安装与土建	收费车道		按不同的设备分级
1070202	收费中心设备费	收费车道		按不同的设备分级
1070203	收费站设备安装与土建	收费车道		按不同的设备分级
1070204	收费站设备费	收费车道		按不同的设备分级
1070205	收费车道设备安装与土建	收费车道		按不同的设备分级
1070206	收费车道设备费	收费车道		按不同的设备分级
1070207	收费系统配电工程	收费车道		按不同的设备分级
	……			
1070208	收费岛工程	收费车道	收费岛土建、收费亭	按不同的工程及设备分级
	……			
10703	监控系统	公路公里		
1070301	监控中心、分中心	公路公里		
107030101	监控中心、分中心设备安装	公路公里	含中心、分中心和隧道管理站等	按不同的设备分级
107030102	监控中心、分中心设备费	公路公里	含中心、分中心和隧道管理站等	按不同的设备分级
1070302	外场监控	公路公里		
107030201	外场监控设备安装	公路公里		按不同的设备分级
107030202	外场监控设备费	公路公里		按不同的设备分级
1070303	监控系统配电工程	公路公里		按不同的设备分级
	……			
10704	通信系统	公路公里		
1070401	通信系统设备安装	公路公里		按不同的设施分级
1070402	通信系统设备费	公路公里		按不同的设施分级
	……			
1070403	缆线安装工程	公路公里		主材与安装费分列
107040301	缆线安装	公路公里		
107040302	缆线主材费用	公路公里		
	……			
10705	隧道机电工程	km/座		指隧道双洞长度及座数。按单座隧道进行分级

续表

分项编号	工程或费用名称	单位	主要工作内容	备注
1070501	×××隧道机电工程			下挂隧道机电工程项目分表
	……			
10706	供电及照明系统	km		不含隧道内供配电
1070601	供电系统设备及安装	公路公里		按不同的部位分级
107060101	场区供电设备安装	公路公里		按不同的设施分级
107060102	场区供电设备费	公路公里		按不同的设施分级
1070602	照明系统设备与安装	公路公里		
107060201	场区照明安装	公路公里		
107060202	场区照明系统设备费	公路公里	不含灯杆、灯架、灯座箱	
107060203	大桥照明安装	公路公里		
107060204	大桥照明设备费	公路公里	不含灯杆、灯架、灯座箱	
	……			
10707	管理、养护、服务房建工程	m²		
1070701	管理中心	m²/处		
107070101	房建工程	m²		
	……			
1070702	养护工区	m²/处		
107070201	房建工程	m²		注明砖混或框架等结构形式
107070202	附属设施	m²		围墙、大门、道路、场区硬化、照明、排水等，不含土石方工程
	……			
1070703	服务区	m²/处		
107070301	服务区房屋	m²		注明砖混或框架等结构形式
107070302	附属设施	m²	含围墙、大门、道路、场区硬化、照明、排水等，不含广场（场坪）土石方工程	广场（场坪）填挖土石方工程在主线土石方工程中
	……			
1070704	停车区	m²/处		
	……			
1070705	收费站（棚）	m²/处		
107070501	服务区房建工程	m²		注明砖混或框架等结构形式

续表

分项编号	工程或费用名称	单位	主要工作内容	备注
107070502	收费大棚	m²		注明砖混或框架等结构形式
107070503	附属设施	m²	含围墙、大门、道路、场区硬化、照明、排水等，不含广场（场坪）土石方工程	广场（场坪）填挖土石方工程在主线土石方工程中
	……			
1070706	公共交通车站	处		
107070601	港湾	处		
107070605	直接式	处		
	……			
108	绿化及环境保护工程	公路公里		
10801	主线绿化及环境保护工程	公路公里		下挂绿化及环境保护工程项目分表
	……			
10802	互通立交绿化及环境保护工程	处		
1080201	××互通立交绿化及环境保护	处		下挂绿化及环境保护工程项目分表
	……			
10803	管养设施绿化及环境保护工程	m²		按管养设施名称分级
1080301	××管理中心绿化及环境保护	m²		下挂绿化及环境保护工程项目分表
	……			
1080302	××服务区绿化及环境保护	m²		下挂绿化及环境保护工程项目分表
	……			
1080303	××停车区绿化及环境保护	m²		下挂绿化及环境保护工程项目分表
	……			
1080304	××养护工区绿化及环境保护	m²		下挂绿化及环境保护工程项目分表
	……			
1080305	××收费站绿化及环境保护	m²		下挂绿化及环境保护工程项目分表

续表

分项编号	工程或费用名称	单位	主要工作内容	备注
	……			
10804	污水处理设施	处		按不同的内容分级
	……			
10805	取、弃土场绿化	处		下挂绿化及环境保护工程项目分表
	……			
109	其他工程	公路公里		
10901	联络线、支线工程	km/处		
1090101	××联络线、支线工程	km/处		下挂路基、路面、涵洞、桥梁、隧道、交通安全设施等工程项目分表
	……			
10902	连接线工程	km/处		
1090201	××连接线工程	km/处		下挂路基、路面、涵洞、桥梁、隧道、交通安全设施等工程项目分表
	……			
10903	辅道工程	km/处		
1090301	××辅道工程	km/处		下挂路基、路面、涵洞、桥梁、隧道、交通安全设施等工程项目分表
	……			
10904	改路工程	km/处		下挂路基工程项目分表
	……			
10905	改河、改沟、改渠	m/处		下挂路基工程项目分表
	……			
10906	悬出路台	m/处		
10907	渡口码头	处		
10908	取、弃土场排水防护	m^3		下挂路基工程项目分表
	……			
110	专项费用	元		
11001	施工场地建设费	元		
11002	安全生产费	元		
	……			
2	第二部分土地使用及拆迁补偿费	公路公里		
201	土地使用费	亩		

续表

分项编号	工程或费用名称	单位	主要工作内容	备注
20101	永久征用土地	亩		按土地类别属性分类
20102	临时用地	亩		按使用性质分类
202	拆迁补偿费	公路公里		
203	其他补偿费	公路公里		
	……			
3	第三部分 工程建设其他费	公路公里		
301	建设项目管理费	公路公里		
30101	建设单位（业主）管理费	公路公里		
30102	建设项目信息化费	公路公里		
30103	工程监理费	公路公里		
30104	设计文件审查费	公路公里		
30105	竣（交）工验收试验检测费	公路公里		
302	研究试验费	公路公里		
303	建设项目前期工作费	公路公里		
304	专项评价（估）费	公路公里		
305	联合试运转费	公路公里		
306	生产准备费	公路公里		
30601	工器具购置费	公路公里		
30602	办公和生活用家具购置费	公路公里		
30603	生产人员培训费	公路公里		
30604	应急保通设备购置费	公路公里		
307	工程保通管理费	公路公里		
30701	保通便道管理费	km		
30702	施工期通航安全保障费	处		
30703	营运铁路保通管理费	处		
	……			
308	工程保险费	公路公里		
309	其他相关费用	公路公里		
4	第四部分 预备费	公路公里		
401	基本预备费	公路公里		

续表

分项编号	工程或费用名称	单位	主要工作内容	备注
402	价差预备费	公路公里		
5	第一至四部分合计	公路公里		
6	建设期贷款利息	公路公里		
7	公路基本造价	公路公里		

注：此项目表和分项编码文本及电子库由本办法主编单位统一管理。编制概算、预算时，应执行统一的分项编号。

表 F1-2 路基工程项目分表（LJ）

分项编号	工程或费用名称	单位	主要工作内容	备注
LJ01	场地清理	km		
LJ0101	清理与掘除	km		按清除内容分级
LJ010101	清除表土	m³		
LJ010102	伐树、挖根	棵		
LJ0102	挖除旧路面	m³		按挖除路面的类型分级
LJ010201	挖除水泥混凝土路面	m³		
LJ010202	挖除沥青混凝土路面	m³		
LJ010203	挖除碎（砾）石路面	m³		
	……			
LJ0103	拆除旧建筑物、构筑物	m³		按拆除材料分级
LJ010301	拆除钢筋混凝土结构	m³		
LJ010302	拆除混凝土结构	m³		
LJ010303	拆除砖石及其他砌体	m³		
	……			
LJ02	路基挖方	m³		
LJ0201	挖土方	m³	挖、装、运、弃	
LJ0202	挖石方	m³	挖、装、运、弃	
	……			
LJ03	路基填方	m³		
LJ0301	利用土方填筑	m³	填筑	不含桥涵台背回填
LJ0302	借土方填筑	m³	挖、装、运、填筑	不含桥涵台背回填
LJ0303	利用石方填筑	m³	挖、装、运、填筑	
LJ0304	借石方填筑	m³	挖、装、运、解小、填筑	
LJ0305	填砂路基	m³		
LJ0306	粉煤灰路基	m³		
LJ0307	石灰土路基	m³		
LJ04	结构物台背回填	m³		按回填位置分级

续表

分项编号	工程或费用名称	单位	主要工作内容	备注
LJ0401	锥坡填土	m³		按不同的填筑材料分级
LJ0402	挡墙墙背回填	m³		按不同的填筑材料分级
LJ0403	桥涵台背回填	m³		按不同的填筑材料分级
LJ05	特殊路基处理	km		指需要处理的路基长度
LJ0501	软土地区路基处理	km		按不同的处理方法分级
LJ050101	抛石挤淤	m³		
LJ050102	垫层	m³		按不同的填料分级
LJ050103	土工织物	m²		按不同的土工织物分级
LJ050104	预压与超载预压	m³		
LJ050105	真空预压与堆载预压	m³		
LJ050106	塑料排水板	m		
LJ050107	水泥搅拌桩	m		
LJ050108	碎石桩	m		
LJ050109	混凝土管桩	m		
	……			
LJ0502	不良地质路段处治	km		
LJ050201	滑坡地段路基防治	km/处		按不同的处理方法分级
LJ050202	崩塌及岩堆路段路基防治	km/处		按不同的处理方法分级
LJ050203	泥石流路段路基防治	km/处		按不同的处理方法分级
LJ050204	岩溶地区防治	km/处		按不同的处理方法分级
LJ050205	采空区处理	km/处		按不同的处理方法分级
LJ050206	膨胀土处理	km		按不同的处理方法分级
LJ050207	黄土处理	m³		按黄土的不同特性及处理方法分级
LJ05020701	陷穴	m³		按不同的处理方法分级
LJ05020702	湿陷性黄土	m³		按不同的处理方法分级
LJ050208	滨海路基防护与加固	km/处		按不同的处理方法分级
LJ050209	盐渍土处理	m³		按不同的处理方法分级
	……			
LJ06	排水工程	km		路基工程长度，按不同的结构类型分级
LJ0601	边沟	m³/m		按不同的材料分级
LJ060101	现浇混凝土边沟	m³/m		
LJ060102	浆砌混凝土预制块边沟	m³/m		
LJ060103	浆砌片块石边沟	m³/m		

续表

分项编号	工程或费用名称	单位	主要工作内容	备注
	……			
LJ0602	排水沟	m³/m		按不同的材料分级
LJ060201	现浇混凝土排水沟	m³/m		
LJ060202	浆砌混凝土预制块排水沟	m³/m		
LJ060203	浆砌片（块）石排水沟	m³/m		
	……			
LJ0603	截水沟	m³/m		按不同的材料分级
LJ060301	浆砌混凝土预制块截水沟	m³/m		
LJ060302	浆砌片（块）石截水沟	m³/m		
	……			
LJ0604	急流槽	m³/m		按不同的材料分级
LJ060401	现浇混凝土急流槽	m³/m		
LJ060402	浆砌片（块）石急流槽	m³/m		
	……			
LJ0605	暗沟	m³/m		按不同的材料分级
LJ060501	现浇混凝土暗沟	m³/m		
LJ060502	浆砌片石暗沟	m³/m		
	……			
LJ0606	渗（盲）沟	m³/m		按不同的材料分级
LJ0607	其他排水工程	km		
	……			
LJ07	路基防护与加固工程	km		按不同的结构类型分级
LJ0701	一般边坡防护与加固	km		坡底与路基顶面交界长度（按单边计），指非高边坡路段的防护及支挡建筑物
LJ0702	高边坡防护与加固	km/处	包括植物防护、圬工防护、导治结构物及支挡建筑物等	坡底与路基顶面交界长度（按单边计），指土质挖方边坡高度大于20m、岩质挖方边坡高度大于30m或填方边坡大于20m的边坡防护与加固
LJ0703	冲刷防护	m	包括植物防护、铺石、抛石、石笼、导治结构物等	防护水流对路基冲刷和淘刷的防护工程；防护段长度

续表

分项编号	工程或费用名称	单位	主要工作内容	备注
LJ0704	其他防护	km	除以上路基防护工程外的路基其他防护工程等	指路基长度
	……			
LJ08	路基其他工程	km	除以上工程外的路基工程，包括整修路基、整修边坡等	指路基长度
	……			

表 F1-3　路面工程项目分表（LM）

分项编号	工程或费用名称	单位	主要工作内容	备注
LM01	沥青混凝土路面			
LM0101	路面垫层	m²		按不同的材料分级
LM010101	碎石垫层	m²		按不同的厚度分级
LM010102	砂砾垫层	m²		按不同的厚度分级
	……			
LM0102	路面底基层	m²		按不同的材料分级
LM010201	石灰稳定类底基层	m²		按不同的厚度分级
LM010202	水泥稳定类底基层	m²		按不同的厚度分级
LM010203	石灰粉煤灰稳定类底基层	m²		按不同的厚度分级
LM010204	级配碎（砾）石底基层	m²		按不同的厚度分级
	……			
LM0103	路面基层	m²		按不同的材料分级
LM010301	石灰稳定类基层	m²		按不同的厚度分级
LM010302	水泥稳定类基层	m²		按不同的厚度分级
LM010303	石灰粉煤灰稳定类基层	m²		按不同的厚度分级
LM010304	级配碎（砾）石基层	m²		按不同的厚度分级
LM010305	水泥混凝土基层	m²		按不同的厚度分级
LM010306	沥青碎石混合料基层	m²		按不同的厚度分级
	……			
LM0104	透层、黏层、封层	m²		按不同的形式分级
LM010401	透层	m²		按不同的材料分级
LM010402	黏层	m²		按不同的材料分级
LM010403	封层	m²		按不同的材料分级
LM010404	沥青表处封层	m²		

续表

分项编号	工程或费用名称	单位	主要工作内容	备注
LM010405	稀浆封层	m²		
LM010406	沥青同步碎石封层	m²		
LM010407	土工布	m²		
LM010408	玻璃纤维格栅	m²		
	……			
LM0105	沥青混凝土面层	m²		
LM010501	粗粒式沥青混凝土面层	m²		按不同的厚度分级
LM010502	中粒式沥青混凝土面层	m²		按不同的厚度分级
LM010503	细粒式沥青混凝土面层	m²		按不同的厚度分级
LM010504	改性沥青混凝土面层	m²		按不同的厚度分级
LM010505	沥青玛琋脂碎石混合料面层	m²		按不同的厚度分级
	……			
LM02	水泥混凝土路面	m²		
LM0201	路面垫层	m²		按不同的材料分级
LM020101	碎石垫层	m²		按不同的厚度分级
LM020102	砂砾垫层	m²		按不同的厚度分级
	……			
LM0202	路面底基层	m²		按不同的材料分级
LM020201	石灰稳定类底基层	m²		按不同的厚度分级
LM020202	水泥稳定类底基层	m²		按不同的厚度分级
LM020203	石灰粉煤灰稳定类底基层	m²		按不同的厚度分级
LM020204	级配碎（砾）石底基层	m²		按不同的厚度分级
	……			
LM0203	路面基层	m²		按不同的材料分级
LM020301	石灰稳定类基层	m²		按不同的厚度分级
LM020302	水泥稳定类基层	m²		按不同的厚度分级
LM020303	石灰粉煤灰稳定类基层	m²		按不同的厚度分级
LM020304	级配碎（砾）石基层	m²		按不同的厚度分级
LM020305	水泥混凝土基层	m²		按不同的厚度分级
LM020306	沥青碎石混合料基层	m²		按不同的厚度分级
	……			
LM0204	透层、黏层、封层	m²		按不同的形式分级
LM020401	透层	m²		按不同的材料分级
LM020402	黏层	m²		按不同的材料分级

续表

分项编号	工程或费用名称	单位	主要工作内容	备注
LM020403	封层	m²		按不同的材料分级
LM020404	沥青表处封层	m²		
LM020405	稀浆封层	m²		
LM020406	沥青同步碎石封层	m²		
LM020407	土工布	m²		
LM020408	玻璃纤维格栅	m²		
	……			
LM0205	水泥混凝土面层	m²		按不同的材料分级
LM020501	水泥混凝土	m²		按不同的厚度分级
LM020502	钢筋	t		
LM03	其他路面	m²		按不同的类型分级
	……			
LM04	路槽、路肩及中央分隔带	m²		
LM0401	挖路槽	m²		按不同的土质分级
LM040101	土质路槽	m²		
LM040102	石质路槽	m²		
LM0402	路肩	km		
LM040201	培路肩	m³		
LM040202	土路肩加固	m³		按不同的加固方式分级
LM04020201	现浇混凝土	m³		
LM04020202	铺砌混凝土预制块（路边石）	m³		
LM04020203	浆砌片石	m³		
	……			
LM0403	中间带	km		
LM040301	回填土	m³		
LM040302	路缘石	m³		按现浇和预制安装分级
LM040303	混凝土过水槽	m³		
	……			
LM05	路面排水	km		按不同的类型分级
LM0501	拦水带	m		按不同的材料分级
LM050101	沥青混凝土	m²/m		
LM050102	水泥混凝土	m³/m		
LM0502	排水沟	m³/m		按不同的类型分级
LM050201	路肩排水沟	m³/m		

续表

分项编号	工程或费用名称	单位	主要工作内容	备注
LM050202	中央分隔带排水沟	m^3/m		
LM0503	混凝土过水槽	m^3		
LM0504	排水管	m		按不同的类型分级
LM050401	纵向排水管	m		按不同的管径分级
LM050402	横向排水管	m/道		
LM0505	集水井	$m^3/个$		按不同的规格分级
LM0506	检查井	$m^3/个$		
	……			
LM06	旧路面处理	km/m^2		按不同的类型分级
	……			

表 F1-4　涵洞工程项目分表（HD）

分项编号	工程或费用名称	单位	主要工作内容	备注
HD01	管涵	m/道		按管径和单、双孔分级
HD02	盖板涵	m/道		按不同的材料和涵径分级
HD03	箱涵	m/道		按不同的涵径分级
HD04	拱涵	m/道		按不同的材料和涵径分级
	……			

表 F1-5　桥梁工程项目分表（QL）

分项编号	工程或费用名称	单位	主要工作内容	备注
QL01	基础工程	m^3		
QL0101	扩大基础	m^3		
QL010101	轻型墩台	m^3		
QL010102	实体式	m^3		
QL0102	桩基础	m^3/m		
QL010201	灌注桩基础	m^3		
QL010202	预制桩基础	m^3		
QL010203	钢管桩基础	t/m		
	……			
QL0103	沉井基础	m^3		
QL0104	钢围堰	t		大桥或特大桥的钢围堰深水基础
QL0105	承台	m^3		
QL0106	系梁	m^3		指地面以下系梁
	……			
QL02	下部构造	m^3		

续表

分项编号	工程或费用名称	单位	主要工作内容	备注
QL0201	桥台	m³		
QL0202	桥墩	m³		
QL0203	索塔	m³		
	……			
QL03	上部构造			按不同的形式划分细目,并注明其跨径
QL0301	钢筋混凝土矩形板	m³		
QL0302	钢筋混凝土空心板	m³		
QL0303	预应力混凝土空心板	m³		
QL0304	预应力混凝土小箱梁	m³		
QL0305	预应力混凝土T形梁	m³		
QL0306	现浇混凝土连续梁	m³		
QL0307	现浇混凝土刚构	m³		
QL0308	钢管拱肋	t		含钢管拱、钢管混凝土。如缆索安装,含缆索吊装、扣索系统等
QL0309	钢管混凝土	m³		
QL0310	混凝土拱肋	m³		含拱肋混凝土、预应力钢材
QL0311	箱形拱	m³		
QL0312	钢箱梁	t		
QL0313	主缆	t		包含主缆制作、安装
QL0314	猫道	m		包含牵引系统
QL0315	索鞍	t		
QL0316	吊索	t		
QL0317	吊杆	t		
	……			
QL04	桥面铺装			
QL0401	沥青混凝土铺装	m³		包含桥面防水层
QL0402	水泥混凝土铺装	m³		包含桥面防水层
QL0403	钢桥面沥青混凝土铺装	m³		包含桥面防水层
	……			
QL05	桥梁附属结构			
QL0501	桥梁支座	个		
QL050101	板式橡胶支座	dm³		
QL050102	盆式橡胶支座	个		
	……			
QL0502	伸缩缝	m		
QL050201	模数式伸缩缝	m		

续表

分项编号	工程或费用名称	单位	主要工作内容	备注
	……			
QL0503	护栏与护网	m		
QL050301	人行道及栏杆	m		
QL050302	桥梁钢防撞护栏	m		
QL050303	桥梁波形梁护栏	m		
QL050304	桥梁混凝土防撞护栏	m		
QL050305	桥梁防护网	m		
QL06	其他工程	m		
	……			

表 F1-6 隧道工程项目分表（SD）

分项编号	工程或费用名称	单位	主要工作内容	备注
SD01	洞门及明洞开挖	m^3		
SD0101	挖土方	m^3		
SD0102	挖石方	m^3		
	……			
SD02	洞口坡面排水、防护	m^3		
SD0201	浆砌截水沟	m^3		
SD0202	浆砌片石护坡	m^3		
SD0203	混凝土护坡	m^3		
SD0204	喷射混凝土	m^3		
SD0205	钢筋网	t		
SD0206	锚杆	t/m		
SD0207	种草（皮）	m^2		
SD0208	保温出水口	个		
	……			
SD03	洞门建筑	m^3/座		按不同材料分级
SD0301	浆砌洞门墙	m^3		
SD0302	混凝土洞门墙	m^3		
SD04	明洞修筑	m		
SD0401	明洞衬砌及洞顶回填	m^3/m		
SD040101	混凝土衬砌	m^3		
SD040102	钢筋	t		
SD040103	洞顶回填	m^3		
SD04010301	浆砌片石	m^3		

续表

分项编号	工程或费用名称	单位	主要工作内容	备注
SD04010302	碎石土	m³		
SD040104	遮光棚（板）	m		
SD04010401	基础	m³		
SD04010402	型钢支架	t		
SD04010403	遮光棚（板）	m²		
	……			
SD05	洞身开挖	m³/m		
SD0501	开挖	m³/m		按围岩级别分级
SD0502	注浆小导管	m		
SD0503	管棚	m		
SD0504	锚杆	m		按锚杆类型分级
SD0505	钢拱架（支撑）	t		
SD0506	注浆工程	m³		
SD0507	套拱混凝土	m³		
SD0508	孔口管	t		
SD0509	喷混凝土	m³		
SD0510	钢筋网	t		
SD0511	地质超前预报	总额		
	……			
SD06	洞身衬砌	m³		
SD0601	浆砌块（片）石	m³		
SD0602	现浇混凝土	m³		
SD0603	钢筋	t		
	……			
SD07	仰拱	m³		
SD0701	仰拱混凝土	m³		
SD0702	仰拱回填混凝土	m³		
SD0703	钢筋	t		
	……			
SD08	洞内管、沟	m³		洞内管沟按照不同类别单列
SD0801	电缆沟	m		
SD080101	现浇混凝土	m/m³		
SD080102	预制混凝土	m/m³		
SD080103	钢筋	t		
SD080104	碎石垫层	m³		
	……			

续表

分项编号	工程或费用名称	单位	主要工作内容	备注
SD09	防水与排水	m³		
SD0901	防水板	m²		
SD0902	止水带、条	m		
SD0903	压浆	m³		
SD0904	排水管	m		
	……			
SD10	洞内路面	m²		按不同的路面结构和厚度分级
SD1001	水泥混凝土路面	m²		
SD1002	沥青混凝土路面	m²		
	……			
SD11	洞身及洞门装饰	m²		
SD1101	隧道铭牌	个		
SD1102	喷防火涂料	m²		
	……			

表 F1-7 交通安全设施工程项目分表 (JA)

分项编号	工程或费用名称	单位	主要工作内容	备注
JA01	护栏	m		
JA0101	混凝土、圬工砌体护栏	m³/m		
JA010101	预制混凝土护栏	m³/m		
	……			
JA0102	现浇钢筋混凝土防撞护栏	m³/m		
JA010201	现浇钢筋混凝土防撞护栏墙体混凝土	m³/m		
JA0103	柱式护栏	m³/m		
JA0104	石砌墙式护栏	m³/m		
JA0105	钢护栏	m		
JA010501	波形钢板护栏	m		
JA010502	缆索护栏	m		
JA010503	活动护栏	m		
JA02	隔离栅	m		
JA03	标志牌	块		
JA0301	铝合金标志牌	块		

续表

分项编号	工程或费用名称	单位	主要工作内容	备注
JA030101	单柱式铝合金标志牌	块		
JA030102	双柱式铝合金标志牌	块		
JA030103	单悬臂铝合金标志牌	块		
JA030104	双悬臂铝合金标志牌	块		
JA030105	门架式铝合金标志牌	块		
JA030106	附着式铝合金标志牌	块		
JA0302	钢板标志牌	块		
JA030201	单柱式钢板标志牌	块		
JA030202	双柱式钢板标志牌	块		
JA030203	单悬臂钢板标志牌	块		
JA030204	双悬臂钢板标志牌	块		
JA030205	门架式钢板标志牌	块		
JA030206	附着式钢板标志牌	块		
	……			
JA04	标线	m^2		指标线的总面积
JA0401	路面标线	m^2		
JA040101	热熔标线	m^2/m		
JA040102	普通标线	m^2/m		
JA040103	振动标线	m^2/m		
JA040104	彩色铺装标线	m^2		
	……			
JA0402	路钮	个		
JA040201	路面反光路钮	个		
JA040202	自发光路面标识	个		
	……			
JA0403	减速带	m/处		
JA05	里程牌、百米桩、界碑	个		
JA0501	混凝土里程牌、百米桩、界碑	个		
JA050101	混凝土里程牌	个		
JA050102	混凝土百米桩	个		
JA050103	混凝土界碑	个		

续表

分项编号	工程或费用名称	单位	主要工作内容	备注
JA0502	铝合金里程牌、百米桩、界碑	个		
JA050201	铝合金里程牌	个		
JA050202	铝合金百米桩	个		
JA050203	铝合金界碑	个		
JA06	轮廓标	个		
JA0601	钢板柱轮廓标	个		
JA0602	玻璃钢柱式轮廓标	个		
JA0603	栏式轮廓标	个		
JA07	防眩、防撞设施			
JA0701	防眩板	m		
JA0702	防眩网	m		
JA0703	防撞桶	个		
JA0704	防撞垫	个		
JA0705	水马	个		
JA08	中间带及车道分离块	公路公里		
JA0801	中间带	公路公里		
JA080101	预制混凝土中间带	m³/m		
JA080102	现浇混凝土中间带	m³/m		
JA080103	中间带填土	m³		
JA0802	隔离墩	m		
JA080201	预制混凝土隔离墩	m³/m		
JA0380202	现浇混凝土隔离墩	m³/m		
JA0803	车道分离块	m³/m		
JA09	安全设施拆除工程	公路公里		
JA0901	拆除铝合金标志	个		
JA0902	拆除混凝土护栏	m³/m		
JA0903	拆除波形梁护栏	m		
JA0904	拆除隔离栅	m		
JA0905	拆除里程牌	个		
JA0906	拆除百米牌	个		
JA0907	拆除界碑	个		

续表

分项编号	工程或费用名称	单位	主要工作内容	备注
JA0908	拆除防眩板	m		
JA0909	拆除突起路标	块		
JA0910	铲除标线	m²/m		
JA10	客运汽车停靠站防雨棚	个		
JA1001	钢结构防雨棚	个		
JA1002	钢筋混凝土防雨棚	个		
JA1003	客运汽车停靠站地坪	m²		
	……			

表 F1-8 隧道机电工程项目分表（SJ）

分项编号	工程或费用名称	单位	主要工作内容	备注
SJ01	隧道监控			
SJ0101	隧道监控设备费			
SJ0102	隧道监控设备安装			
SJ0103	监控系统配电工程			
	……			
SJ02	隧道供电及照明系统			
SJ0201	隧道供电设备费			
SJ0202	隧道照明安装			
	……			
SJ03	隧道通风系统	km		按隧道单洞长度
SJ0301	隧道通风设备费	km		
SJ0302	隧道通风设备安装	km		
	……			
SJ04	隧道消防系统	km		按隧道单洞长度
SJ0401	隧道消防设备费	km		
SJ0402	隧道消防设备安装	km		
	……			
SJ05	防火涂料	m²		按涂料种类计列
	……			
SJ06	洞室门	个		按洞室类型分级
SJ0601	卷帘门	个		
SJ0602	检修门	个		
SJ0603	风机启动柜洞门	个		
SJ0604	消防室洞门	个		
SJ0605	防火闸门	个		
	……			

表 F1-9 绿化及环境保护工程项目分表（LH）

分项编号	工程或费用名称	单位	主要工作内容	备注
LH01	边坡绿化工程	m²		按不同的材料分级、建议列入绿化工程
LH0101	播种草籽	m²		
LH0102	铺（植）草皮	m²		
LH0103	土工织物植草	m²		
LH0104	植生袋植草	m²		
LH0105	液压喷播植草	m²		
LH0106	客土喷播植草	m²		
LH0107	喷混植草	m²		
LH0108	路堑边坡种植（插扦）灌木	m²或株		
LH0109	路堤边坡种植（插扦）灌木	m²或株		
	……			
LH02	场地绿化及环保	m²		按不同的内容分级
LH0201	撒播草种	m²		按不同的内容分级
LH0202	铺植草皮	m²		按不同的内容分级
LH0203	绿地喷灌管道	m		按不同的内容分级
	……			
LH03	种植乔木	株		按不同的树种分级
LH0301	高山榕	株		
LH0302	美人蕉	株		
	……			
LH04	种植灌木	株		按不同的树种分级
LH0401	夹竹桃	株		
LH0402	月季	株		
	……			
LH05	种植攀缘植物	株		按不同的树种分级
LH0501	爬山虎	株		
LH0502	葛藤	株		
	……			
LH06	种植竹类植物	株		按不同的内容分级
LH07	种植棕榈类植物	株		按不同的内容分级
LH08	栽植绿篱	m²		
LH09	声屏障	m		按不同的材料及类型分级
LH0901	消声板声屏障	m		
LH0902	吸音砖声屏障	m³		
LH0903	砖墙声屏障	m³		
	……			

附录2 设备与材料的划分标准

1. 工程建设设备与材料的划分

工程建设设备与材料的划分,直接关系到投资构成的合理划分、概(预)算的编制以及施工产值的计算等方面。为合理确定工程造价,加强对建设过程投资管理,统一概(预)算编制口径,对交通工程中设备与材料的划分提出如下划分原则和规定。本规定如与国家主管部门新颁布的规定相抵触,按国家规定执行。

2. 适用范围

本标准适用于公路建设机电设备和建筑材料的划分。

3. 设备与材料的划分原则

(1)凡是经过加工制造,由多种材料和部件按各自用途组成生产加工、动力、传送、储存、运输、科研等功能的机器、容器和其他机械、成套装置等均为设备。设备分为标准设备和非标准设备。

① 标准设备(包括通用设备和专用设备):按国家规定的产品标准批量生产的、已进入设备系列的设备。

② 非标准设备:指国家未定型、非批量生产的,由设计单位提供制造图纸,委托承制单位或施工企业在工厂或施工现场制作的设备。

(2)设备一般包括以下各项:

① 各种设备的本体及随设备到货的配件、备件和附属于设备本体制作成型的梯子、平台、栏杆及管道等。

② 各种计量器、仪表及自动化控制装置、试验仪器及属于设备本体部分的仪器仪表等。

③ 附属于设备本体的油类、化学药品等设备的组成部分。

④ 用于生产或生活、附属于建筑物的水泵、锅炉及水处理设备、电气、通风设备等。

(3)为完成建筑、安装工程所需的原料和经过工业加工在工艺生产过程中不起单元工艺生产用的设备本体以外的零配件、附件、成品、半成品等均为材料。材料一般包括以下各项:

① 设备本体以外的不属于设备配套供货,需由施工企业进行加工制作或委托加工的平台、梯子、栏杆及其他金属构件等,以及成品、半成品形式供货的管道、管件、阀门、法兰等。

② 设备本体以外的各种行车轨道、滑触线、电梯的滑轨等均为材料。

4. 设备与材料的划分界限

(1)设备。

① 通信系统:市内、长途电话交换机、程控电话交换机,微波、载波通信设备,

电报和传真设备，中、短波通信设备及中短波电视天馈线装置，移动通信设备、卫星地球站设备，通信电源设备，光纤通信数字设备，有线广播设备等各种生产及配套设备和随机附件等。

② 监控和收费系统：自动化控制装置、计算机及其终端、工业电视、检测控制装置、各种探测器、除尘设备、分析仪表、显示仪表、基地式仪表、单元组合仪表、变送器、传送器及调节阀，盘上安装器，压力、温度、流量、差压、物位仪表，成套供应的盘、箱、柜、屏（包括箱和已经安装就位的仪表、元件等）及随主机配套供应的仪表等。

③ 电气系统：各种电力变压器、互感器、调压器、感应移相器、电抗器、高压断路器、高压熔断器、稳压器、电源调整器、高压隔离开关、装置式空气开关、电力电容器、蓄电池、磁力启动器、交直流报警器、成套箱式变电站、共箱母线、封闭式母线槽，成套供应的箱、盘、柜、屏及其随设备带来的母线和支持瓷瓶等。

④ 通风及管道系统：空气加热器、冷却器、各种空调机、风尘管、过滤器、制冷机组、空调机组、空调器、各类风机、除尘设备、风机盘管、净化工作台、风淋室、冷却塔、公称直径 300mm 以上的人工阀门和电动阀门等。

⑤ 房屋建筑：电梯、成套或散装到货的锅炉及其附属设备、汽轮发电机及其附属设备、电动机、污水处理装置、电子秤、地中衡、开水炉、冷藏箱，热力系统的除氧器水箱和疏水箱，工业水系统的工业水箱，油冷却系统的油箱，酸碱系统的酸碱储存槽，循环水系统的旋转滤网、启闭装置的启闭机等。

⑥ 消防及安全系统：隔膜式气压水罐（气压罐）、泡沫发生器、比例混合器、报警控制器、报警信号前端传输设备、无线报警发送设备、报警信号接收机、可视对讲主机、联动控制器、报警联动一体机、重复显示器、远程控制器、消防广播控制柜、广播功放、录音机、广播分配器、消防通信电话交换机、消防报警备用电源、X 射线安全检查设备、金属武器探测门、摄像设备、监视器、镜头、云台、控制台、监视器柜、支台控制器、视频切换器、全电脑视频切换设备、音频分配器、视频分配器、脉冲分配器、视频补偿器、视频传输设备、汉字发生设备、录像、录音设备、电源、CRT 显示终端、模拟盘等。

⑦ 炉窑砌筑：装置在炉窑中的成品炉管、电机、鼓风机和炉窑传动、提升装置，属于炉窑本体的金属铸体、锻件、加工件及测温装置、仪器仪表、消烟装置、回收装置、除尘装置，随炉供应已安装就位的金具、耐火衬里、炉体金属预埋件等。

⑧ 各种机动车辆。

⑨ 各种工艺设备在试车时必须填充的一次性填充材料（如各种瓷环、钢环、塑料环、钢球等）、各种化学药品（如树脂、珠光砂、触媒、干燥剂、催化剂等）及变压器油等，不论是随设备带来的，还是单独订货购置的，均视为设备的组成部分。

（2）材料。

① 各种管道、管件、配件、公称直径 300mm 以内的人工阀门、水表、防腐保温及绝缘材料、油漆、支架、消火栓、空气泡沫枪、泡沫炮、灭火器、灭火机、灭火剂、泡沫液、水泵接合器、可曲橡胶接头、消防喷头、卫生器具、钢制排水漏斗、水箱、分气缸、疏水器、减压器、压力表、温度计、调压板、散热器、供暖器具、凝结水箱、膨胀

水箱、冷热水混合器、除污器、分水缸（器）、风管及其附件和各种调节阀、风口、风帽、罩类、消声器及其部（构）件、散流器、保护壳、风机减震台座、减震器、凝结水收集器、单双人焊接装置、煤气灶、煤气表、烘箱灶、火管式沸水器、水型热水器、开关、引火棒、防雨帽、放散管拉紧装置等。

② 各种电线、母线、绞线、电缆、电缆终端头、电缆中间头、吊车滑触线、接地母线，接地极、避雷线、避雷装置（包括各种避雷器、避雷针等）、高低压绝缘子、线夹、穿墙套管、灯具、开关、灯头盒、开关盒、接线盒、插座、闸盒保险器、电杆、横担、铁塔、各种支架、仪表插座、桥架、梯架、立柱、托臂、人孔手孔、挂墙照明配电箱、局部照明变压器、按钮、行程开关、刀闸开关、组合开关、转换开关、铁壳开关、电扇、电铃、电表、蜂鸣器、电笛、信号灯、低音扬声器、电话单机、容断器等。

③ 循环水系统的钢板闸门及拦污栅、启闭构架等。

④ 现场制作与安装的炉管及其他所需的材料或填料，现场砌筑用的耐火、耐酸、保温、防腐、捣打料、绝热纤维、天然白泡石、玄武岩、金具、炉门及窥视孔、预埋件等。

⑤ 所有随管线（路）同时组合安装的一次性仪表、配件、部件及元件（包括就地安装的温度计、压力表）等。

⑥ 制造厂以散件或分段分片供货的塔、器、罐等，在现场拼接、组装、焊接、安装内件或改制时所消耗的物料均为材料。

⑦ 各种金属材料、金属制品、焊接材料、非金属材料、化工辅助材料、其他材料等。

(3) 对于一些在制造厂未整体制作完成的设备，或分片压制成型，或分段散装供货的设备，需要建安工人在施工现场加工、拼装、焊接的，按上述划分原则和其投资构成应属于设备。为合理反映建安工人付出的劳动和创造的价值，可按其在现场加工组装焊接的工作量，将其分片或组装件按其设备价值的一部分以加工费的形式计入安装工程费内。

(4) 供应原材料，在施工现场制作安装或施工企业附属生产单位为本单元承包工程制作并安装的非标准设备，除配套的电机、减速机外，其加工制作消耗的工、料（包括主材）、机等均应计入安装工程费内。

(5) 凡是制造厂未制造完成的设备，已分片压制成型、散装或分段供货，需要建安工人在施工现场拼装、组装、焊接及安装内件的，其制作、安装所需的物料为材料，内件、塔盘为设备。

附录3 全国冬季施工气温区划分表

省、自治区、直辖市	地区、市、自治州、盟（县）	气温区	
北京	全境	冬二	Ⅰ
天津	全境	冬二	Ⅰ
河北	石家庄、邢台、邯郸、衡水市（冀州市、枣强县、故城县）	冬一	Ⅱ
	廊坊、保定（涞源县及以北除外）、衡水（冀州市、枣强县、故城县除外）、沧州市	冬二	Ⅰ
	唐山、秦皇岛市		Ⅱ
	承德（围场县除外）、张家口（沽源县、张北县、尚义县、康保县除外）、保定市（涞源县及以北）	冬三	
	承德（围场县）、张家口市（沽源县、张北县、尚义县、康保县）	冬四	
山西	运城市（万荣县、夏县、绛县、新绛县、稷山县、闻喜县除外）	冬一	Ⅱ
	运城（万荣县、夏县、绛县、新绛县、稷山县、闻喜县）、临汾（尧都区、侯马市、曲沃县、翼城县、襄汾县、洪洞县）、阳泉（孟县除外）、长治（黎城县）、晋城市（城区、泽州县、沁水县、阳城县）	冬二	Ⅰ
	太原（娄烦县除外）、阳泉（孟县）、长治（黎城县除外）、晋城（城区、泽州县、沁水县、阳城县除外）、晋中（寿阳县、和顺县、左权县除外）、临汾（尧都区、侯马市、曲沃县、翼城县、襄汾县、洪洞县除外）、吕梁市（孝义市、汾阳市、文水县、交城县、柳林县、石楼县、交口县、中阳县）		Ⅱ
	太原（娄烦县）、大同（左云县除外）、朔州（右玉县除外）、晋中（寿阳县、和顺县、左权县）、忻州、吕梁市（离石区、临县、岚县、方山县、兴县）	冬三	
	大同（左云县）、朔州市（右玉县）	冬四	
内蒙古	乌海市、阿拉善盟（阿拉善左旗、阿拉善右旗）	冬二	Ⅰ
	呼和浩特（武川县除外）、包头（固阳县除外）、赤峰、鄂尔多斯、巴彦淖尔、乌兰察布市（察哈尔右翼中旗除外）、阿拉善盟（额济纳旗）	冬三	
	呼和浩特（武川县）、包头（固阳县）、通辽、乌兰察布市（察哈尔右翼中旗）、锡林郭勒（苏尼特右旗、多伦县）、兴安盟（阿尔山市除外）	冬四	
	呼伦贝尔市（海拉尔区、新巴尔虎右旗、阿荣旗）、兴安（阿尔山市）、锡林郭勒盟（冬四区以外各地）	冬五	
	呼伦贝尔市（冬五区以外各地）	冬六	
辽宁	大连市（瓦房店市、普兰店市、庄河市除外）、葫芦岛市（绥中县）	冬二	Ⅰ
	沈阳（康平县、法库县除外）、大连（瓦房店市、普兰店市、庄河市）、鞍山、本溪（桓仁县除外）、丹东、锦州、阜新、营口、辽阳、朝阳（建平县除外）、葫芦岛（绥中县除外）、盘锦市	冬三	
	沈阳（康平县、法库县）、抚顺、本溪（桓仁县）、朝阳（建平县）、铁岭市	冬四	

续表

省、自治区、直辖市	地区、市、自治州、盟（县）	气温区	
吉林	长春（榆树市除外）、四平、通化（辉南县除外）、辽源、白山（靖宇县、抚松县、长白县除外）、松原（长岭县）、白城市（通榆县）、延边自治州（敦化市、汪清县、安图县除外）	冬四	
	长春（榆树市）、吉林、通化（辉南县）、白山（靖宇县、抚松县、长白县）、白城（通榆县除外）、松原市（长岭县除外）、延边自治州（敦化市、汪清县、安图县）	冬五	
黑龙江	牡丹江市（绥芬河市、东宁县）	冬四	
	哈尔滨（依兰县除外）、齐齐哈尔（讷河市、依安县、富裕县、克山县、克东县、拜泉县除外）、绥化（安达市、肇东市、兰西县除外）、牡丹江（绥芬河市、东宁县除外）、双鸭山（宝清县）、佳木斯（桦南县）、鸡西、七台河、大庆市	冬五	
	哈尔滨（依兰县）、佳木斯（桦南县除外）、双鸭山（宝清县除外）、绥化（安达市、肇东市、兰西县除外）、齐齐哈尔（讷河市、依安县、富裕县、克山县、克东县、拜泉县）、黑河、鹤岗、伊春市、大兴安岭地区	冬六	
上海	全境	准二	
江苏	徐州、连云港市	冬一	Ⅰ
	南京、无锡、常州、淮安、盐城、宿迁、扬州、泰州、南通、镇江、苏州市	准二	
浙江	杭州、嘉兴、绍兴、宁波、湖州、衢州、舟山、金华、温州、台州、丽水市	准二	
安徽	亳州市	冬一	Ⅰ
	阜阳、蚌埠、淮南、滁州、合肥、六安、马鞍山、巢湖、芜湖、铜陵、池州、宣城、黄山市	准一	
	淮北、宿州市	准二	
福建	宁德（寿宁县、周宁县、屏南县）、三明市	准一	
江西	南昌、萍乡、景德镇、九江、新余、上饶、抚州、宜春市	准一	
山东	全境	冬一	Ⅰ
河南	安阳、商丘、周口（西华县、淮阳县、鹿邑县、扶沟县、太康县）、新乡、三门峡、洛阳、郑州、开封、鹤壁、焦作、济源、濮阳、许昌市	冬一	Ⅰ
	驻马店、信阳、南阳、周口（西华县、淮阳县、鹿邑县、扶沟县、太康县除外）、平顶山、漯河市	准二	
湖北	武汉、黄石、荆州、荆门、鄂州、宜昌、咸宁、黄冈、天门、潜江、仙桃市、恩施自治州	准一	
	孝感、十堰、襄樊、随州市、神农架林区	准二	
湖南	全境	准一	
四川	阿坝（黑水县）、甘孜自治州（新龙县、道浮县、泸定县）	冬一	Ⅱ
	甘孜自治州（甘孜县、康定县、白玉县、炉霍县）	冬二	Ⅰ
	阿坝（壤塘县、红原县、松潘县）、甘孜自治州（德格县）		Ⅱ
	阿坝（阿坝县、若尔盖县、九寨沟县）、甘孜自治州（石渠、色达县）	冬三	
	广元市（青川县）、阿坝（汶川县、小金县、茂县、理县）、甘孜（巴塘县、雅江县、得荣县、九龙县、理塘县、乡城县、稻城县）、凉山自治州（盐源县、木里县）	准一	
	阿坝（马尔康县、金川县）、甘孜自治州（丹巴县）	准二	

续表

省、自治区、直辖市	地区、市、自治州、盟（县）	气温区	
贵州	贵阳、遵义（赤水市除外）、安顺市、黔东南、黔南、黔西南自治州	准一	
	六盘水市、毕节地区	准二	
云南	迪庆自治州（德钦县、香格里拉县）	冬一	II
	曲靖（宣威市、会泽县）、丽江（玉龙县、宁蒗县）、昭通市（昭阳区、大关县、威信县、彝良县、镇雄县、鲁甸县）、迪庆（维西县）、怒江（兰坪县）、大理自治州（剑川县）	准一	
西藏	拉萨市（当雄县除外）、日喀则（拉孜县）、山南（浪卡子县、错那县、隆子县除外）、昌都（芒康县、左贡县、类乌齐县、丁青县、洛隆县除外）、林芝地区	冬一	I
	山南（隆子县）、日喀则地区（定日县、聂拉木县、亚东县、拉孜县除外）		II
	昌都地区（洛隆县）	冬二	I
	昌都（芒康县、左贡县、类乌齐县、丁青县）、山南（浪卡子县）、日喀则（定日县、聂拉木县）、阿里地区（普兰县）		II
	拉萨市（当雄县）、那曲（安多县除外）、山南（错那县）、日喀则（亚东县）、阿里地区（普兰县除外）	冬三	
	那曲地区（安多县）	冬四	
陕西	西安、宝鸡、渭南、咸阳（彬县、旬邑县、长武县除外）、汉中（留坝县、佛坪县）、铜川市（耀州区）	冬一	I
	铜川（印台区、王益区）、咸阳市（彬县、旬邑县、长武县）		II
	延安（吴起县除外）、榆林（清涧县）、铜川市（宜君县）	冬二	II
	延安（吴起县）、榆林市（清涧县除外）	冬三	
	商洛、安康、汉中市（留坝县、佛坪县除外）	准二	
甘肃	陇南市（两当县、徽县）	冬一	II
	兰州、天水、白银（会宁县、靖远县）、定西、平凉、庆阳、陇南市（西和县、礼县、宕昌县）、临夏、甘南自治州（舟曲县）	冬二	II
	嘉峪关、金昌、白银（白银区、平川区、景泰县）、酒泉、张掖、武威市、甘南自治州（舟曲县除外）	冬三	
	陇南市（武都区、文县）	准一	
	陇南市（成县、康县）	准二	
青海	海东地区（民和县）	冬二	II
	西宁市、海东地区（民和县除外）、黄南（泽库县除外）、海南、果洛（班玛县、达日县、久治县）、玉树（囊谦县、杂多县、称多县、玉树县）、海西自治州（德令哈市、格尔木市、都兰县、乌兰县）	冬三	
	海北（野牛沟、托勒除外）、黄南（泽库县）、果洛（玛沁县、甘德县、玛多县）、玉树（曲麻莱县、治多县）、海西自治州（冷湖、茫崖、大柴旦、天峻县）	冬四	
	海北（野牛沟、托勒）、玉树（清水河）、海西自治州（唐古拉山区）	冬五	
宁夏	全境	冬二	II

续表

省、自治区、直辖市	地区、市、自治州、盟（县）	气温区	
新疆	阿拉尔市、喀什（喀什市、伽师县、巴楚县、英吉沙县、麦盖提县、莎车县、叶城县、泽普县）、哈密（哈密市泌城镇）、阿克苏（沙雅县、阿瓦提县）、和田地区、伊犁（伊宁市、新源县、霍城县霍尔果斯镇）、巴音郭楞（库尔勒市、若羌县、且末县、尉犁县铁干里可）、克孜勒苏自治州（阿图什市、阿克陶县）	冬二	Ⅰ
	喀什地区（岳普湖县）		Ⅱ
	乌鲁木齐市（牧业气象试验站、达板城区、乌鲁木齐县小渠子乡）、塔城（乌苏市、沙湾县、额敏县除外）、阿克苏（沙雅县、阿瓦提县除外）、哈密（哈密布十三间房、哈密市红柳河、伊吾县淖毛湖）、喀什（塔什库尔干县）、吐鲁番地区、克孜勒苏（乌恰县、阿合奇县）、巴音郭楞（和静县、焉耆县、和硕县、轮台县、尉犁县、且末县搭中）、伊犁自治州（伊宁市、霍城县、察布查尔县、尼勒克县、巩留县、昭苏县、特克斯县）	冬三	
	乌鲁木齐市（冬三区以外各地区）、塔城（额敏县、乌苏县）、阿勒泰（阿勒泰市、哈巴河县、吉木乃县）、哈密地区（巴里坤县）、昌吉（昌吉市、米泉市、木垒县、奇台县北塔山镇、阜康市天池）、博尔塔拉（温泉县、精河县、阿拉山口口岸）、克孜勒苏自治州（乌恰县吐尔尕特口岸）	冬四	
	克拉玛依、石河子市、塔城（沙湾县）、阿勒泰地区（布尔津县、福海县、富蕴县、青河县）、博尔塔拉（博乐市）、昌吉（阜康市、玛纳斯县、呼图壁县、吉林萨尔县、奇台县、米泉市蔡家湖）、巴音郭楞自治州（和静县巴音布鲁克乡）	冬五	

注：为避免繁冗，各民族自治州名称予以简化，如青海省的"海西蒙古族藏族自治州"简化为"海西自治州"。

附录 4　全国雨季施工雨量区及雨季期划分表

省、自治区、直辖市	地区、市、自治州、盟（县）	雨量区	雨季期（月数）
北京	全境	Ⅱ	2
天津	全境	Ⅰ	2
河北	张家口、承德地区（围场县）	Ⅰ	1.5
河北	承德（围场县除外）、保定、沧州、石家庄、廊坊、邢台、衡水、邯郸、唐山、秦皇岛市	Ⅱ	2
山西	全境	Ⅰ	1.5
内蒙古	呼和浩特、通辽、呼伦贝尔（海拉尔区、满洲里市、陈巴尔虎旗、鄂温克旗）、鄂尔多斯（东胜区、准格尔旗、伊金霍洛旗、达拉特旗、乌审旗）、赤峰、包头、乌兰察布市（集宁区、化德县、商都县、兴和县、四子王旗、察哈尔右翼中旗、察哈尔右翼后旗、卓资县及以南）、锡林郭勒盟（锡林浩特市、多伦县、太仆寺旗、西乌珠穆沁旗、正蓝旗、正镶白旗）	Ⅰ	1
内蒙古	呼伦贝尔市（牙克石市、额尔古纳市、鄂伦春旗、扎兰屯市及以东）、兴安盟		2
辽宁	大连（长海县、瓦房店市、普兰店市、庄河市除外）、朝阳市（建平县）		2
辽宁	沈阳（康平县）、大连（长海县）、锦州（北宁市除外）、营口（盖州市）、朝阳市（凌原市、建平县除外）	Ⅰ	2.5
辽宁	沈阳（康平县、辽中县除外）、大连（瓦房店市）、鞍山（海城市、台安县、岫岩县除外）、锦州（北宁市）、阜新、朝阳（凌原市）、盘锦、葫芦岛（建昌县）、铁岭市		3
辽宁	抚顺（新宾县）、辽阳市		3.5
辽宁	沈阳（辽中县）、鞍山（海城市、台安县）、营口（盖州市除外）、葫芦岛市（兴城市）		2.5
辽宁	大连（普兰店市）、葫芦岛市（兴城市、建昌县除外）	Ⅱ	3
辽宁	大连（庄河市）、鞍山（岫岩县）、抚顺（新宾县除外）、丹东（凤城市、宽甸县除外）、本溪市		3.5
辽宁	丹东市（凤城市、宽甸县）		4
吉林	辽源、四平（双辽市）、白城、松原市	Ⅰ	2
吉林	吉林、长春、四平（双辽除外）、白山市、延边自治州	Ⅱ	2
吉林	通化市		3
黑龙江	哈尔滨（市区、呼兰区、五常市、阿城市、双城市）、佳木斯（抚远县）、双鸭山（市区、集贤县除外）、齐齐哈尔（拜泉县、克东县除外）、黑河（五大连池市、嫩江县）、绥化（北林区、海伦市、望奎县、绥棱县、庆安县除外）、牡丹江、大庆、鸡西、七台河市、大兴安岭地区（呼玛县除外）	Ⅰ	2
黑龙江	哈尔滨（市区、呼兰区、五常市、阿城市、双城市除外）、佳木斯（抚远县除外）、双鸭山（市区、集贤县）、齐齐哈尔（拜泉县、克东县）、黑河（五大连池市、嫩江县除外）、绥化（北林区、海伦市、望奎县、绥棱县、庆安县）、鹤岗、伊春市、大兴安岭地区（呼玛县）	Ⅱ	2

续表

省、自治区、直辖市	地区、市、自治州、盟（县）	雨量区	雨季期（月数）
上海	全境	Ⅱ	4
江苏	徐州、连云港市	Ⅱ	2
	盐城市		3
	南京、镇江、淮安、南通、宿迁、扬州、常州、泰州市		4
	无锡、苏州市		4.5
浙江	舟山市	Ⅱ	4
	嘉兴、湖州市		4.5
	宁波、绍兴市		6
	杭州、金华、温州、衢州、台州、丽水市		7
安徽	亳州、淮北、宿州、蚌埠、淮南、六安、合肥市	Ⅱ	1
	阜阳市		2
	滁州、巢湖、马鞍山、芜湖、铜陵、宣城市		3
	池州市		4
	安庆、黄山市		5
福建	泉州市（惠安县崇武）	Ⅰ	4
	福州（平潭县）、泉州（晋江市）、厦门（同安区除外）、漳州市（东山县）	Ⅱ	5
	三明（永安市）、福州（市区、长乐市）、莆田市（仙游县除外）		6
	南平（顺昌县除外）、宁德（福鼎市、霞浦县）、三明（永安市、龙溪县、大田县除外）、福州（市区、长乐市、平潭县除外）、龙岩（长汀县、连城县）、泉州（晋江市、惠安县崇武、德化县除外）、莆田（仙游县）、厦门（同安区）、漳州市（东山县除外）		7
	南平（顺昌县）、宁德（福鼎市、霞浦县除外）、三明（龙溪县、大田县）、龙岩（长汀县、连城县除外）、泉州市（德化县）		8
江西	南昌、九江、吉安市	Ⅱ	6
	萍乡、景德镇、新余、鹰潭、上饶、抚州、宜春、赣州市		7
山东	济南、潍坊、聊城市	Ⅰ	3
	淄博、东营、烟台、济宁、威海、德州、滨州市		4
	枣庄、泰安、莱芜、临沂、菏泽市		5
	青岛市	Ⅱ	3
	日照市		4
河南	郑州、许昌、洛阳、济源、新乡、焦作、三门峡、开封、濮阳、鹤壁市	Ⅰ	2
	周口、驻马店、漯河、平顶山、安阳、商丘市		3
	南阳市		4
	信阳市	Ⅱ	2
湖北	十堰、襄樊、随州市、神农架林区	Ⅰ	3
	宜昌（秭归县、远安县、兴山县）、荆门市（钟祥市、京山县）	Ⅱ	2
	武汉、黄石、荆州、孝感、黄冈、咸宁、荆门（钟祥市、京山县除外）、天门、潜江、仙桃、鄂州、宜昌市（秭归县、远安县、兴山县除外）、恩施自治州		6

续表

省、自治区、直辖市	地区、市、自治州、盟（县）	雨量区	雨季期（月数）
湖南	全境	Ⅱ	6
广东	茂名、中山、汕头、潮州市	Ⅰ	5
	广州、江门、肇庆、顺德、湛江、东莞市		6
	珠海市	Ⅱ	5
	深圳、阳江、汕尾、佛山、河源、梅州、揭阳、惠州、云浮、韶关市		6
	清远市		7
广西	百色、河池、南宁、崇左市	Ⅱ	5
	桂林、玉林、梧州、北海、贵港、钦州、防城港、贺州、柳州、来宾市		6
海南	全境	Ⅱ	6
重庆	全境	Ⅱ	4
四川	甘孜自治州（巴塘县）	Ⅰ	1
	阿坝（若尔盖县）、甘孜自治州（石渠县）		2
	乐山（峨边县）、雅安市（汉源县）、甘孜自治州（甘孜县、色达县）		3
	雅安（石棉县）、绵阳（平武县）、泸州（古蔺县）、遂宁市、阿坝（若尔盖县、汶川县除外）、甘孜自治州（巴塘县、石渠县、甘孜县、色达县、九龙县、得荣县除外）		4
	南充（高坪区）、资阳市（安岳县）		5
	宜宾市（高县）、凉山自治州（雷波县）	Ⅱ	3
	成都、乐山（峨边县、马边县除外）、德阳、南充（南部县）、绵阳（平武县除外）、资阳（安岳县除外）、广元、自贡、攀枝花、眉山市、凉山（雷波县除外）、甘孜自治州（九龙县）		4
	乐山（马边县）、南充（高坪区、南部县除外）、雅安（汉源县、石棉县除外）、广安（邻水县除外）、巴中、宜宾（高县除外）、泸州（古蔺县除外）、内江市		5
	广安（邻水县）、达州市		6
贵州	贵阳、遵义市、毕节地区	Ⅱ	4
	安顺市、铜仁地区、黔东南自治州		5
	黔西南自治州		6
	黔南自治州		7
云南	昆明（市区、嵩明县除外）、玉溪、曲靖（富源县、师宗县、罗平县除外）、丽江（宁蒗县、永胜县）、思茅（墨江县）、昭通市、怒江（兰坪县、泸水县六库镇）、大理（大理市、漾濞县除外）、红河（个旧市、开远市、蒙自县、红河县、石屏县、建水县、弥勒县、泸西县）、迪庆、楚雄自治州	Ⅰ	5
	保山（腾冲县、龙陵县除外）、临沧市（凤庆县、云县、永德县、镇康县）、怒江（福贡县、泸水县）、红河自治州（元阳县）		6
	昆明（市区、嵩明县）、曲靖（富源县、师宗县、罗平县）、丽江（古城区、华坪县）、思茅市（翠云区、景东县、镇沅县、普洱县、景谷县）、大理（大理市、漾濞县）、文山自治州	Ⅱ	5
	保山（腾冲县、龙陵县）、临沧（临翔区、双江县、耿马县、沧源县）、思茅市（西盟县、澜沧县、孟连县、江城县）怒江（贡山县）、德宏、红河（绿春县、金平县、屏边县、河口县）、西双版纳自治州		6

续表

省、自治区、直辖市	地区、市、自治州、盟（县）	雨量区	雨季期（月数）
西藏	那曲（索县除外）、山南（加查县除外）、日喀则（定日县）、阿里地区	I	1
	拉萨市、那曲（索县）、昌都（类乌齐县、丁青县、芒康县除外）日喀则（拉孜县）、林芝地区（察隅县）		2
	昌都（类乌齐县）、林芝地区（米林县）		3
	昌都（丁青县）、林芝地区（米林县、波密县、察隅县除外）		4
	林芝地区（波密县）		5
	山南（加查县）、日喀则地区（定日县、拉孜县除外）	II	1
	昌都地区（芒康县）		2
陕西	榆林、延安市	I	1.5
	铜川、西安、宝鸡、咸阳、渭南市、杨凌区		2
	商洛、安康、汉中市		3
甘肃	天水（甘谷县、武山县）、陇南县（武都区、文县、礼县），临夏（康乐县、广河县、永靖县）、甘南自治州（夏河县）	I	1
	天水（北道区、秦城区）、定西（渭源县）、庆阳（西蜂区）、陇南市（西和县）、临夏（临夏市）、甘南自治州（临潭县、卓尼县）		1.5
	天水（秦安县）、定西（临洮县、岷县）、平凉（崆峒区）、庆阳（华池县、宁县、环县）、陇南市（宕昌县）、临夏（临夏县、东乡县、积石山县）、甘南自治州（合作市）		2
	天水（张家川县）、平凉（静宁县、庄浪县）、庆阳（镇原县）、陇南市（两当县）、临夏（和政县）、甘南自治州（玛曲县）		2.5
	天水（清水县）、平凉（泾川县、灵台县、华亭县、崇信县）、庆阳（西峰区、合水县、正宁县）、陇南市（徽县、成县、康县）、甘南自治州（碌曲县、迭部县）		3
青海	西宁市（湟源县）、海东地区（平安县、乐都县、民和县、化隆县）、海北（海晏县、祁东县、刚察县、拖勒）、海南（同德县、贵南县）、黄南（泽库县、同仁县）、海西自治州（天峻县）	I	1
	西宁市（湟源县除外）、海东地区（互助县），海北（门源县）、果洛（达日县、久治县、班玛县）、玉树自治州（称多县、杂多县、囊谦县、玉树县）、河南自治县		1.5
宁夏	固原地区（隆德县、泾源县）	I	2
新疆	乌鲁木齐市（小渠子乡、牧业气象试验站、大西沟乡）、昌吉地区（阜康市天池）、克孜勒苏（吐尔尕特、托云、巴音库鲁提）、伊犁自治州（昭苏县、霍城县二台、松树头）	I	1
台湾	（资料暂缺）		

注：1. 表中未列的地区除西藏林芝地区墨脱县因无资料未划分外，其余地区均因降雨天数或平均日降雨量未达到计算雨季施工增加费的标准，故未划分雨量区及雨季期。
2. 行政区划依据资料及自治州、市的名称列法同冬季施工气温区划分说明。

附录5　全国风沙地区公路施工区划分表

区划	沙漠（地）名称	地理位置	自然特征
风沙一区	呼伦贝尔沙地、嫩江沙地	呼伦贝尔沙地位于内蒙古呼伦贝尔平原，嫩江沙地位于东北平原西北部嫩江下游	属半干旱、半湿润严寒区，年降水量280～400mm，年蒸发量1400～1900mm，干燥度1.2～1.5
风沙一区	科尔沁沙地	散布于东北平原西辽河中、下游主干及支流沿岸的冲积平原上	属半湿润温冷区，年降水量300～450mm，年蒸发量1700～2400mm，干燥度1.2～2.0
风沙一区	浑善达克沙地	位于内蒙古锡林郭勒盟南部和赤峰市西北部	属半湿润温冷区，年降水量100～400mm，年蒸发量2200～2700mm，干燥度1.2～2.0，年平均风速3.5～5m/s，年大风天数50～80d
风沙一区	毛乌素沙地	位于内蒙古鄂尔多斯中南部	属半干旱温热区，年降水量东部400～440mm，西部和陕西北部250～320mm，年蒸发量2100～2600mm，干燥度1.6～2.0
风沙一区	库布齐沙漠	位于内蒙古鄂尔多斯北部，黄河河套平原以南	属半干旱温热区，年降水量150～400mm，年蒸发量黄河河套平原以南2100～2700mm，干燥度2.0～4.0，年平均风速3～4m/s
风沙二区	乌兰布和沙漠	位于内蒙古阿拉善东北部，黄河河套平原西南部	属干旱温热区，年降水量100～145mm，年蒸发量2400～2900mm，干燥度8.0～16.0，地下水相当丰富，埋深一般为1.5～3m
风沙二区	腾格里沙漠	位于内蒙古阿拉善东南部及甘肃武威部分地区	属干旱温热区，沙丘、湖盆、山地、残丘及平原交错分布，年降水量116～148mm，年蒸发量3000～3600mm，干燥度4.0～12.0
风沙二区	巴丹吉林沙漠	位于内蒙古阿拉善西南边缘及甘肃酒泉部分地区	属干旱温热区，沙山高大密集，形态复杂，起伏悬殊，一般高200～300m，最高可达420m，年降水量40～80mm，年蒸发量1720～3320mm，干燥度7.0～16.0
风沙二区	柴达木沙漠	位于青海柴达木盆地	属极干旱寒冷区，风蚀地、沙丘、戈壁、盐湖和盐土平原相互交错分布，盆地东部年均气温2～4℃，西部为1.5～2.5℃，年降水量东部为50～170mm，西部为10～25mm，年蒸发量2500～3000mm，干燥度16.0～32.0
风沙二区	古尔班通古特沙漠	位于新疆北部准噶尔盆地	属干旱温冷区，其中固定、半固定沙丘面积占沙漠面积的97%，年降水量70～150mm，年蒸发量1700～2200mm，干燥度2.0～10.0
风沙三区	塔克拉玛干沙漠	位于新疆南部塔里木盆地	属极干旱炎热区，年降水量东部20mm左右，南部30mm左右，西部40mm左右，北部50mm以上，年蒸发量在1500～3700mm，中部达高限，干燥度＞32.0
风沙三区	库姆达格沙漠	位于新疆东部、甘肃西部，罗布泊低地南部和阿尔金山北部	属极干旱炎热区，全部为流动沙丘，风蚀严重，年降水量10～20mm，年蒸发量2800～3000mm，干燥度＞32.0，年8级以上大风天数在100d以上

参 考 文 献

[1] 交通运输部.公路工程建设项目概算预算编制办法(JTG/T 3830—2018).北京:人民交通出版社,2019.

[2] 交通运输部.公路工程概算定额(JTG/T 3831—2018).北京:人民交通出版社,2019.

[3] 交通运输部.公路工程预算定额(JTG/T 3832—2018).北京:人民交通出版社,2019.

[4] 交通运输部.公路工程机械台班费用定额(JTG/T 3833—2018).北京:人民交通出版社,2019.

[5] 交通运输部.公路工程标准施工招标文件(2018年版).北京:人民交通出版社,2018.

[6] 孙宇.公路工程识图与预算精解[M].北京:化学工业出版社,2013